基督教文化研究丛书

主编 何光沪 高师宁

八编 第 **16** 册

明清民初基督教高等教育空间叙事研究
——中国教会大学遗存考（第一卷）（下）

刘 平 著

花木兰文化事业有限公司

国家图书馆出版品预行编目资料

明清民初基督教高等教育空间叙事研究——中国教会大学遗
存考（第一卷）（下）／刘平 著 -- 初版 -- 新北市：花木兰
文化事业有限公司，2022〔民 111〕
目 4+220 面；19×26 公分
（基督教文化研究丛书 八编 第 16 册）
ISBN 978-986-518-705-7（精装）
1.CST：高等教育 2.CST：教会学校 3.CST：历史
4.CST：中国
240.8   110022057

ISBN-978-986-518-705-7

基督教文化研究丛书
八编 第十六册   ISBN：978-986-518-705-7

明清民初基督教高等教育空间叙事研究
——中国教会大学遗存考（第一卷）（下）

作   者 刘平
主   编 何光沪 高师宁
执行主编 张 欣
企   划 北京师范大学基督教文艺研究中心
总 编 辑 杜洁祥
副总编辑 杨嘉乐
编辑主任 许郁翎
编   辑 张雅淋、潘玟静、刘子瑄 美术编辑 陈逸婷
出   版 花木兰文化事业有限公司
发 行 人 高小娟
联络地址 台湾 235 新北市中和区中安街七二号十三楼
         电话：02-2923-1455 ／传真：02-2923-1452
网   址 http://www.huamulan.tw 信箱 service@huamulans.com
印   刷 普罗文化出版广告事业
初   版 2022 年 3 月
定   价 八编 16 册（精装）台币 45,000 元

明清民初基督教高等教育空间叙事研究
——中国教会大学遗存考（第一卷）（下）

刘平 著

目

次

第七章 真理为怀: 夏葛医科大学

私立夏葛医学院

The Hackett Medical College for Women

1912-1921 年

夏葛医科大学

The Hackett Medical College for Women

1921-1930 年

广州市荔湾区多宝路 63 号

第一节 博爱仁慈: 拉法埃脱大院与富马利

正在译书的富马利, 宣统三年 (1911 年)。[1]

---

1 [美]富马利 (Mary H. Fulton):《传道医好有病》("Inasmuch": *Extracts from Letters, Journals, Papers, etc.*), West Medford, Mass.: The Central Committee on the United Study of Foreign Missions, 1915 年, 第 32-33 页之间插图。

　　广州的夏葛医科大学（The Hackett Medical College for Women）及其附属教学医院柔济女医院（又称"柔济妇孺医院"，The David Gregg Hospital for Woman and Children，Yuji Hospital），是中国最早成立的专门培养女医生、致力于治疗女患者的教育与医疗机构。它们在中国医学教育史、医院发展史以及教会大学史上具有极其重要的地位。但是，它们并不为人所熟悉。

　　19世纪晚期，广州（Canton）已发展成为繁华的通商口岸城市。古城外的西关（Sai Kwaan），现为荔湾区，时人口密集，宇第相连，道路展延，成为重要的商业区。光绪二十五年（1899年），位于美国纽约的美北长老会海外传教会（Presbyterian Board of Foreign Mission），在广州城外西关的逢源中约建立拉法埃脱大院（The Lafayette Compound）。"拉法埃脱"（又译"拉斐得"）之名源于大院建筑捐助方——纽约布鲁克林的拉法埃脱街长老会（Lafayette Avenue Presbyterian Church in Brooklyn，New York）。大院为美北长老会的华南地区传教基地，位于当时的红荔湾头即今多宝路西端，距粤汉铁路（Canton-Hankow Railroad）终点站即现今的铁路南站不远，西北方有河涌围绕，毗邻广州著名风景点荔枝湾，东南方是下西关（龙津西、下九路、十八甫一带）的繁荣市区。附近市街密集，居民点分布有序，水陆交通便利。[2]夏葛医科大学、柔济女医院、端拿护士学校（The Julia M. Turner Training School For Nurses）及柔济药剂学校（The David Gregg Pharmacy School）都地处此所大院内，同属一个董事会管理。由于在此设立的机构属于文教卫生类，故大院也被别称为"联合学校"。[3]护士学校、药剂学校附属于医院，医院附属于医科大学，四者建构成"一院三校"系列。在创建医学院模式上，夏葛医科大学颇具独特的一点是医学校与医院同时建立。柔济女医院创立之始名为道济女医院即附属于最初的夏葛医学堂。行医与教学互相附和，彼此之间有共同的经历和业绩。美北长老会在此地建有教堂，在将此地称作"拉法埃脱大院"之同时，以"妇医工作区"（Medical Work for Women）为上述机构的总称。但此称谓并没有被广泛使用，更多采用"校院"（School and Hospital）或"夏葛医科大学及附属机构"（Hackett Medical College and

---

2　沈彦燊：《柔济医院忆昔》，收录于中国人民政治协商会议广州市委员会文史资料研究委员会编：《广州文史资料》，第45辑，广州：广东人民出版社，1993年3月第1版，第144-158页，特别参见第144页。

3　沈彦燊：《柔济医院忆昔》，同上，第145页。

Affiliated Institutions）之名。[4]

　　拉法埃脱大院内的教堂、夏葛医科大学、柔济女医院、端拿护士学校、柔济药剂学校等，由美北长老会指派华南教区传教士组成的董事局（Board of Directors）主持工作。董事局主席兼任医学院/医科大学院长/校长、医院院长、护校校长、药剂学校校长。董事局是大院最高领导机构。光绪十五年至民国四年（1889-1915 年），董事局主席为医学博士富马利（又译"富玛利"，Mary Hannah Fulton，1854-1927 年）。她同时兼任医学院院长、医院院长和护校校长。民国四年至十一年（1915-1922 年），董事局主席为道学博士、富马利长兄富利敦（又译"富利淳"、"富尔敦"，Albert Andrew Fulton，1849-1936 年）牧师[5]。医学博士夏马大（又译"夏美大"，Martha Hackect，1884-1964 年）任医学院院长、护校校长。哲学博士伦加列（Harriett M. Allyn，1883-1948 年）任医院院长。自富马利离任后，董事会主席及组成人员均为传教士，而无医生及教师成员。民国七年（1918 年），董事局下设执行部负责当时的三个机构的日常行政、医疗、教学工作。民国七年至十二年（1918-1923 年）夏马大担任执行部主席，兼医学院／医科大学院长／校长、医院院长及护校校长，伦加列任医学院学术主任。自民国十一年（1922 年），护校校长由美北长老会医学传教士沈天赐[6]担任。自民国十三年（1924 年），医学博士何辅民（John Allen Hoffmann，？-1933 年）任执行部主席兼医科大学校长、医院院长、护校校长。民国二十年（1931 年），执行部总监由王怀乐（1898-1966 年）博士担任。他同时兼医学院院长、医院院长、护校校长。

4　参见 J. Allen Hoffmann：A Short Historical Sketch of Hackett medical College and Affiliated Institutions，刊于 *The China Medical Journal*，1926 年第 40 卷第 8 期，第 776-779 页。

5　美北长老会医学传教士富利敦先后从新泽西学院（College of New Jersey）即现今的普林斯顿大学（Princeton University）以及纽约协和神学院（Union Theological Seminary in New York）毕业；随后在欧洲短期学习，于 1880 年（光绪六年）由美国长老会的布鲁克林长老会（Presbytery of Brooklyn，PCUSA）授牧师职，旋即至广州传教，先后在华 40 多年，于民国十一年（1922 年）退休，曾被伍斯特学院授予荣誉道学博士（Doctor of Divinity）学位。有关简要生平以及档案材料参见 The Albert Andrew Fulton（China Missions）Manuscript Collection，即富利敦（在华传教）手稿收藏，刊于"普林斯顿神学院图书馆"官方网站：https：//princeonseminaryarchives.libraryhost.com/repositories/2/resources/446，引用日期：2021 年 2 月 9 日。

6　具体信息不详。

梁毅文（1903-1991 年）[7]博士任医院妇产科主任。民国二十二年（1933 年）医学博士右察（J. Franklin Karcher）任医院院长；林慧芳博士担任护校校长。[8]

美北长老会医学传教士富马利是上述一院三校的奠基人。在广州，她直接参与创建夏葛女医学堂即后来的夏葛医科大学、柔济医院、端拿护士学校，成为一院三校中的一院两校的创始人。

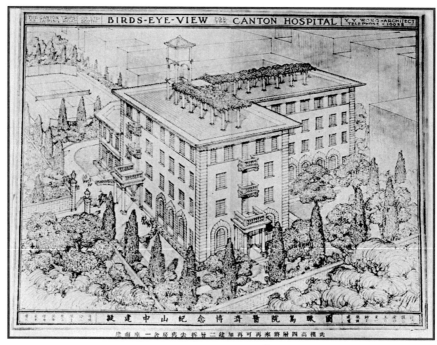

博济医院鸟瞰图[9]

7　梁毅文祖籍广东番禺，曾在夏葛医学院、夏葛医科大学医学系学习（1917-1923年），毕业后在上海妇儒医院任住院医师。民国十四年（1925 年），梁毅文在广州夏葛医科大学附属柔济医院、岭南大学孙逸仙博士纪念医院工作；民国十八年（1929 年），到美国费城女子医学院进修妇产科，取得医学博士学位；民国二十年（1931 年），到奥地利维也纳医学中心进修妇产科、解剖学及病理学，同年回广州柔济医院任妇产科主任。1949 年，梁毅文再赴美国纽约医学研究中心研究解剖学、病理学。1950 年 9 月，梁毅文回柔济医院任妇产科主任，兼岭南孙逸仙博士纪念医院教授，后兼任华南医学院和广州医学院教授；1980 年任广州市第二人民医院院长，1984 年任名誉院长。参见番禺区地方志编纂委员会编：《广州市番禺市志（1992-2000）》，北京：方志出版社，2010 年 6 月第 1 版，第 841 页。

8　沈彦燊：《柔济医院忆昔》，同上，第 155 页。

9　关于富马利的简要生平参见《富马利：美国医生和传教士》（Mary Hannah Fulton: American Physician and Missionary），刊于"peoplepill"网站：https: //peoplepill.com/people/mary-hannah-fulton/，引用日期：2021 年 2 月 10 日。

1854 年（咸丰四年），富马利出生于美国俄亥俄州阿什兰（Ashland, Ohio），曾就读于威斯康星州阿普尔顿的劳伦斯大学（Lawrence University in Appleton, Wisconsin）；1874 年（同治十三年）毕业于密歇根州的希尔斯代尔学院（Hillsdale College），获理学士（B. S.）学位，继而于 1877 年（光绪三年）从该学院获理学硕士（M.S.）学位；之后的 3 年时间任教于印第安纳州印第安纳波利斯（Indianapolis, Indiana）的一家公立学校；1880 年（光绪六年），入宾夕法尼亚州女子医学院（Woman's Medical College of Pennsylvania），接受医学传教训练。1884 年（光绪十年）春，富马利获得医学博士学位后，受美北长老会海外传教会差遣，前往中国行医传教，于同年下半年到达广州。她的兄长富利敦牧师夫妇已在此传教 4 年。富马利到广州后被介绍给时在博济医院（Canton Hospital）工作的广东省唯一女医生赖玛西（又译"赖马西"，Mary West Niles, 1854-1933 年）和时任博济医院院长的嘉约翰（John Glasgow Kerr, 1824-1901 年）医生。他们对富马利以后创建女子医校发挥重大的影响力。[10]

富马利在华不到一年，于光绪十一年（1885 年）9 月陪兄嫂及其小女儿前往广西桂平（Kwai Ping）。时桂平因反洋气氛浓厚而没有传教士冒险前往。广西不仅以太平天国起义发源地为世人所知，时正处中法战争前线，时局危乱。他们沿西江而上，航行 18 天，经肇庆、云浮、梧州，到达桂平。富利敦夫妇开设女校，富马利通过开展施医赠药获得立足点。他们在桂平免费给穷人治病，又医治在中法战争中大腿受枪伤的将军董福祥（1840-1908 年）。富马利兄妹的工作获官民好感，并获准建造新医院。他们在桂平施治过 3,000 余人，所用药料分文不取。次年 5 月初，新医院建造工程进入收尾阶段，不久因一场儒生手术截肢事件而发生打砸抢烧事件，全部工程化为灰烬。后广西地方政府赔偿损失，富马利医生一行由官府派船送至广州，撤出桂平，从此未踏足桂平。光绪十二年（1886 年），中华博医会（Medical Missionary Association of China）在上海成立，富马利为创始会员。[11]

---

10 陈小卡、王斌编：《中国近代西医缘起与中山大学医科起源》，广州：中山大学出版社，2016 年 11 月第 1 版，第 180-181 页。

11 关于富马利的简要生平参见《富马利：美国医生和传教士》（Mary Hannah Fulton: American Physician and Missionary），刊于 "peoplepill" 网站：https: //peoplepill. com/people/mary-hannah-fulton/，引用日期：2021 年 2 月 10 日。

富马利所著《传道医好有病》一书封面

回广州后，富马利在博济医院工作。嘉约翰时任博济医院院长。该医院由伯驾（Peter Parker，1804-1888 年）[12]于道光十五年（1835 年）创办，集医疗与医学教育于一体，附设有博济医校。早在同治五年（1866 年），嘉约翰在博济医院内设立"博济医校"（1835-1879 年）。博济医校是中国最早的教会医科学校，主要培养中国西医人才。光绪五年（1879 年）博济医校更名为"南华医学堂"（South China Medical School, 1879-1904 年），附属于博济医院，开始招收女生。孙中山为该校同治五年（1886 年）招收的学生。光绪三十年（1904 年），南华医学堂改名为"华南医学院"。1949 年后，华南医学院合并其它医科学校成立广州中山医学院。应附近的真光女校（True Light School）毕业生的要求，

---

12 关于嘉约翰与伯驾的生平，参见雷雨田主编：《近代来粤传教士评传》，上海：百家出版社，2004 年 5 月第 1 版，第 241-264 页。

博济医院附设的南华医学校于光绪五年（1879年）在嘉约翰的支持下开始在招生男生之同时招收2名女生，提供医学训练。此为中国女子医学教育之始。[13] 至光绪十四年（1888年）伯驾去世，博济医院已有37名女医学生。光绪二十三年（1897年），富马利开始经手华南医学校女子医学教育工作。光绪二十四年（1899年），嘉约翰从博济医院退休，女子医学教育难以为继，富马利着手筹措资金继续提供女子医学职业培训。光绪二十五年（1899年），医学校女生增至5人。同年嘉约翰在广州芳村创办惠爱医癫院即精神病院[14]，医学校男生随之去芳村。为了延续女子医学教育，富马利带5个女生以及2名中国女医生助手即余美德（1876-1960年）[15]、施梅卿，在西关宝华路存善大街长老会教堂附近施医赠药，为她们讲授医学课程。中国第一家女医校发端于此。[16]

在此期间，富马利于光绪十四年（1888年）在博济医院附近开设一家女子赠医所（Dispensary for Women）；[17]光绪十七年（1891年），在花地开设一处女子赠医所；光绪二十五年（1899年），在西关逢源街、存善大街（现龙津西路、逢源西街），借用长老一支会礼拜堂一侧，开设一间赠医所。光绪二十

13 Guangqiu Xu：《美国医生在广东：中国现代化（1835-1935）》（*American Doctors in Canton: Modernization in China, 1835-1935*），New Brunswick & London：Transaction Publishers，2011年7月，第137页。

14 李景文、马小泉主编：《民国教育史料丛刊990 高等教育·高等教育史》，郑州：大象出版社，2015年4月第1版，第305页。

15 余美德，广东博罗县人，笃信基督，光绪二十二年（1896年）毕业于广州博济医院，留院工作4年；光绪二十六年（1900年），协助富马利在广州西关创办广东女医学堂，同时协办柔济女医院；光绪三十年（1904年）至澳门养病，因当地士绅挽留而在澳门开业，成为澳门史上的第一位华人女医生；光绪三十二年（1906年），与教会人士在黑沙环创立志道堂；民国八年（1919年），在马大臣街志道堂新址内创办澳门第一间华人幼稚园；民国二十一年（1932年），协助志道堂建立蔡高纪念学校，一度担任义务校长（1935-1942年），其后任董事会主席；1960年，在澳门逝世。参见黎小江、莫世祥主编：《澳门大辞典》，广州：广州出版社，1999年9月第1版，第622页。

16 另外参见沈彦燊：《柔济医院忆昔》，同上，第145页，认为："夏葛女医学堂是古老中国的第一所也是唯一的女医学堂，创建于1899年（清光绪二十五年）。开始时为男女合校，附设于惠爱精神病医院之内（现精神病院前身）。开办不到一年，由于清朝有禁令，男女不能共读，并规定女子不准上洋学堂，因而被迫解散。"但是，实际上，女子医学堂并非反此一家，后有北京的协和女子医学院（Union Medical Colleqe for Women, Pekinq, 1906年等）

17 关于富马利的简要生平参见《富马利：美国医生和传教士》（Mary Hannah Fulton: American Physician and Missionary），同上。

五年（1899 年）12 月 12 日，赠医所接诊首例病人。这一天成为后来的柔济医院创始日。时逢义和团运动，光绪二十六年（1900 年）富马利带领师生至澳门避难，将赠医所迁至澳门，并继续办学；[18]同年 11 月待时局稳定后复迁广州，富马利脱离南华医学校。在未脱离博济医校期间（1899 年末-1901 年），富马利团队暂时被统称为妇医工作区或校院。[19]

第二节　不愧社会完人：夏葛医科大学的创建与转型

广东女医学堂（1901-1903 年）

夏葛女医学堂（1903-1912 年）

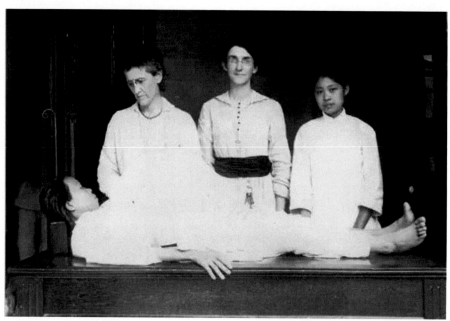

1914 年，富马利博士（左）、夏马大博士（中）、罗秀云医生（右）看望手术前的卵巢囊肿病人。[20]

18　关于富马利的简要生平参见《富马利：美国医生和传教士》（Mary Hannah Fulton: American Physician and Missionary），同上。

19　关于富马利的简要生平参见《富马利：美国医生和传教士》（Mary Hannah Fulton: American Physician and Missionary），同上。

20　广医三院：《柔济 119|回到上世纪，带您穿越时空看看老柔济》，刊于"搜狐"网站：https://www.sohu.com/a/281625941_456107，发布日期：2018-12-12 17：12，引用日期：2021 年 2 月 10 日。

直接促动富马利独立创办女子医学教育机构的动因是博济医院遗留下的女子医学教育问题。与此同时，教会为富马利创办独立的女子医学教育机构提高有力的支持。光绪二十七年（1901年），位于西关多宝大街尾逢源中约拉法埃脱大院内的长老会第一支会哥利舒教堂（Theodore Cuyler First Presbyterian Church Building）落成。此为拉法埃脱大院内最早的建筑。该堂由纽约布鲁克林拉法埃脱街长老会利舒（Theodore Cuyler，1822-1909年）牧师捐助，故名。[21] 远隔重洋的哥利舒教会积极支持富马利的医疗与医学传教工作。富马利也得到在长老会第一支会哥利舒教堂担任牧师的哥哥帮助。她从澳门迁回广州后随即开始创办"广东女医学堂"（Kwangtung Medical School for Women，The Canton Woman Medical College），也称"广东女子医学校"[22]、"广州女子医学堂"[23]。第一期招收11名女生。学校同时附设一间"道济女医院"即柔济医院的前身。富马利担任校长兼院长。最初，富马利借用教堂首层2间客厅、3间小房，用作课堂、宿舍、诊室、药房，开展教学和赠医活动。女医学堂及赠医所初具规模。同年4月23日，女医学堂和女医院举行开学开业典礼。美国驻广州领事、南海县令、番禺县令、广雅书院院长等一大批社会名流出席庆典。[24]

医校、医院创立之初，富马利定下通例，以捐款人姓名为建筑物或机构名称。"夏葛先生捐助本校建筑多所，因以夏葛名校以纪之；又大卫柔济先生鼎力伙助本院，故以柔济名院以纪之；又护士学校得端拿夫人之概助，因以端拿名校以纪之。"[25] 医学院/医科大学、医院以及护校的名称由此而来。

---

21 夏葛女医学校：《夏葛医学院、端拿护使学堂以及柔济女医院公告》（*The Bulletin of The Hackett Medical College for Women, The Turner Training School for Nurses, and The David Gregg Hospital for Women and Children*），32开，34页，1919-1920年，第7页。

22 陈小卡、王斌编著：《中国近代西医缘起与中山大学医科起源》，同上，第220页。

23 梁毅文口述、张克坚整理：《西关夏葛女子医学校的片断回忆》，收录于广州市政协文史资料研究委员会、广州市荔湾区政协文史资料研究委员会编：《广州文史资料第35辑：选辑》，广东人民出版社，1986年8月第1版，第147页。

24 广州医科大学附属第三医院编：《发现·柔济》，广州：广东人民出版社，2016年12月第1版，第33页。另外参见沈彦燊：《柔济医院忆昔》，同上，第146页，认为：富马利"在哥利舒教堂任牧师的哥哥富尔顿的帮助下，借了教堂首层作为校舍，同时取得美国长老会支持，筹集了资金，于1902年办起了女医学堂。最初取名为广东女医学堂。共招收学生9人（包括从原校过来的女学生），均为广东籍。"

25 广州医科大学附属第三医院编：《发现·柔济》，同上，第33-34页。

光绪二十八年（1902 年），富马利得到纽约布鲁克林拉法埃脱街长老会牧师柔济（David Gregg）的资金支持。柔济以 3,000 美元捐款建造"道济女医院"，并最终定名为柔济女医院，英文院名即为 The David Gregg Hospital for Women and Children，即柔济妇孺医院，在为妇孺提供医疗之同时用作医学堂的教学基地。同年，美国长老会的夏葛（E. A. K. Hackett，1851-1916 年）提供捐款，由美国纽约布鲁克林拉法埃脱街长老会赠款美金 4,000 元，在哥利舒教堂西侧建起三层的教学宿舍楼，在二楼特别建造连廊通达教堂。另外，富马利在教堂南侧购地建房，建成楼房 1 座，即麦伟林堂（The Mcwilliam Building）。哥利舒教堂、教学宿舍楼与麦伟林堂在建筑布局上形成"T"字形结构。富马利在赠医所原有门诊业务的基础上将麦伟林堂建为留医院即住院部，设病床 12 张，收治妇孺患者。[26]

富马利在华医疗传教与教育工作于光绪二十九年（1903 年）进入到快车道。这一年，柔济女医院成为广州首倡新法接生的医院。光绪二十五年（1899 年）5 位入学者中的苏恩爱和黄雪贞，于光绪二十九年（1903 年）毕业，成为女医学堂首届毕业生；次年，另外三个女生即罗秀云[27]、梁友慈、张星佩毕业。至此，办学施医所需用房问题解决，校院初步成形，分别名曰"柔济女医院"、"广东女医学堂"。为表达对捐赠人的感谢，光绪二十九年（1903 年），广东女医学堂改名为"夏葛女医学堂"，英文校名为 The Hackett Medical College for Women。光绪三十一年（1905 年），富马利进一步拓展校园建设，四层高的马利伯坚堂（又译帕金产妇堂，The Mary H. Perkin Memorial）建成，位于麦伟林堂南侧；同期在哥利舒教堂东侧建起三层高的外籍职员宿舍（The Home of the Foreign Resident Staff）以及两层高的医生住宅。宣统三年（1911

---

26 陈安薇编著：《又见柔济》，广州：南方出版传媒、广东经济出版社，2020 年 4 月第 1 版，第 18-19 页。

27 罗秀云，广东东莞人，光绪三十年（1904 年）毕业于夏葛女医学堂，柔济医院著名的外科女医生。广东女医学堂建立之前，罗秀云随富马利在博济医院学医行医；光绪二十五年（1899 年）随富马利从博济医校转到广东女医学堂。罗秀云是夏葛医学院第二期毕业生；毕业后，在富马利领导下，一直在夏葛、柔济、端拿工作 12 年。罗秀云是富马利创办两校一院（夏葛女医学堂、端拿护士学校和柔济女医院）初期的得力助手，主要负责募捐筹款并担任司库工作。光绪三十四年（1908 年），美国护士长来穗管理护士学校，罗秀云转任柔济女医院医务长，主要负责管理医院。罗秀云初任时，医院病床仅 30 多张，有医生和教师 15 名。罗秀云治病兼授课。及至民国四年（1915 年），全院住院病人 522 人，门诊病人 7,152 人。广州医科大学附属第三医院编：《发现·柔济》，同上，第 38 页。

年），在马利伯坚堂南侧建有两层高的夹拔堂（The Thorpe Hall），用于护校校舍。[28]四年后，在马利伯坚堂、夹拔堂东侧，用作门诊的赠医所（The Dispensary Building）落成。至此，"T"字形布局结构形成——横向建筑有教学宿舍楼、哥利舒教堂、外籍职员宿舍、医生住宅；竖向建筑包括麦伟林堂（1913 年拆除重建）、马利伯坚堂、夹拔堂、赠医所。[29]

　　至宣统二年（1910 年），在校女生增至 40 多人，教员有 10 人，女医院有 300 多名住院病人，产科已能实施产钳助产术、死胎穿颅术、臀位牵引助产术等手术；至光绪三年（1914 年），住院病人增至 600 多人。此外，到民国四年（1915 年）为止，富马利从英文译有多种粤语医学教科书。[31]在富马利建议下，为了使当地女子医学训练获得最大效果，教学语言采用粤语。[32]

　　校院的训导为"拯救生命、传播真光"（To Save Life and Spread The True Light），以"基督真理为体，精

MR. E. A. K. HACKETT
Friend and Benefactor

夏葛像[30]

28 陈安薇编著：《又见柔济》，同上，第 19-20 页。

29 陈安薇编著：《又见柔济》，同上，第 21-22 页。

30 [美]富马利（Mary H. Fulton）：《传道医好有病》（"Inasmuch"：*Extracts from Letters, Journals，Papers，etc.*），同上，第 16-17 页之间插图。

31 其中主要包括：[美]豪慈（L. Lmmett Holt）：《豪慈儿科学初集》（*The Diseases of Infancy and Childhood*，Volume I），富马利译述，周仲彝编订，上海：中国博医会，1915 年。[美]豪慈（L. Lmmett Holt）：《豪慈儿科学二集》（*The Diseases of Infancy and Childhood*，Volume II），富马利译述，周仲彝编订，上海：中国博医会，1917 年。[美]哈建（WIlliam Barton Hopkins）：《绷带缠法》（*The Roller Bandage*），翻译自英文第五修订版，富马利译述，周仲彝编订，中华医学会，中文第五修订版，1933 年 10 月；[美]卞劳（Charles B. Penrose）：《卞劳妇科学》（*A Text-book of Diseases of Women*），富马利口述，中国医博会（Publication Committee, Chinese Medical Missionary Association），1928 年第四次出版。

32 关于富马利的简要生平参见《富马利：美国医生和传教士》（Mary Hannah Fulton: American Physician and Missionary），同上。

研医学为用，造就子女获得良美医德、完备之医才，使以天道救灵、医道治体，惠群济世，利国利民"为办学宗旨。[33]

私立夏葛医学院（1912-1921 年）

随着基础设施与学科建设不断完善，民国元年（1912 年），夏葛女医学院改名"私立夏葛医学院"（The Hackett Medical College for Women）。民国三年（1914 年），私立夏葛医学院及其附属机构组建董事会，制定董事会职责。次年，富马利因中华医学传道会（Medical Missionary Association of China）的邀请，离开广州至上海从事医学翻译与出版等工作，民国七年（1918 年）因健康原因回美，后在美加利福尼亚州的帕萨迪纳（Pasadena, California）去世。[34]富马利离开广州之际，拉法埃脱大院已经形成以医学院、医院和护校为主体的联合学校，夏葛女医学院师资力量强大。

美国长老会女传教医师夏马大自富马利之后继任校长（1915-1923 年），长校期间学校得到进一步的发展，[35]于民国七年（1918 年），开办药剂与检验班，即后来的柔济药剂学校。民国三年（1914 年），夏马大与伦加列加盟夏葛医学院。夏马大是夏葛的女儿，于 1913 年（民国二年）从芝加哥的拉什医学院（Rush Medical College in Chicago）获得医学博士（M.D.）学位；伦加列则于 1912 年（民国元年）从芝加哥大学获得哲学博士（Ph.D.）学位，主修生物学与科学教育。夏马大在夏葛医学院担任内科、药理、拉丁文教授。伦加列在夏葛医学院担任生物学、化学教授；民国十年（1921 年）回美，一年后复至夏葛医学院，担任学术主任。[36]民国十二年（1923 年），她们离职回美。

---

33 广州医科大学附属第三医院编：《发现·柔济》，同上，第 7 页。

34 关于富马利的简要生平参见《富马利：美国医生和传教士》（Mary Hannah Fulton: American Physician and Missionary），同上。

35 参见《夏马大（1884-1964）》（Martha Hackett [1884-1964]），刊于"蒙特霍利约克学院"（又译"曼荷莲文理学院"，Mount Holyoke College）官方网站：https://dla.mtholyoke.edu/exhibits/show/anthromhc/martha-hackett，引用日期：2021 年 2月 10 日。

36 Guangqiu Xu：《美国医生在广东：中国现代化（1835-1935）》（*American Doctors in Canton: Modernization in China, 1835-1935*），同上，第 144 页。

该校为教会所办，立学宗旨与信仰密不可分：以耶稣真理为体，以新学救人为用。《夏葛医学院章程》（1915-1916 年）规定："欲来学者，须为本国妇女，及其学成，以天道救人之灵，以医道治人之身，振兴世界，扶植国脉，并非别开生财门路，愿学者毋忘此旨。"学生入学资格规定："尊重人格，不能为富人培养侧室，故凡妾侍之流，断不收录；学习功课繁重，非专心致意不能进步，故已嫁而有家累者不录。来学诸生须年足十八岁，对本国文字能读能作，又略明各种科学者方能入选。凡由外省来学，如文字通顺者，可以收录。"学

伦加列像[37]

生来源有二：通过考试招收有中学文化水平的女生，由教会介绍推荐入学。自民国五年（1916 年），"凡来肄业者，应先习过英文至少一年，如未习过，应于入学之第一年期内补习；凡欲就学者，如文字通顺，德行端正，考试及格，则一体收录，不分畛域；外省来学者如不谙粤语，应先半年入校，操练粤音，此半年内可不必上堂习课，学费亦免缴；经取录之新生，须于未入校之前，邀请殷实保证人担保，并由该生填志愿书呈校存案"。[38]

学校最初规定学制 4 年，自民国五年（1916 年）增设练习即实习期 1 年，形成 5 年学制，即 4 年本科，1 年实习期。本科学习每年开设一个班。第一学年开设课程主要包括："全体学"、"体功学"[39]、"化学"、"显微镜学"。第二

37　《伦加列简历》（Harriett Allyn Biography），刊于"蒙特霍利约克学院"（又译"曼荷莲文理学院"，Mount Holyoke College）官方网站：https://dla.mtholyoke.edu/exhibits/show/anthromhc/harrietallyn，引用日期：2021 年 2 月 11 日。

38　《夏葛医学院章程》（1915-1916 年），第 2-3 页，转引自李永宸、唐亚南：《夏葛医学院及其学生的地理分布》，刊于《南京中医药大学学报（社会科学版）》2015 年 3 月第 16 卷第 1 期，第 22-31 页，特别参见第 22 页。

39　全体学、体功学即解剖学（Anatomy）、生理学（Physiology），参见袁媛：《中国早期部分生理学名词的翻译及演变的初步探讨》，刊于《自然科学史研究》第 52 卷第 2 期（2006 年），第 170-181 页。

学年开设的课程主要包括："进级全体学"、"进级体功学"、"进级化学"、"进级显微镜学"、"药品学"、"皮肤学"、"牙科学"、"卷带缠法学"。第三学年开设的课程主要包括："进级药品学"、"产科学"、"外科学"、"内科学"、"病体学"、"诊断学"、"寄生症学"。第四学年开设的课程主要有："进级外科"、"进级内科"、"进级产科学"、"儿科学"、"眼科学"、"临床外科讲义"、"临床内科讲义"、"断讼医学"及"卫生公学"。此外，课程还包括"英语"、"拉丁文"。"圣经"为必修科。[40]学习期满后，学校授予医师执照。[41]

自民国九年（1920年），学制改为6年制，即1年预科，4年本科，1年实习。新生招收年龄为19岁以下未婚女子，通过考试录取。考试科目有"中文"、"历史"、"地理"、"数学"、"英语"、"自然科学"。修完1年预科课程后，学生可免试升入本科。预科课程有"英语"、"生物"、"数学"、"生理"、"无机化学"、"比较解剖学"、"胚胎学"、"圣经"。学生若不通过预科而想进入本科，则必需通过上述学科考试及格才能录取，但考取机会较少。[42]

学生管理制度完善，其中主要包括退学、开除学籍、请假与升留级等规定。"品行一门，本校极其注重。虽烟酒谎言......诸生亦须切戒。务修边幅，洁净勤敏，互相勉励，如有品行乖张，不堪造就者，立令退学。""若有病请假，必先往监学处，请取假纸，报知教员或监考员。倘因特别要事欲回家，虽（需）持家长函请特假。""诸生必须在本校寄宿。已嫁而有家室者，如先得本校之特别许可，不在此例。"[43]后医学院又进一步规定："又不得在早7点钟前，晚7点钟后请假离校……若旷课每科百分之十者，仍可考验，如逾百分之二十者，则作不合格论。"[44]

在严格规范的现代医学教育之下，杰出校友不断涌现而出，其中有周理信（Lee Sun Chau，1890-1979年）。周理信，也被称作"周六姑"，就学于庇理罗士女子中学（Belilios Public School），后于1910年代末毕业于夏葛女医

---

40 梁毅文口述、张克坚整理：《西关夏葛女子医学校的片断回忆》，同上，第148-149页。

41 沈彦燊：《柔济医院忆昔》，同上，第146-147页。

42 沈彦燊：《柔济医院忆昔》，同上，第147页。

43 《夏葛医学院章程》（1915-1916年），第7-8页。转引自李永宸、唐亚南：《夏葛医学院及其学生的地理分布》，同上，第23页。

44 《夏葛医学院章程》（1931-1932年），第15页。转引自李永宸、唐亚南：《夏葛医学院及其学生的地理分布》，同上，第23页。

学院，在柔济女医院工作，1920 年代移至香港，继续从医。其祖父为循道公会华南第一位中国籍牧师周学舒（Hok Shu Chau，也称"周学"、"周励堂"，1826-1918 年），由中国第一位牧师梁发（1789-1855 年）施洗。[45]

夏葛医科大学（1921-1930 年）

夏葛医学院稳定发展，在医学教育上不断取得进步，学校的地位和影响也随之不断提高和扩大。民国十年（1921 年）学校更名为夏葛医科大学（The Hackett Medical College for Women），成为中国最早获得大学地位的女子西医高等学校，也是除北京协和医科大学、华西协合大学之外第三所医科大学。夏葛医科大学的英文校名与夏葛医学院相同。夏马大担任校长。民国十三年（1923 年），夏马大离职，何辅民长校（1923-1930 年）。何辅民，1902 年（光绪二十八年）毕业于美国伍斯特大学（Wooster University），获哲学学士学位，1906 年（光绪三十二年）从西部预备医学院毕业，获医学博士学位。1908 年（光绪三十四年）来华，一直追随嘉约翰医生工作，先后在广州惠爱医癫院（现惠爱医院）任助理主管，民国四年（1915 年）在广东公益医学院（后改名为中山医科大学）任院长。民国九年（1920 年），何辅民受聘为夏葛医学院教授，先后担任物理诊断学、内科、实验室诊断、生理学教授；自民国十三年（1924 年）先后任差会董事、医校执行部主席、医科大学校长、柔济女医院院长、护校校长。

由于收费高昂，历届毕业生人数少。随着医学院学生的相继毕业以及美国长老会陆续派员到来，校院的医生、教员及管理人员不断增加。光绪二十五年（1899 年）时，院校只有教职员 3 人，至民国四年（1915 年）教职员人数增至 15 人。民国十三年（1924 年），校院有教职员 40 人，其中医生、教员 26 人、正副护长 6 人、会计 1 人、司库 1 人、庶务员 1 人、其他行政人员 2 人、传道员 3 人，此外有实习医生 7 人及护士学生 55 人。至民国十八年（1929 年），院校仅医生、教员已增至 35 人。民国十二-十三年度（1923-1924 年），师资队伍达到 31 人，且多为高学历，其中包括：美国医学博士 12 人，哲学博士 1 人，化学硕士 1 人，学士 10 人，本校毕业生 7 人。[46]

45　《周理信》（Lee Sun Chau），刊于"peoplepill"网站：https://peoplepill.com/people/lee-sun-chau/，引用日期：2021 年 2 月 11 日。

46　广州医科大学附属第三医院编：《发现·柔济》，同上，第 5 页。

至民国十八年（1929 年）秋季学制改为 7 年，即再加 1 年预科，定预科 2 年，达到国家认可的 A 级医学院的标准水平，中华医学会确认其为甲级医学院，成为当时全国公认的两所甲级女子医学院之一。[47]预科 2 年制学科与 1 年制差异甚大。第一年的课程有"普通生物学"、"动植物学"、"无机化学"、"数学"、"圣经"、"英语"、"医学史"。第二年的课程包括"比较解剖学"、"分析化学"、"有机化学"、"物理学"、"心理学"、"英语"、"圣经"等。学生修完预科课程后可免试进入本科就读。[48]

私立夏葛医学院（1930-1936 年）

在收回教育权运动的推动下，民国十五年（1926 年），广东全省教育大会通过党化教育决议案，议决收回教育权、取缔教会学校。广州国民政府大学院于同年 10 月颁布《私立学校规程》规定，外国人不得担任校长，不得以宗教科目为必修科，不得在课内作宗教宣传，不得强迫学生参加宗教仪式等；[49]10 月，颁布《私立学校校董会设立规程》，规定外国人不得当学校董事会主席以及中国人必须在董事会中占多数等。[50]随后立案规程相继出台。民国十六年（1927 年）颁布《私立大学及专门学校立案条例》，次年又颁布《私立学校条例》和《私立学校校董会条例》。[51]夏葛医科大学校董事会鉴于新的形势，于民国十八（1929 年）3 月 10 日召开董事会议，决定从民国十九年（1930 年）将学校移交给中国人办理，由王怀乐（1898-1966 年）出任校长，并向国民政府教育部申请立案。民国十九年（1930 年），美北长老会尊重中国教育权，将夏葛医科大学交给国民政府，由中国人全权办理，并根据国民政府颁布的《大学组织法》改名为"私立夏葛医学院"，重新建立校董事会，于民国二十年（1931 年）根据国民政府教育部第 1370 号指令核准校董事会立案，于民国二十一年（1932 年）根据国民政府教育部第 9941 号指令核准私立夏葛医学院立案。[52]私立夏葛医学院废预科，改本科学制为 6 年，另加实习 1 年，共 7

---

47 广州医科大学附属第三医院编：《发现·柔济》，同上，第 7 页。

48 沈彦燊：《柔济医院忆昔》，同上，第 147 页。

49 朱有瓛、高时良主编：《中国近代学制史料》，第 4 辑，上海：华东师范大学出版社，1993 年 6 月第 1 版，第 785 页。

50 朱有瓛、高时良主编：《中国近代学制史料》，第 4 辑，同上，第 785 页。

51 朱有瓛、高时良主编：《中国近代学制史料》，第 4 辑，同上，第 787 页。

52 李景文、马小泉主编：《民国教育史料丛刊 990：高等教育·高等教育史》，同上，第 306 页。

年，开始兼招男生，计划并入岭南大学，由岭南大学负责前 2 年的医学预科教育。经上述改组之后，第一任董事长系中国基督徒伍藉盘。夏葛医学院交归中国人办理，但经费由美国长老会管理。[53]

私立夏葛医学院第一任华人院长王怀乐，是著名的外科学家，曾用名"王悦斋"、"王廷维"。他是广东新宁（今台山）人，出生于华侨家庭，父亲在加拿大经营洗衣业。王怀乐先在加拿大医科毕业，后从美国的密歇根大学获得外科硕士、医学博士学位，是英国皇家医学会会员，也是一名基督徒。1924 年（民国十三年），王怀乐回国，在家乡结婚，婚后在上海同仁医院当实习医生。民国十四年（1925 年），王怀乐南下至夏葛医科大学和柔济女医院工作。自同年 8 月，王怀乐担任夏葛医科大学外科学、病理学、解剖学教授、校长（1930-1936年在任）、院务委员会主席，曾任夏葛医学院附属柔济医院的医院代理主任、外科主任以及皮肤科、五官科医师，"夏葛"与"博济"并校以后的柔济医院院长以及柔济医院附属端拿护士学校校长。[54]

私立夏葛医学院对医学预科和医学本科入学资格作出明确规定。就医学预科而言，"凡年在 18 岁以上之女子，曾在立案高级中学领有毕业证书者，可来校投考；如曾在本校认可之高级中学毕业，又领有证书缴验，并得其母校校长介绍证明者（该介绍书须由该校校长直接寄与本校教务处），得免入学试验。如非在本校认可之学校毕业者，均须受入学试验"[55]。关于医学本科，"在本校预科完竣，可直升入本科一年级。凡由他医校欲转入本校插班者，须呈缴原校之证明书及成绩表，并须受入学试验。该证明书及成绩表须由该校直接寄本校方发生效力"。[56]关于入学资格，"公立或已立案之私立高级中学毕业者；公立或已立案之私立大学理科学院预科毕业者；其他同等学校毕业与教育部所规定医学院入学资格相符者。"[57]

---

53 张耀荣主编：《广东高等教育发展史》，广州：广东高等教育出版社，2002 年 8 月第 1 版，第 131 页。

54 陈小卡编著：《西方医学经粤传华史》，广州：中山大学出版社，2018 年 12 月第 1 版，第 353 页。

55 《夏葛医学院章程》（1931-1932 年），第 16 页。转引自李永宸、唐亚南：《夏葛医学院及其学生的地理分布》，同上，第 23 页。

56 《夏葛医学院章程》（1931-1932 年），第 23 页。转引自李永宸、唐亚南：《夏葛医学院及其学生的地理分布》，同上，第 23 页。

57 《私立夏葛医学院章程》（1933-1934 年），第 19 页，第 6 条。转引自李永宸、唐亚南：《夏葛医学院及其学生的地理分布》，同上，第 23 页。

关于学制，私立夏葛医学院规定："本学院修业期限为6年，初三年为基本学系诸科目，第4、5两年所习为临床学系诸科目，第6年完全在医院见习。"[58]

私立夏葛医学院对学业成绩及操行考查规则作出严格的规定。每科分数以70分为合格，全年总平均成绩则须有78分方能升级；全年内若有一主要科，或其它数小科学合等于一主要科者不合格，而总平均成绩在78分或以上者，则准予补考一次，若补考不合格，则须留级；每学年内不得有一主要科以上不合格，否则须自行退学；每学生每级只能留级一次；全学医期间不得有两科以上不合格；试验时如有夹带传递等作弊行为，即予开除学籍；学生操行以谨守校纪、勤勉学业、恪遵师训为准，操行不良者得由师长报告于学院校务委员会处罚或开除学籍。[59]

医学院所收学杂费高昂。每年学杂费包括学费125元、膳费80元、宿舍费55元、堂费35元、按金10元、药金3元、显微镜费8元、实验费18元（每科每年6元，以3科计），合计334元（以大洋为本位）。[60]如此高的学费非一般家庭所能承担。

在晚清民初开办西医学校是一项创举。西医名词没有确定的翻译，也很难找到合适的中文医学书作为教材。夏葛女医学院最初大部分课程都只能由教师口授笔记并采用外文教学。针对这种教学实践问题，富马利在工作之余投入大量精力翻译教科书，堪称医学著作翻译先驱。除英语课外，学校所有课程都有相应的中文教材和参考书。当时同为全国有名的湘雅医学专门学校仍采用外文医书和外语教学。为扩大学生的知识面，学校提供许多相关的英文医学著作以及科学杂志。

私立夏葛女医学院的学生除来自国内13个省、市（远至北京、山西、内蒙等地）外，还有来自港、澳、越南、星马泰（新加坡、马来西亚、泰国）、北美等地区和国家。[61]自民国九年（1920年）后，每年在校学生（不包括预

58 《私立夏葛医学院章程》（1933-1934年），第19页。转引自李永宸、唐亚南：《夏葛医学院及其学生的地理分布》，同上，第22页。

59 《私立夏葛医学院章程》（1933-1934年），第25-26页。转引自李永宸、唐亚南：《夏葛医学院及其学生的地理分布》，同上，第23页。

60 《私立夏葛医学院章程》（1931-1932年），第11-12页。转引自李永宸、唐亚南：《夏葛医学院及其学生的地理分布》，同上，第26页。

61 李景文、马小泉主编：《民国教育史料丛刊990：高等教育·高等教育史》，同上，第305页。

科生及实习医生）均在 50 名以上。毕业生从光绪二十九年（1903 年）的 3 人增加到民国二十三年（1934 年）的 15 人。医学院前后共毕业 259 人（1903-1936 年）。[62]校友中人才济济。张明慧（1902-1972 年），南充县（今顺庆区）人，基督徒，民国二十一年（1932 年）毕业于私立夏葛医学院，留校任教；民国二十五年（1936 年）在河南卫辉县慧明医院任外科医师；民国二十七年（1938 年）受聘于重庆仁济医院，任妇产科主任；民国三十二年（1943 年）后致力于家乡的妇幼卫生事业，回南充开办诊所推广新法接生，独资兴办妇孺医院。[63]伍智梅（1907-1956 年），广东台山人，同盟会员伍汉持（1872-1913 年）之长女，早年毕业于私立夏葛医学院，后入芝加哥大学医学院深造，回国后在广州创办汉持医院，曾任广州市立育婴院院长、图强助产职校教授；民国二十年（1931 年）任国民党中央委员；抗战时期任国民参政会参政员；1949 年后到台湾。同盟会员伍汉持之长子伍伯良（1893-1972 年）妻子、伍智梅长嫂胡燕襟，从私立夏葛医学院获得医学士学位，担任柔济女医院院员、私立夏葛医学院教授。[64]

民国二十一年（1932 年），广州暴发流行性脑脊髓膜炎，何辅民医生夜以继日地参与救治，不幸染病，于民国二十二（1933 年）4 月 6 日逝世，成为该校第一个在医院工作岗位上殉职的外籍医生。柔济员工为纪念这位杰出的国际友人，于民国二十六年（1937 年）将一栋住院楼命名为"何辅民堂"。[65]

道济女医院（1902 年）
柔济女医院（1902-1928 年；1928-1934 年）
柔济医院（1934-1952 年）

上文述及光绪二十五年（1899 年），在博济医校工作的富马利召集原博济医校 5 名女生，辗转到西关逢源街、存善大街长老会礼拜堂一侧，开设一间赠医所施医带教，同年 12 月 12 日，赠医所接诊首例病人。此日成为此后柔济医院的创始日。时逢义和团运动，赠医所开业不久后富马利带领学生迁

---

62 沈彦燊：《柔济医院忆昔》，同上，第 147 页。

63 川北区志编纂委员会编：《川北区志（1950.1-1952.9）》，北京：方志出版社，2015 年 3 月第 1 版，第 361-362 页。

64 邹鲁：《中国国民党史稿》，下，上海：东方出版中心，2011 年 11 月第 1 版，第 1473-1474 页。

65 广州医科大学附属第三医院编：《发现·柔济》，同上，第 37 页。

至澳门，待时局稳定后复迁广州，脱离博济医校，另外创办医学院、医院与护校。

富马利于光绪二十八年（1902 年）创建道济女医院，为纪念纽约拉法埃脱街长老会牧师柔济鼎力资助，英文名院为 The David Gregg Hospital for Woman and Children。"道济"，取其传道、以医济世之意，也为 David Gregg 首写字母的音译。但是，因"道济"与粤语方言"刀仔"之音相近，西医外科剖解为当地人所惧，为避忌讳，院方将医院更名为"柔济"。"柔济"之名不仅亲民[66]，也与捐款人姓氏音译相契合。光绪二十八年（1902 年）4 月 23 日，柔济女医院举行落成和命名典礼，成为广东女医学堂的实习基地。医院将诊治病症与医学教学兼顾。柔济女医院还兼具慈善机构性质，创立时形成赠医施药传统。[67]光绪二十九年（1903 年），麦伟林堂落成，成为医院的住院部；光绪三十一年（1905 年），医院修建四层的马利伯坚堂（Mary H. Perkins Hall），为专门产科病房，与前者合为柔济女医院所用。两座建筑物内共设有病床 60 张，全部收产科病人。住院部房间分隔，内有水厕及淋浴设备，并有电灯照明。医院内的医疗设备均由美国费城教会捐赠。柔济女医院作为夏葛女医学堂教学医院而建，因而医学堂的校长兼任医院院长，教员多兼任医生。[68]

医院经费来源依靠国内外捐赠，其中主要由美国长老会赞助。所有住院病人均收费。而门诊部分为门诊（收费）、施诊（赠医）和出诊（均为接产）。医院为大多数贫困病人提供免费医疗。柔济女医院的办院宗旨有三：治疗疾病；引导病人信奉基督；为教学提供实习场所。开院之初 10 年内，当时西医并未被当地人所接受，每年留医者不超过 400 人，而床位使用率仅 50%左右。民国九年（1920 年）后，住院留医病人增加，每年超过千人。床位随人数增加而增添，至民国二十三（1934 年），医院已发展到 120 张病床。以上住院者均为妇女、新生儿及学龄前儿童。至民国二十一年（1932 年），医院始收男病人。是年收住院男病人 44 人。门诊病人在开院后前 10 年内年诊病人数在八千人次左右，至民国二十三年（1934 年）达 2 万人次以上。门诊部也自民国二十一年（1932 年）诊治男病人，是年诊治 529 人次。民国二十三年（1934

---

66 李景文、马小泉主编：《民国教育史料丛刊 990：高等教育·高等教育史》，同上，第 305 页。

67 方靖：《中国近代第一所女子医学院——夏葛医学院》，《广州大学学报（社会科学版）》2002 年 1（3），第 45-48 页，特别参见第 46-47 页。

68 沈彦燊：《柔济医院忆昔》，同上，第 146-149 页。

年），因男、女兼收，柔济女医院更名为柔济医院；同年，在 120 张床位中，普通病床 43 张、头等病床 31 张、二等病床 1 张、小儿病床 14 张。其收费均不相同。时留医分科有内科、外科、妇科、产科等。民国九年（1920 年）。医院新设新生儿病床，民国十二年（1923 年）设立小儿科。门诊分科除与上述相同外，医院逐年开设眼科（1915 年）、皮肤科（1923 年）、耳鼻喉科（1922 年）。光绪二十八年（1902 年），医院设立药房（药剂科）、化验室，民国二十二年（1933 年），购置当时先进的医疗器材——X 光机。[69]

柔济医院人员配备齐全。每科设主任医生、主治医院、住院医生和实习医生四级。护理部设总监（护理干事）、护士长和护生，无专职护士一级。医院建立定期查房、病例讨论、疑难疾病会诊等制度。护理实行分级制。每科均设有读经妇女，以盲人居多，每天向病人传道、祈祷。盲人来自时广州教会创办的盲人学校——明心学校。该校位于今芳村精神病院附近。读经妇女一直维持到解放后接办时才废止。[70]

随着夏葛医学堂不断变更校名，柔济女医院一直是新校名之下的附属医院；民国十七年（1928 年）转归广州市卫生局管理。[71]在收回教会教育权运动冲击下，民国十九年（1930 年）美国长老会根据国民政府命令，将夏葛医学院及其附属柔济女医院移交给中国政府。次年，院校成立院务委员会，柔济女院由华人自办，但在经济上继续接受美国长老会资助。

曾经学医的孙中山重视夏葛医学院及附属柔济女医院的发展。民国元年（1912 年）5 月 15 日，孙中山应邀参加夏葛医学院十周年毕业典礼，视察柔济女医院，向全院员工发表演讲，对校院取得的成绩予以肯定，并与柔济女医院员工合影。[72]

全面抗战爆发后，民国二十七年（1938 年）广州沦陷，柔济医院继续开办。1950 年，柔济医院董事会解散，美国长老会对柔济医院直接或间接资助彻底结束。

护使学堂（1902-1905 年）

端拿护使学堂（1905-1934 年）

---

69 沈彦燊：《柔济医院忆昔》，同上，第 149-150 页。

70 沈彦燊：《柔济医院忆昔》，同上，第 150-151 页。

71 方靖：《中国近代第一所女子医学院——夏葛医学院》，同上，第 47 页。

72 广州医科大学附属第三医院编：《发现·柔济》，同上，第 78-79 页。

端拿护士学校（1934-1939 年）

端拿高级护士职业学校（1939-？）

私立端拿高级护士学校（？-1951 年）

光绪二十八年（1902 年），富马利仿照西方模式在拉法埃脱大院内建立护使学堂即护士学校，隶属于柔济女医院；光绪三十一年（1905 年），将之定名为端拿护使学堂（又译"特纳护士学校"，也称"柔济女医院端拿看护使学校"），以费城的捐资建校人端拿夫人（Mrs. Julia M. Turner）之名命名。民国二十年（1931 年），学校交由中国人办理；民国二十三年（1934 年），校名改为"端拿护士学校"；民国二十八年（1939 年）后，端拿护士学校更名为"端拿高级护士职业学校"、"私立端拿高级护士学校"。[73]

该校的办校宗旨为"惠群济世，培养护理人才"，为当时柔济（女）医院及社会培养现代正规看护即护理人员[74]。入学条件限制严格。年龄在 18 岁至 22 岁的女性，曾在公立或私立立案学校初中毕业，且无家室累牵者方可投考。就入学试验而言，学校设立两项规定，一是试验科目没有"党义"、"国文"、"英文"、"算术"、"口试"等科；二是体格检验要合格。学科、体格二者合格方予录取。学校规定年轻无家室拖累者方能投考，是为确保学生入学后有充足的时间和精力投入学习；考生学科和体格二者合格者方予录取，是学校要求学生具有一定的文化根基和健康身体，以确保入学后能完成学业。[75]学校原由传教士担任教员（1903-1906 年），自光绪三十三年（1907 年）交由柔济（女）医院管理和负责教学任务。[76]

护校学制始定 2 年。民国以后，护校获中华护理学会（N.A.C.）承认和注册，从光绪三十三年（1917 年）将学制改为 3 年，学生考试合格取得毕业证书，同时获取中华护理学会的注册，成为国际护理学会承认的护士。[77]招生对象为 18-25 岁未婚女青年，具有小学毕业或同等学历者即可报考，通过"中文"、"算术"两个科目考试及格后录取。护校授课 3 年，另外规定临床见习

---

73 《广州百科全书》编纂委员会编：《广州百科全书》，北京：中国大百科全书出版社，1994 年 9 月第 1 版，第 645-646 页；另外参见夏林根、于喜元主编《中美关系辞典》，大连：大连出版社，1992 年 11 月第 1 版，第 238 页。

74 李景文，马小泉主编：《民国教育史料丛刊 990：高等教育·高等教育史》，同上，第 305 页。

75 广州医科大学附属第三医院编：《发现·柔济》，同上，第 18 页。

76 沈彦燊：《柔济医院忆昔》，同上，第 151 页。

77 沈彦燊：《柔济医院忆昔》，同上，第 151 页。

3 个月。学生经考试合格才能到医院实习 6 个月，期满后始发给毕业证和中华护理学会证明书。在校期间每年放假 2 周，3 年 9 个月共放假 7 周。此外在校期间有 8 到 10 个月时间到病房参加值夜班工作。[78]

护校开设的科目主要有：第一年有"人体学"、"功能学"、"卫生学"、"药科学"、"护病初级"、"医院规矩"、"临床示范"、"看护礼法"即实用护理学（内容有"外科护理"、"绷带学"、"推拿学"）、"圣经"、"英语"；第二年有"护理学"（教授"卷带缠法"、"产科护法"、"揉捏法"、"小儿护法"）、"实用医药"、"圣经"、"英语"、"外科"、"儿科"、"细菌与检验学"；第三年有"料理大割症"、"割症之先后护理"、"五官护理法"、"剖腹护理法"、"皮肤病学"、"精神病护理"、"产科护理"、"圣经"、"英语"等。"圣经"是各个年级必修课。护校学科设置较齐全，以上各科皆有医生讲解指导。[79]从光绪三十二年（1906 年）第一届学生毕业至民国二十二年（1933 年），护校共毕业 157 人。其中有 2/3 的毕业生在私人诊所服务。[80]

护校校规严格。学生须全部住宿，学习期间除有特殊情况外均不能回家住宿。学生每天活动为 12 小时。在校所有学生均须参加宗教活动。学生管理由护理总监即总护长负责，一切均需通过她来决定。在校学生统一穿校服，其衣着、鞋、袜均统一，配带校徽。在校学生不能结婚，否则被校方中止学习。[81]

柔济女医院药剂与检验班（1918-1926 年）

柔济药剂学校（1926-1936 年）

柔济女医院于民国七年（1918 年）开办药剂与检验班，培养该专业的中级技术人员。入学条件是 18 岁以下的女青年，具有初中毕业或同等学历，经考试录取入学。考试科目包括"中文"、"数学"、"地理"。学制 3 年。由于当时明智未开，学校招生困难；民国七年（1918 年）第一班只有学生 4 人，毕业时仅余 2 人，至民国十六年（1927 年）有 6 名学生毕业。[82]

78　沈彦燊：《柔济医院忆昔》，同上，第 151-152 页。

79　沈彦燊：《柔济医院忆昔》，同上，第 151 页；方靖：《中国近代第一所女子医学院——夏葛医学院》，同上，第 47 页。

80　沈彦燊：《柔济医院忆昔》，同上，第 151 页。

81　沈彦燊：《柔济医院忆昔》，同上，第 151-152 页。

82　沈彦燊：《柔济医院忆昔》，同上，第 152 页。

民国十五年（1926 年），医院管理机构调整办学模式，单开药剂专业，脱离医院领导，改名柔济药剂学校。民国二十年（1931 年），学校聘请德国人邵艾（G. F. Sauer）任校长，改革课程，招生情况有所改观。民国十六至二十三年（1927-1934 年），学校共开设 6 个班，有 18 名学生毕业。民国十九年（1930年）、三十一年（1932 年）分别有 3 名、4 名学生获得药剂师证书。[83]自民国二十二年（1933 年）始，学校招收男生，计有 2 人。自此男生报考较女生为多。[84]

在柔济药剂学校读书的学生通过三年课程学习，经考试合格可获得中专资格，由学校颁发药剂师证书。柔济药剂学校第一年开设的课程有："数学"、"物理"、"无机化学"、"有机化学"、"植物学"、"生药学制剂"、"计量学"、"细菌学"、"圣经"、"英语"。第二学年课程有："无机化学"、"分析化学"、"药物鉴定"、"生药检验"、"圣经"和"英语"。第三年课程有"有机化学"、"药物鉴定"、"临床检验及诊断"、"毒物学"、"圣经"、"英语"等。[85]其中的"圣经"是每个年级的必修课。

该校毕业生分布广泛。他（她）们除留在广东省工作外，还遍及港澳地区及东南亚各国。民国二十五年（1936 年），随着私立夏葛医学院并入岭南大学组成孙逸仙博士医学院后，柔济药剂学校结束办学。[86]

第三节　葛天之民：1930 年之后的夏葛医科大学
岭南大学医学院/孙逸仙博士纪念医学院（1936-1953 年）

民国十九年（1930 年）之后，夏葛医科大学降格为私立夏葛医学院。为了纪念孙中山，夏葛医学院于民国二十三年（1934 年）与博济医院合并，成立"孙逸仙博士纪念医学院"，英文校名为 Dr. Sun Yat-sen Medical College of Lingnan University，即岭南大学孙逸仙博士医学院，改 7 年制医学教育为 6 年制，与"岭南大学医学院"校名同时使用。民国二十五年（1936 年），夏葛医学院将全部设备移交给岭南大学，在学学生转为"孙逸仙博士纪念医学院"的学生。是年，南京国民政府教育部拨 50 万元为建院补助经费。至此，夏葛

---

83 Guangqiu Xu：《美国医生在广东：中国现代化（1835-1935）》（*American Doctors in Canton：Modernization in China，1835-1935*），同上，第 148 页。

84 沈彦燊：《柔济医院忆昔》，同上，第 152-153 页。

85 沈彦燊：《柔济医院忆昔》，同上，第 153 页。

86 沈彦燊：《柔济医院忆昔》，同上，第 153 页。

医学院不复存在。[87]至并入岭南大学止，夏葛医学院共毕业 28 届学生，培养300 多名现代医学人才，遍及国内外。该校生源主要来自广东、福建两省，尤其以珠江三角洲地区为多。

华南医学院（1953-1956 年）

广州医学院（1956-1957 年）

中山医学院（1957-1985 年）

中山医科大学（1985-2001 年）

中山大学中山医学院（2001 年-）

　　1953 年中国高等学校院系调整期间，国立中山大学医学院与岭南大学医学院合并组建华南医学院。1954 年，公立广东光华医学院与华南医学院合并，成立新的华南医学院。1956 年，华南医学院改名为广州医学院。1957 年，广州医学院改名为中山医学院。1985 年，经国家卫生部批准，中山医学院改称中山医科大学。2001 年，原中山大学和中山医科大学合并为新的中山大学，成立中山大学中山医学院，校名沿用至今。关于这段校史演变，笔者将另外著文在介绍岭南大学时详细描述。

柔济医院（1952-1954 年）

广州市第二人民医院（1954-2006 年）

广州医学院第三附属医院（2006-2013 年）

广州医科大学附属第三医院（2013 年-）

柔济医院（2015 年-）

　　1952 年，广州市人民政府接办柔济医院。1954 年，柔济医院由广州市人民政府接管，改名为广州市第二人民医院。2006 年，广州市第二人民医院并入广州医学院，改为广州医学院第三附属医院。2013 年，广州医学院第三附属医院改为广州医科大学附属第三医院。2015 年，经广州市卫计委批准，广州医科大学附属第三医院的机构名称在现有"广州医科大学附属第三医院"名称基础上，增加创院之名"柔济医院"。[88]

广州私立柔济医院附属护士学校（1951-1953 年）

广州市第二护士学校（1953-1955 年）

---

87 梁毅文口述、张克坚整理：《西关夏葛女子医学校的片断回忆》，同上，第 151 页。

88 广州医科大学附属第三医院编：《发现·柔济》，同上，第 152 页。

广东省广州护士学校（1955-1958 年）
广州市第一人民医院护士学校（1958-1959 年）
广州市第一人民医院卫生学校（1959-1975 年）
广州市第一卫生中等专业学校（1975-1980 年）
广州市卫生学校（1980-2005 年）

广州市第二人民医院护士学校（1958-1975 年）
广州市第二卫生中等专业学校（1975-1980 年）
广州市护士学校（1980-2005 年）
广州卫生学校（2005 年）
广州医学院护理学院（2005-2010 年）
广州医学院卫生职业技术学院（2010-2013 年）
广州医科大学卫生职业技术学院（2013-2016 年）
广州卫生职业技术学院（2016 年-）

　　1951 年，端拿高级职业护士学校改名为广州私立柔济医院附属护士学校。1953 年，广州私立柔济医院附属护士学校改为广州市第二护士学校。1954 年，广州市红十字会护士学校并入，广州市第二护士学校归属广州市卫生局。1955 年，广州市第二护士学校更名为广东省广州第二护士学校。1958 年，广东省广州市第一护士学校（1939-1958 年）、广东省广州第二护士学校合并组建成广东省广州护士学校。

　　1958 年，广东省广州护士学校（原广州市第一护士学校部分）改建为广州市第一人民医院护士学校。1959 年，广州市第一人民医院护士学校更名为广州市第一人民医院卫生学校。1975 年，广州市六二六医科大学（1975-1980 年）创建，与广州市第一人民医院卫生学校合署。1975 年，广州市第一人民医院卫生学校更名为广州市第一卫生中等专业学校。1980 年，广州市六二六医科大学、广州市第一卫生中等专业学校合并，组建成为广州市卫生学校。2005 年，广州市护士学校并入广州卫生学校。

　　1958 年，广东省广州护士学校（原广州市第二护士学校部分）更名为广州市第二人民医院护士学校。1962 年，广州市红十字会护士学校并入广州市第二人民医院护士学校。1958 年，广州市第二人民医院护士学校（原广州市红十字会护士学校部分）改建为广州市红十字会护士学校。1975 年，广州市第二人民医院护士学校更名为广州市第二卫生中等专业学校，脱离医院成为独立建制。1980 年，广州市第二卫生中等专业学校更名为广州市护士学校。[89]2005 年，广州市护士学校与广州市卫生学校合并为广州卫生学校，隶属于广州市卫生局。[90]

2005 年，广州卫生学校并入广州医学院，并与广州医学院合署，参与合并组建广州医学院护理学院。2010 年，广州医学院护理学院，即原广州卫生学校、从化县卫生学校部分，改建为广州医学院卫生职业技术学院。2013 年，广州医学院卫生职业技术学院更名为广州医科大学卫生职业技术学院。2016 年，广州医科大学卫生职业技术学院改建为广州卫生职业技术学院。[91]广州医科大学卫生职业技术学院（2013-2016 年）撤销。[92]

第四节　私利无怀：夏葛医科大学遗存录

三校一院均位于上文提及的拉法埃脱大院，其时位于广州西关逢源西街尾，现龙津西路、逢源西街。三校一院旧址现位于广州医科大学附属第三医院（柔济医院）大院内。具体地址为广州市荔湾区多宝路 63 号。

一、哥利舒教堂*

哥利舒教堂，原为拉法埃脱大院三校一院的教堂，属大院内最古老的建筑，于民国元年（1912 年）迁往逢源正街 54 号，建成逢源堂。逢源堂与女医学院和柔济医院只有 200 米距离。哥利舒教堂原房舍全部交由医院使用，后折毁，现为医院第 16 号宿舍楼所在位置。1966 年，中华基督教会广东协会的逢源堂与慈爱浸信会堂、循道会十甫堂、远东宣教会大同堂等四堂联合，联合后称"广州基督教十甫堂"，设于十甫堂。不久，十甫堂被关闭。逢源

---

89 广州医科大学附属第三医院编：《发现·柔济》，同上，第 20 页。

90 杨资元总纂：《广州市志（1991-2000）》，第 8 册，广州：广州出版社，2009 年 9 月第 1 版，第 604 页。

91 参见《广州卫生职业技术学院历史沿革》，刊于"新浪博客"网站：http: //blog.sina. com.cn/s/blog_4af211ac0102w12d.html，发布日期：2016-05-13 08：00：28，引用日期：2021 年 2 月 11 日。

92 本书编委会：《2017 广东省高等职业教育质量年度报告》，广州：广东高等教育出版社，2017 年 3 月第 1 版，第 7 页；广州年鉴编纂委员会编辑：《广州年鉴（2017 年）》，广州：广州年鉴社出版社，2017 年 12 月第 1 版，第 524 页，认为合并时间在 1999 年。

堂原址，除牧师楼留作自用外，堂址租给回满族工厂。1983 年，十甫堂复堂，后因房屋破旧，迁逢源堂旧址，但仍称"广州基督教十甫堂"。这就是今天并不位于第十甫路 93 号的十甫堂。[93]

二、三校一院旧址

上述夏葛女医学堂、柔济女医院、端拿护士学校，由长老会建筑事务所（Presbyterian Building Bureau）设计。该教会设计机构隶属美北长老会，长期在岭南活动，办公地点设于北京原鼓楼街 50 号。[94]

从左到右：夹伯堂、马利伯坚堂、麦伟林堂[95]

麦伟林堂*

麦伟林堂，光绪二十八年（1902 年）建成，是柔济医院的第一座大楼。麦伟林堂由富马利及其哥哥在美筹集办院资金，由拉法埃脱长老会拨款并组织教友麦伟林（McWilliam）夫妇等人捐款建成，故以主要捐款者命名。楼高

93 广州市地方志编纂委员会编：《广州市志（1991-2000）》，第 9 册，广州：广州出版社，2010 年 12 月第 1 版，第 461 页。

94 彭长歆：《现代性·地方性——岭南城市与建筑的近代转型》，上海：同济大学出版社，2012 年 3 月第 1 版，第 124 页。

95 广医三院：《柔济 119|回眸旧时光，老照片里的柔济老建筑》，刊于"搜狐"网站：https://www.sohu.com/a/281625768_456107，发布日期：2018-12-12 17：12，引用日期：2021 年 2 月 11 日。

总计有 3 层，上层为医生、学生宿舍，首层为办公室，中层设有 12 张病床，专门诊治妇孺疾病以及助产接产。这是今日"柔济医院"的雏形。宣统二年（1910 年），因受白蚁侵蚀，麦伟林堂被拆除，3 年后重建，增加医疗功能，设有：割症室，即手术室，其中消毒间、洗手间以及阶梯观看台均完备；洗症室，即换药间；病床，增加至 50 张。麦伟林堂一直使用到 1990 年，后因建造今日的谭兆楼而被拆除。[96]

马利伯坚堂*

马利伯坚堂，由端拿女士捐赠，光绪三十一年（1905 年）落成，位于麦伟林堂南侧，总计 4 层。这是柔济医院第二座住院大楼，与麦伟林堂同坐落在今谭兆楼东侧。马利伯坚堂宽宏开敞，主要为妇产科留医用，内设接生室、办公室、诊室、食物室、留产大房 2 间和留医房 18 间。1989 年，马利伯坚堂因兴建谭兆楼而被拆除。[97]

MATERNITY WARD OF DAVID GREGG HOSPITAL

马利伯坚堂[98]

96　广州医科大学附属第三医院编：《发现·柔济》，同上，第 25-26 页。

97　广州医科大学附属第三医院编：《发现·柔济》，同上，第 26 页。

98　[美]富马利（Mary H. Fulton）：《传道医好有病》（"Inasmuch": Extracts from Letters, Journals, Papers, etc.），同上，第 32-33 页之间插图。

夹伯堂*

夹伯堂，也称"夹拔堂"，由端拿女士捐赠，建于宣统三年（1911 年）。该建筑用于端拿护校，总计 2 层，第一层为餐厅、厨房，供护士与医院使用，第二层为护士宿舍。[99]夹伯堂现已被拆除。

门诊楼*

门诊楼，民国四年（1915 年）建成，位于现行政楼前篮球场西侧，时称"新医期"，又名"赠医所"，始有一层，两年后加建一层。下层是候诊处、诊症室、药物室；上层有实验室、儿科候诊室、诊症室。[100]门诊楼现已被拆除。

旧门诊楼[101]

富马利堂*

富马利堂（The Mary Fulton Hall）于民国十二年（1923 年）落成，为纪念富马利在拉法埃脱大院内取得的杰出成就，由医学院、护校在校学生和校

---

99 夏葛女医学校：《夏葛医学院、端拿护士学堂以及柔济妇孺医院公告》（*The Bulletin of The Hackett Medical College for Women, The Turner Training School for Nurses, and The David Gregg Hospital for Women and Children*），同上，第 8 页。

100 广州医科大学附属第三医院编：《发现·柔济》，同上，第 26 页。

101 广医三院：《柔济 119|回眸旧时光，老照片里的柔济老建筑》，刊于"搜狐"网站：https://www.sohu.com/a/281625768_456107，发布日期：2018-12-12 17：12，引用日期：2021 年 2 月 11 日。

友以及职工捐资建成。富马利堂在校园内最早的两栋建筑哥利舒教堂和教学宿舍楼拆除后在原址上建成。该楼总计 4 层。[102]解放后，富马利堂改称"一五堂"，后被拆除。[103]

膳堂

膳堂建成于民国十三年（1924 年），坐落于停车场旁。膳堂总计 3 层，第一层楼用作厨房，第二层楼为饭堂，第三层楼有化学实验室及护士学校教师宿舍。膳堂采用中西结合风格，整体造型为西式，同时汲取岭南传统民居元素，设有老虎窗，屋面瓦采用广府传统素瓦辘筒。1974 年，该建筑改作医院单身男职工宿舍。2003 年，医院对膳堂内外进行装修，现为研究生宿舍楼。[104]

林护堂

林护堂建于民国二十一年（1932 年），民国二十六年（1937 年）竣工，最初名为夏葛医学中心（Hackett Medical Center），后为纪念澳洲华侨建筑业巨子林护（1871-1933 年）捐建该楼的善举而以之命名，属于当时柔济医院的住院楼，现位于广州市荔湾区多宝路 63 号。该楼由长老会建筑事务所查尔斯·噶恩（Charles Alexander Gunn，1870-1945 年）设计。牌匾"林护堂"由孙科（1891-1973 年）题书；国民政府原外交部部长王宠惠（1881-1958 年）题字奠基石。林护堂占地约两千平方米，内设有病房、学生实验室、研究室、手术室等。投入使用后，柔济医院病床数增至 125 张，成为医院的主要业务用房之一。林护堂总计 4 层，坐南朝北，采用混砖结构，红砖砌成，屋顶使用绿色琉璃瓦。林护堂的构件中，镶嵌在墙壁上的铁质雕塑、垂脊的脊兽上"十"字造型图案等，均为岭南建筑精品。"文化大革命"时期，牌匾及奠基石遭损，林护堂名被取消。1988 年，林护后裔捐资 24 万港元对该楼进行修复、复原。[105]林护堂在 2000 年经抗震加固及室内装修，以现代化方式保存下来，现今为医院生殖医学中心。[106]

102 陈安薇编著：《又见柔济》，同上，第 22 页。
103 广州医科大学附属第三医院编：《发现·柔济》，同上，第 28 页。
104 广州医科大学附属第三医院编：《发现·柔济》，同上，第 26-27 页。
105 广州市国土资源和规划委员会、广州市岭南建筑研究中心编：《岭南近现代优秀建筑（1911-1949）》，广州：华南理工大学出版社，2017 年 2 月第 1 版，第 157 页。
106 广州医科大学附属第三医院编：《发现·柔济》，同上，第 27-28 页。

何辅民堂*

何辅民堂，原为住院楼，民国二十六年（1937年），为纪念因公殉职的何辅民而得名。何辅民堂总计3层，采用西班牙式建筑风格，窗户上方设拱圆。解放后，何辅民堂更名为"人民堂"。林护堂落成后，柔济医院将其与何辅民堂用走廊连接，合二为一，组成医院的住院病房。2002年，因建造新住院大楼，何辅民堂被拆除。[107]

何辅民堂[108]

门楼

门楼落成于民国二十六年（1937年），现位于多宝路，至今保留在医院正门口。柔济医院原正门位于龙津西路小巷。民国二十六年（1937年）医院将大门迁至现在的多宝路。门楼成为当时柔济医院的"招牌"，总计2层，入口处和屋顶分别采用木结构和钢筋混凝土结构，属于中国宫殿式设计，屋身采用西式清水红砖墙和玻璃铁窗。建筑格调具有中西合璧的特点。新中国成立前，门楼为医院挂号处；新中国成立后作挂号、计价、药房、中医门诊、儿科门诊等用，今为医院门诊等科室办公之所。[109]

---

107 广州医科大学附属第三医院编：《发现·柔济》，同上，第27-28页。

108 广州医科大学附属第三医院编：《发现·柔济》，同上，第28页。

109 广州医科大学附属第三医院编：《发现·柔济》，同上，第28页。

三、富吉堂

富吉堂（Augusta Fulton Memorial Church, Cantonese Union Church, Fuji Church），又名岭南堂（Canton Church）。民国三年（1914年），因粤籍旅沪基督徒不习沪语，他们相聚在一粤籍老人寓所举行粤语礼拜，初不分宗派，形成广东旅沪中华基督教会（Cantonese Union Church of Shanghai）。民国六年（1917年），因信徒增加，由夏葛医学院校友张竹君（1876-1964年）[111]捐款建新堂，落成于上海市四川路横滨桥（今四川北路1802弄1号），可容纳800人。为纪念富马利，该堂以富母吉氏命名，称"富吉堂"。该堂积极支持基础教育，创办郇光女学校，后改名为郇光

THE AUGUSTA FULTON MEMORIAL CHURCH
SHANGHAI CHINA

富吉堂[110]

小学，现为四川北路第一小学。20世纪50年代，广东旅沪中华基督教会在长乐路1062号筹建西堂，西堂建成后富吉堂于1952年改称岭南堂。位于四川北路的岭南堂也称岭南北堂，相应的，长乐路的教堂也被称为岭南西堂。1958年，上海市基督教三自爱国教会实行"联合礼拜"，岭南堂关闭，信徒并入武进路沪北会堂，参加虹口区粤语联合礼拜。[112]岭南北堂即富吉堂现今由四

---

110 [美]富马利（Mary H. Fulton）：《传道医好有病》（"Inasmuch": Extracts from Letters, Journals, Papers, etc.），同上，第112-113页之间插图。

111 张竹君，广东番禺（今广州市番禺区）人，基督徒，光绪二十六年（1900年）博济医院医学堂毕业，先后设立提福、南福两医院，并倡立演说会，批评时政，宣传维新思想；光绪三十年（1904年）到上海，设诊行医，成为上海第一个开业女西医，创建医院数所；宣统三年（1911年）武昌起义后，发起成立中国赤十字会，组织救伤队，掩护黄兴（1874-1916年）等到汉口；民国成立后居上海行医。参见夏征农、陈至立主编，熊月之等编著：《大辞海：中国近现代史卷》，上海：上海辞书出版社，2013年12月第1版，第265页。

112 薛理勇主编：《上海掌故辞典》，上海：上海辞书出版社，1999年12月第1版，第532页。

川北路第一小学使用，已纳入全国第三次文物普查名录，2017 年被公布为虹口区文物保护点。[113]

附录：夏葛医科大学/夏葛医学院校长名录

广东女医学堂（1901-1903 年）

富马利：1901-1903 年

夏葛女医学堂（1903-1912 年）

富马利：1903-1912 年

私立夏葛医学院（1912-1921 年）

富马利：1912-1915 年

夏马大：1915-1921 年

夏葛医科大学（1921-1930 年）

夏马大：1921-1923 年

何辅民：1923-1930 年

私立夏葛医学院（1930-1936 年）

王怀乐：1930-1936 年

113袁玮：《四川北路一小富吉堂今挂牌虹口区文物保护点》，刊于"东方网"网站：http：//sh.eastday.com/m/20170725/u1a13145088.html，发布日期：2017-7-25 13：03：54，引用日期：2021 年 2 月 11 日。

第八章　学绍湘贤：信义大学

信义大学

Lutheran College

1921-1926 年，1926-1929 年

益阳市赫山区桃花仑西路 650 号

第一节　学绍湘贤：信义宗在华概况

上文述及著名的中国基督教史学者王治心于民国二十九年（1940 年）出版《中国基督教史纲》。这本中国学者撰写的第一部也是影响最大的中国基督教通史著作提及，直至该书出版之际："……此外有几个业已不复存在的大学，如……益阳的'信义大学'，……亦曾造就过不少人材，但因种种关系，与他校合并或停办了。"[1]

位于今益阳市桃花仑的"信义大学"正属于停办类型教会大学之一。校址所在地"益阳"得名于秦灭楚统一中国之后。公元前 221 年，秦定江南、平百越，实行郡县制，郡以下置县。秦以黔中以南长沙分为长沙郡，设九县，即湘、罗、湘南、益阳、阴山、零陵、衡山、耒、桂阳。[2]"益阳县"之名从此因袭沿用直至 1950 年改为益阳市，以至于有今日的"益阳市"之名。

"益阳"地名之起源，据清同治版《益阳县志》，东汉应劭（约 153-196 年）认为"在益水之阳，当为县名。"[3]流经益阳之大江为"资水"或"资江"。

---

1 王治心：《中国基督教史纲》，上海，青年协会书局，1970 年，第 310-311 页；王治心：《中国基督教史纲》，徐以骅导读，上海：上海古籍出版社，2004 年 4 月第 1 版，第 276 页。

2 《益阳县志》，同治年版，卷一"舆地"，第二三页。影印版，《中国地方志集成·湖南府县志辑 83：同治益阳县志》，南京：江苏古籍出版社，上海：上海书店，成都：巴蜀书社，2002 年 7 月，第 74 页。

3 《益阳县志》，同上。《中国地方志集成·湖南府县志辑 83：同治益阳县志》，同上。

据《湖南通志》卷十四《资水考》："资水……经益阳县南，曰益阳江"。[4]因此，"资水"或"资江"自古也有"益阳江"或"益水"之称。益阳历朝县府均设于益水北岸（1980 年，当时的益阳地区行政公署迁于益江南郊赫山镇），街市位于江北，依据古时"山南曰阳山北曰阴，水北曰阳水南曰阴"的命名之规，故有"益阳"之称。[5]

　　清时行政建制采用"省"、"道"、"府和直隶厅、直隶州"、"县和散厅、散州"四级制，初分全国为 18 省，后为 23 省，省设总督、巡抚，驻布政使司。今益阳市分属长沙府、常德府、南州直隶厅，分隶长宝道、岳常澧道，统隶于湖南省。民初，全国分为 22 省、4 特区，后增至 35 省及西藏。民国三年（1914 年），湖南省废府、厅、州，长宝道改为湘江道，辖益阳县。民国十一年（1922 年），道制撤销，益阳县为湖南省辖。民国二十七年（1938 年），湖南全省划为 9 个行政督察区，今益阳市分属第一、二、六行政督察区。民国二十九年（1940 年），湖南省行政区划由原 9 个行政督察区调整为 10 个。同年 4 月，第五行政督察区建立，专员公署驻益阳县城。这是益阳建置地区一级行政区划之始。全区辖益阳、安化、湘乡、宁乡、汉寿、沅江 6 县。1949年 8 月，益阳和平解放，益阳专署成立，专员公署驻益阳县城关区，辖益阳、宁乡、安化、湘乡、沅江、汉寿 6 县。1950 年 3 月，益阳县城关区改为益阳城关区，为县级，直属益阳专署；9 月，益阳城关区改为益阳市，属益阳专署。1952 年 11 月，益阳专署撤销，益阳市划归常德专署。1962 年 12 月，益阳专署恢复，专员公署驻益阳市桃花仑。1968 年，益阳专署改称益阳地区；同年 2 月，益阳地区革命委员会组建。1979 年 2 月，益阳地区革命委员会撤销，益阳地区行政公署成立。1994 年 3 月，国务院批准撤销益阳地区，设立地级益阳市，并沿用至今。[6]

　　益阳的桃花仑，原为小山，为益阳城南资江对岸的荒郊野岭，被称为竹山坪、茅草湾、茶树坡等。资江每年春季水汛正值桃花盛开季节，故名桃花汛。挪威信义会（英语：Norwegian Missionary Society，挪威语：Norske

---

4　益阳县志办：《益阳县名源考》，收录于中国人民政治协商会议益阳县委员会文史资料研究委员会编：《益阳文史资料》，第 2 辑，内部资料，1985 年 12 月，第 4 页。

5　益阳县志办：《益阳县名源考》，同上。

6　益阳市志编纂委员会编：《益阳市志》，北京：中国文史出版社，1990 年 9 月第 1 版，第 28-29 页。

Missions-Selskab）来此之后，据此将之命名为"桃花仑"，又名"桃花垅"。[7]也有资料认为，此处昔有小山，多桃树，"桃花仑"因此得名。[8]桃花仑现今位于益阳城区资江南岸，为益阳市赫山区桃花仑街道办事处所在地，东起龙洲路，南至益阳大道，西临金山路，北靠资江，面积约15平方公里。桃花仑为秦时县治所在地。西汉太中大夫陆贾（前240-前170年），于汉元帝元年（前179年）途径桃花仑并夜宿于此，今留有"陆贾山"之名。三国时期，吴国在此驻屯军队，蜀将关羽（？-220年）于建安二十年（215年）来碧津（今大渡口）单刀赴会。[9]民国六年（1917年），青年毛泽东游学益阳，夜宿桃花仑龟台山龙州高等小学堂[10]。现代文学家、信义中学堂校友周立波（1908-1979年），1955年入驻桃花仑乡竹山湾体验生活[11]，创作长篇小说《山乡巨变》[12]。1962年，益阳从常德专署析出，地委、行署机关落户桃花仑，从此桃花仑成为益阳的政治、经济、文化中心。

　　位于益阳桃花仑的"信义大学"校名中的"信义"，并非中国儒家"五常"（即"仁义礼智信"）中的"信"、"义"，而是指新教中的主流宗派"信义宗"（Lutherans）。该宗派以宗教改革家马丁·路德（Martin Luther，1483-1546年）的宗教思想为依据，强调"因信称义"，即罪人在神面前被称为"义"，惟独因着"信"耶稣基督，而不在于履行教会的礼仪、规条和善功，故名，又因创始人之故，也被称为"路德宗"（Lutherans）。该宗派所建立的教会被统称为"信义会"或"路德会"。北欧国家挪威、瑞典、芬兰，以信义宗为国教。[13]

　　信义宗早自道光十年（1830年）入华，在华差会较多，其中尤以德国和北欧国家为主。1830年（道光十年），礼贤会（Rhenish Missionary Society，即"莱茵会"）的荷兰传道会派郭士立（又译"郭实腊"、"郭施拉"、"郭实

7　欧阳晓东主编：《湖南老街》，长沙：湖南文艺出版社，参见其中的《桃花仑》部分，2012年3月第1版，第421页。

8　裴淮昌主编：《中华人民共和国地名词典：湖南省》，《湖南省》编纂委员会编，北京：商务印书馆，1992年3月第1版，第235页。

9　益阳市志编纂委员会：《益阳市志》，北京：中国文史出版社，1990年9月第1版，第8页。

10　益阳市志编纂委员会：《益阳市志》，同上，第12页。

11　益阳市志编纂委员会：《益阳市志》，同上，第13页。

12　周立波：《山乡巨变》，北京：作家出版社，1958年7月第1版。

13　丁光训、金鲁贤主编：《基督教大辞典》，上海：上海辞书出版社，2010年10月第1版，第716页，第381页。

猎"、""郭甲利"、"居茨拉夫"，Karl Friedrich August Gützlaff，1803-1851年）入澳门等地，成为信义宗第一个入华传教士，曾参与圣经汉译以及《南京条约》谈判等活动。[14]郭士立组建巴陵会（Berlin Missionary Society，又译"巴棱会"，即"柏林会"）。德国信义宗教会有巴陵会、巴色会（Basel German Evangelical Missionary Society，即"巴塞尔会"）、巴勉会（Barman Missionary Society，"巴曼会"）三个差会在广东传教，称三巴会。巴勉会于同治十一年（1872年）与巴陵会合并，在广州设堂，主持德国中华传道会教务。巴色会在香港、广州、潮州传教，民国十一年（1922年）改称崇真会。继三巴会以后来华传教的信义宗教会主要包括：丹麦路德会（Danish Lutheran Mission）[15]、美瑙[16]路德会（Norwegian Lutheran Church of America）、北美信义会（Augustana Synod Mission）、中美信义会（Evangelical Lutheran Mission）、芬兰信义会（Finnish Mssioanry Society）、信义长老会（Norwegian Evangelical Lutheran Free Church Mission）、挪美遵道会（Lutheran Bretheran Mission）、豫鄂信义会、挪威路德会（英语：Norwegian Lutheran China Mission Association，简称NLM，挪威语：Norske Lutherske Kinamissionsforbund）、挪威信义会、行道会（Swedish Evangelical Missionary Covenant）、瑞典信义会（Church Of Sweden Mission）、瑞典行道会（Swedish Missionary Society）等，分属德国、美国、丹麦、芬兰、挪威、瑞典的信义宗教会入华开教，由广东、豫鄂推向湖南、陕西。在东北地区，自光绪二十二年（1896年）丹麦路德会从旅顺向岫岩、丹东、长春传教。民国九年（1920年），信义宗各教派在河南鸡公山开会，统一名称，成立中华信义会（Lutheran Church of China，LCC，1920-1951年），[17]并在湖北成立滠口信义神学院（Lutheran Theological Seminary）、中华信义会书报部、信义书局，出版刊物《信义神学志》、《信义报》。中华信义会在华影响较大。1949年后，在大陆地区信义宗各教会割断与外国教会的联系。[18]

---

14 罗伟虹主编：《中国基督教（新教）史》，同上，第80-86页。

15 后改称"丹麦信义会"。

16 即挪威。清末民初，挪威被译为"瑙威"。

17 沈福伟：《中国与欧洲文明》，太原：山西教育出版社，2018年7月第1版，第334页。

18 武汉地方志编纂委员会主编：《武汉市志：社会志》，武汉：武汉大学出版社，1997年8月，第311-312页。

北欧信义宗教会与信义大学的创建直接相关。入华的挪威信义宗教会主要有两个。其一是挪威路德会，1890 年（光绪十六年）成立，次年派遣第一批传教士入华。其二是挪威信义会，1842 年（光绪二十二年）在挪威的斯塔万格（Stavanger）成立，主要向非洲传教。其中的挪威信义会最早进入湖南。光绪二十八年（1902 年）义和团运动结束不久，挪威信义会派遣第一批传教士 4 人[19]联袂到长沙传教。他们分别是两位牧师：原明道（N. Aretvedt）、戈德白（Johan Andreas Olsen Gotteberg，又译"戈德伯"、"古德宝"），以及两位医生：倪尔生（Jørgen Edvin Nilssen，1871-1922 年）[20]、戈德白夫人戈本普（Mrs. J. Gotteberg）[21]。他们随之将挪威信义会发展到宁乡、益阳、新化、沅江、安化等地，并在各地购地建堂。光绪二十八年（1902 年）芬兰信义会主要活动于澧水流域，以津市为总站，在澧县办有路加医院、慈利医院，在临澧建立德芬医院，在大庸（今张家界市）创办庸兰医院等。瑞典信义会入湘较晚，但活跃度高，又名为"瑞华信义会"。民国九年（1920 年），瑞华信义

---

19 邓群辉：《挪威信义会传入益阳的情况》，收录于中国人民政治协商会议益阳市委员会文史资料研究委员会编：《益阳市文史资料》，第 10 辑，内部资料，1988 年 12 月，第 102 页。也有资料记述是三人团，不包括原明道，参见罗伟虹主编：《中国基督教（新教）史》，同上，第 136 页。

20 姚时珍：《寻找桃花仑》，收录于《赫山文史》，第 4 辑，中国人民政治协商会议益阳市赫山区委员会文史教卫体委员会编，内部资料，2004 年 12 月，在第 110-111 页记述倪尔生的生平。医师兼牧师倪尔生出自基督徒家庭，父亲为传道人；5 岁时随家迁居挪威京城。倪尔生幼年信道，19 岁高中毕业，29 岁医学院毕业，后到伦敦专研热带病，于光绪二十八年（1902 年）来长沙与戈德白夫人戈本普行医教。光绪三十年（1904 年），倪尔生来益阳，以制钱数百串在桃花仑买下姚陈二姓山地，草创医院。当时风气未开，当地人不相信西医，每日门诊不过 20 人，每年住院不过 200 人。至民国四年（1915 年），每年门诊近万人，住院近千人。益阳周边邻县新化、宜昌、岳阳、华容、宁乡、湘乡、安化等地都有病人前来就诊。倪尔生于民国七年（1918 年）因病携眷休假返国；1920 年（民国九年）任母国教会斯塔万格本部总干事，开辟非洲苏丹布道区，在职 2 年，患脑溢血去世。倪尔生在华期间曾任中华信义会湘中总会监督、中华基督教博医会会员和中国红十字会荣誉会员。其子倪安来（又作"倪安耐"，Ragnar Wisløff Nilssen）、倪卫顺（Sven Wisløff Nilssen）继承父志，致力于医药事业。倪卫顺尤为挪威文坛翘楚，著有《像一粒芥种》，为挪威教会百年及湘中教会四十年纪念之作。关于倪氏家族的材料参见[挪威]达芬·霍博腾（Dagfinn Foybraten）：《北极光照耀桃花仑：一个挪威家族的中国情》（*Northern Lights at Peach Flower Hill：A Norwegian Family in Love with China*），刘春荣、蔡闻桐译，上海：复旦大学出版社，2017 年 5 月第 1 版，第 7、10 页。

21 光绪二十四年（1898 年），美瑙路德会女传教医师普（Ragnhild Bottner）医生来华布道施医，驻湖北汉口；翌年与戈德白结婚，改称戈本普。

会到长沙后，旋即在城西药王街购得云贵总督贺长龄（1785-1848 年）旧居建堂。民国十四年（1925 年），全国 10 个信义会统一命名，瑞华信义会改称"中华信义会湘北总会"。[22]

挪威信义会第一批四人传教团到达长沙，寄居于内地会。月余后，在内地会牧师陶澍恩[23]帮助下，他们在城南门下黎家坡租得盛姓民房一间，开展布道，创建第一个挪威信义会福音堂。此即此后的"湘中信义会总会"之发端。他们同时开办医院和小学。是年秋，原明道由内地会长沙人刘复生陪同去益阳传教，初居头堡，不久在益阳城南口五马坊购得宽大公馆一所，实为王、蔡诸姓屋基，将之改成教堂，成立会堂，后称总堂。五马坊总堂由此创立。同年，原明道修建五马坊牧师楼。挪威信义会以后在此陆续建女子圣经学校及其它附属房屋。五马坊总堂成为益阳挪威信义会的策源地与活动中心。光绪三十年（1904 年），原道明又在益阳桃花仑购得大片山地，大兴土木，盖医院、办学校、建教堂。到光绪三十一年（1905 年），桃花仑总堂建成。同年，倪尔生等溯江而上，达到安化的东坪等地。此为挪威信义会资江流域传教之始。是年夏，挪威信义会传教士赫资伯（又译"赫资伯生"，Arthur Johan Hertzberg，1870-1941 年）[24]夫妇来益阳，与倪尔生共同在桃花仑开展一系列的工作。[25]民国十三年（1924

22　关于信义会在华以及在湘的简要情况，参见罗伟虹主编：《中国基督教（新教）史》，同上，第132-138 页。

23　黄光域：《基督教传行中国纪年（1807-1949）》，同上，第 232 页。邓群辉：《挪威信义会传入益阳的情况》，收录于中国人民政治协商会议益阳市委员会文史资料研究委员会编：《益阳市文史资料》，第 10 辑，内部资料，1988 年 12 月，第 102 页，作"陶树恩"，具体信息不详。

24　牧师兼教育家赫资伯出身挪威望族，其父为国会议员，曾任内阁要职。赫资伯 28 岁从挪京奥斯罗（即奥斯陆）大学毕业。1899 年（光绪二十五年）3 月 12 日，赫资伯奉瑙国路德会来华布道，驻湖北老河口两仪街。隔年与同工 Fredrikke Mariane Johanne Øverland 结婚，新娘改称赫本卫（？ -1930 年），旋脱离公会返回挪威，参加挪威信义会。光绪二十九年（1903 年），赫资伯夫妇以挪威信义会教育传教士身份再次来华，驻长沙。光绪三十一年（1905 年），赫资伯与傅乃士（Andreas Fleischer）至新化开拓，立会设堂；夫人在益阳五马坊开办信义小学堂，未几迁桃花仑。光绪三十三年（1907 年），赫资伯首创信义中学，历时 10 余年，除主持行政外，兼任"物理"、"宗教"两科教员；之后信义大学开办，任副校长，并任理科教授，直至信义大学停办。1930 年（民国十九年）赫资伯发妻在挪威病故。民国二十年（1931 年），赫资伯回国，后在奥斯陆病逝。参见姚时珍：《寻找桃花仑》，同上，第 111 页；拉库爷爷的博客：《赫资伯》，刊于"新浪博客"网站：http://blog.sina.com.cn/s/blog_44a823a80102yqrv.html，引用时间：2012 年元月 5 日。

25　聂中凡：《益阳市一中（原信义中学）校史》，收录于中国人民政治协商会议益阳

年），东坪、宁乡、益阳五马坊、益阳桃花仑、新化、长沙相继成立公会；7月3日，中华信义会湘中总会成立，选赫资伯为监督，设总务处，下属公会设总务股、区会设总务科，建立三级教会治理制。民国十一年（1922年），瑞华信义会和挪威信义会在桃花仑合作筹建信义大学（Lutheran College）。

第二节　虹卧资江：挪威信义会人文工程计划

　　光绪三十年（1904年），益阳的挪威信义会与挪威驻华大使馆合作，得到挪威政府的帮助，设计一套集传教与社会关怀为一体的人文工程计划，具体地点选在益阳。在此计划的推动下，挪威信义会在桃花仑创办与教育（信义小学堂即今日的桃花仑小学、信义中学即今日的益阳市第一中学、信义大学）、医疗（信义医院即今日的益阳市中心医院）、建堂[26]、慈善（育婴堂、瞽目院）等相关的系列机构。[27]信义大学即是其中的一个重要组成部分。

头堡初级小学（1904-1905年）

信义小学堂（1905-1927年）

信义小学（1929-1949年

益阳县第二完全小学（1949-1951年）

益阳市第二完全小学（1951-1956年）

益阳市桃花仑小学（1956年-）

　　按照上述人文计划路线图，挪威信义会于光绪三十年（1904年）在益阳县头堡设立头堡初级小学。[28]光绪三十一年（1905年），赫资伯夫人赫本卫[29]将之迁到益阳城内五马坊新建校址，开办信义小学堂[30]，后迁至益阳县城对河

　　市委员会文史资料工作研究委员会编：《文史资料选编》，第三集，内部资料，1982年12月，第1页

26　当时驻益阳的挪威信义会设有4处教堂：慈善堂、乐善堂、同善堂、从善堂。参见欧阳晓东主编：《湖南老街》，同上，第421页。

27　欧阳晓东主编：《湖南老街》，同上，第421页。

28　邓群辉：《挪威信义会传入益阳的情况》，收录于中国人民政治协商会议益阳市委员会文史资料研究委员会编：《益阳市文史资料》，同上，第102页。

29　参见湖南省地方志编纂委员会编：《湖南省志第二十二卷：体育志》，长沙：湖南出版社，1994年10月第1版，第128页。

30　一说成立于光绪三十年（1904年），参见聂中凡：《益阳市一中（原信义中学）校史》，同上，第1页。

的碧津渡口南岸。初时学校仅有砖木结构楼房 1 栋，仅设初小，为单级复式编制，学生 40 人左右，校长由挪威信义会牧师贺立德（Peder Olaus Olufsson Holthe）[31]担任。此为益阳地区私立小学的开端。宣统二年（1910 年），学校由河岸迁往桃花仑信义会教堂侧边新建的牧师住宅区（今益阳军分区所在地），扩大班次，增加学生。民国四年（1915）信义中学毕业生蔡量宏代行校长之责。民国七年（1918 年），北洋国民政府规定，私立学校一律须呈请备案；凡外国人建立的学校，须由中国人任校长。贺立德遂辞职，蔡量宏接任校长。立案后，学校改为二等小学，分设初等小学、高等小学两部分，学生增至 200 余人。蔡量宏任校长期间，曾被保送读信义大学，并保留校长职务及待遇[32]。民国十六年（1927 年）4 月"大革命"风暴中，外国人离去。信义小学堂、信义中学堂、信义大学等全部停办。[33]

民国十八年（1929 年），湘中信义会复校，称"信义小学"，实行初小 4 年、高小 2 年的 6 年学制，由蔡量宏任校长。民国二十六年（1937 年）全面抗战爆发，蔡量宏辞去校长职务，由湘中信义会监督宁乡人喻筠接任校长。民国三十四年（1945 年），国民政府规定传教士不得兼任校长。民国三十五年（1946 年）喻筠去职，由原信义大学毕业生益阳人蔡岳生接办。次年，蔡岳生辞职，由信义小学老教员张继元接任。民国三十七年（1948 年），祖国信（1920-1982 年，1948-1953 年在任）[34]任校长。至 1949 年上学期，学校已有 6 个班，200 多名学生，教职员 11 人。1949 年 8 月，信义小学由人民政府接管，更名为益阳县第二完全小学。[35]1951 年，益阳县第二完全小学更名为益阳市第二完全小学；1956 年，益阳市第二完全小学更名为益阳市桃花仑小学，并沿用至今。[36]校址现设于益阳市赫山区长益路 19 号。

---

31 黄光域：《基督教传行中国纪年（1807-1949）》，同上，第 341 页。

32 蔡范红：《益阳最早的一所教会学校》，收录于湖南省教育史志编纂委员会编：《湖南近现代名校史料》，3，长沙：湖南教育出版社，2012 年 3 月第 1 版，第 2718 页。

33 湖南省教育史志编纂委员会编：《湖南近现代名校史料》，3，同上，第 2712 页。

34 陈乐群：《祖国信传略》，收录于湖南省教育史志编纂委员会编：《湖南近现代名校史料》，3，同上，第 2719-2723 页。

35 湖南省教育史志编纂委员会编：《湖南近现代名校史料》，3，同上，第 2712 页。

36 益阳市志编纂委员会编：《益阳市志》，北京：中国文史出版社，1990 年 9 月第 1版，第 411 页。

信义中学堂（1906-1926 年）

挪威信义会在创办小学后不久于光绪三十二年（1906 年）春在桃花仑的狮子山购地，始筑校舍，创办"信义中学堂"（N.M.S. Middle School，或 Lutheran Middle School），也称"湖南中路信义中学堂"、"桃花仑中学堂"（Taohwalun Middle School）。校址位于当时的信义医院之东。光绪三十二年（1906 年）秋，校舍建成，信义中学堂招生开学，并呈请主管行政机关核准备案。第一任校长为赫资伯，副校长为益阳人陈轸（即"陈家轸"）[37]。信义中学堂所立校训为"勤朴诚信"。第一年招生 16 人，益阳本地学生仅 4 人。学堂为旧制初级中学，修业期限 4 年。学校除开设一般课程之外，另外由神学院毕业生担任主任，专门教授基督教类课程。[38]民国六年（1917 年），赫资伯辞职，穆格新（Josef Laurentius Sten Bugge）[39]任校长，中国人李路得任副校长。民国十三年（1924 年），信义中学堂采用新学制，分高中、初中两级，各 3 年。民国十五年（1926 年），由于湖南农民运动爆发，学校停办。[40]

---

37 参见寻霖、龚笃清编著：《湘人著述表》，2，长沙：岳麓书社，2010 年 1 月第 1 版，第 633 页。

38 聂中凡：《益阳市一中（原信义中学）校史》，同上，第 2 页；另外参见湖南省教育史志编纂委员会编：《湖南近现代名校史料》，2，长沙：湖南教育出版社，2012 年 3 月第 1 版，第 1274 页。

39 根据黄光域：《基督教传行中国纪年（1807-1949）》，同上，第 383 页，民国元年（1912 年），美国长老会女教士 Katharina Hollandvan Wagenen 来华布道，驻湖南郴州；民国五年（1916 年）适穆格新，改称穆师母（Mrs. Josef Laurentius Sten Bugge），随夫转驻桃花仑。穆格新另有著书，其中包括：[瑙威]穆格新编译：《教会史略》（*Church History*），线装一册全，中华信义会书报部发行，民国十三年（1924 年）再版；汉口：中华信义会书报部，1933 年第四版；九龙：信义宗联合出版社，1952 年 6 月第 5 版。瑙威，即"挪威"。[瑙威]穆格新：《罗马书浅释》，汉口：中华信义会书报部、信义书局（Lutheran Board of Publication），民国三十六年（1947 年）7 月，三版；[瑙威]穆格新：《新约导论》（*New Testament Introduction*），汉口：信义书局（Lutheran Board of Publication），陈建勋、周游译，1947 年 10 月再版。

40 聂中凡：《益阳市一中（原信义中学）校史》，同上，第 2 页；另外参见湖南省教育史志编纂委员会编：《湖南近现代名校史料》，2，同上，第 1274-1275 页。

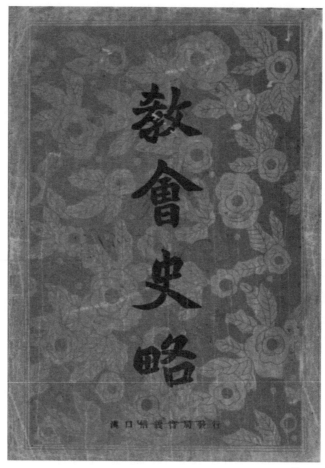

穆格新编译的《教会史略》封面，多次再版。[41]

信义医院（1906-1949 年）

　　光绪三十二年（1906 年），挪威信义会先驱传教医师倪尔生创办"信义医院"（Norwegian Missionary Society's Hospital）[42]。1902 年（光绪二十八年）倪尔生奉派来华，与原明道、戈德白和他的传教医师夫人戈本普等在华开教，驻长沙。隔年夫人倪玛雅（Mrs. Marie Wisløff Nilssen）携两个分别 1 岁、2 岁的幼子来长沙会合[43]。倪尔生夫妇不久转驻益阳。倪尔生将医院院址选定在桃

---

41 [瑙威]穆格新编译：《教会史略》（*Church History*），汉口：中华信义会书报部，1933年第四版。

42 关于倪尔生及其家族在华情况的材料，参见[挪威]达芬·霍博腾（Dagfinn Foybraten）：《北极光照耀桃花仑：一个挪威家族的中国情》，同上。

43 [挪威]达芬·霍博腾（Dagfinn Foybraten）：《北极光照耀桃花仑：一个挪威家族的中国情》，同上，第 7 页。

花仑。光绪三十一年（1905 年）新医院动工修建；光绪三十二年（1906 年）11 月 14 日正式开业，并开班收徒授课，培养本土看护、医助。倪尔生任院长兼医师。信义医院代表当时益阳地区最高的医疗水平。医院开业后不久就获得当地人的认同，深受社会各界欢迎，前来就诊人数逐年上升。医院初办时，门诊每日不过 20 余人，住院者每年不过 200 人；到民国四年（1915 年），住院病人增至 770 余人，门诊 9，200 余人；民国九年（1920 年），住院者将近 1，100 余人，门诊 8，000 余人；民国十二年（1923 年），住院者将近 1，200 余人，门诊有 10，400 余人。[44]1949 年 8 月，医院由人民政府接受，改为益阳地区人民医院[45]，现为益阳市中心医院，现址为益阳市康复北路 118 号。[46]

信义育婴院（1906-1949 年）

另外，倪尔生夫妇于光绪三十二年（1906 年）在桃花仑创建育婴院，收养少量弃婴、孤儿，初收养婴儿为院外寄乳；次年改为院内抚养。民国九年（1920 年），育婴院定额 50 名，除养育之外，另外提供读书资助，直至小学毕业，18 岁时停止资助。育婴院自从创办至民国十六年（1927 年），总计收养婴儿 130 名。1949 年 8 月之后，人民政府接管育婴院，归入益阳县救济院。1950 年，益阳县救济院改为益阳市救济院；1952 年，益阳市救济院更名为益阳市人民生产教养院。1955 年，益阳市人民生产教养院与下文的瞽目院合并；1956 年，益阳市人民生产教养院解散[47]。

益阳瞽目学校（1913-1927 年）
益阳瞽目院（1927-1949 年）

民国二年（1913 年），倪尔生夫妇在益阳碧津渡南峰创建瞽目学校。学校是挪威信义会为盲人特设的特殊学校，分文、工两部，在益阳本地招收盲人学生。学员每天上普通文化课 6 小时；工作 8 小时，分织布、碾米两项，

---

44 陈先枢：《近代湖湘文化转型中的民俗文化》，长沙：岳麓书社，2017 年 10 月第 1 版，第 350 页；向常水：《基督教在近代湖南的慈善事业》，刊于《东方论坛》2017 年第 5 期，第 23 页。

45 陈伯平：《解放前夕的信义医院》，中国人民政治协商会议湖南省益阳市委员会文史资料委员会编：《益阳市文史资料》，第 6 辑，内部资料，1984 年，第 13-15 页。

46 "益阳市中心医院（Yiyang Central Hospital）"官方网站：http：//www.yych.cn/health/Introduction.aspx?categoryid=1781940E-B53F-402A-8A16-818084DA497B，引用日期：2021 年元月 6 日。

47 益阳市志编纂委员会编：《益阳市志》，同上，第 497 页。

并设营业处。所招盲生先受 4 年盲文教育，后开设"国语"、"算术"、"英语"、"圣经"等初小课程，毕业后转附属工场做工。民国五年（1916 年），校址迁到桃花仑的瓦窑村，翌年增设高小部。民国十六年（1927 年），益阳瞽目学校改名为益阳瞽目院。初级小学部保留，高级小学部停办。其经费由挪威湘中信义会和上海盲民福利协会每年提供津贴。该院曾聘请武汉希圣里达女校的盲人教育专家杨传明来院任教。杨传明不但精通盲文，英文也十分熟练，且擅长音乐，教盲人学生唱歌、弹奏乐器，组织盲人学生乐队，为社会提供服务。至民国二十二年（1933 年），这所特殊学校共计收养盲童 113 人，毕业 13 届，总计学生 47 人。[48]1949 年 8 月，益阳瞽目院由人民政府接管。1955 年，益阳市人民生产教养院与瞽目院合并；1956 年，益阳市人民生产教养院解散。

信义女子师范学堂（1912-1927 年）

随着信义小学堂学生人数增多，师资不足。为增加新的教学人员，挪威信义会于民国元年（1912 年），在益阳县城内五马坊教会侧增建校舍，创办"信义女子师范学堂"。毕业生在信义小学堂任教。校长为挪威信义会教育传教士贺哈拉女士。[49]民国十六年（1927 年），学校停办；为了使女性能接受中等教育，湘中信义会于民国二十四年（1935 年）复校。校名为"信义女子初级中学"后于民国二十五年（1936 年）、民国三十年（1941 年）合并入湖南私立信义中学。[50]著名女作家谢冰莹（1906-2000 年）曾在此求学。

简易神学班（1908-1910 年）

道学班（1910-1919 年）

短期圣经学校（1919-1925 年）

圣经妇女班（1925-1927 年；1930-1932 年）

女子圣经学校（1932-1944 年；1945-1949 年）

男子圣经学校（1931-1950 年）

---

48 益阳市志编纂委员会编：《益阳市志》，同上；另外参见陈先枢：《近代湖湘文化转型中的民俗文化》，长沙：岳麓书社，2017 年 10 月第 1 版，第 350 页。

49 邓群辉：《挪威信义会传入益阳的情况》，收录于中国人民政治协商会议益阳市委员会文史资料研究委员会编：《益阳市文史资料》，第 10 辑，内部资料，1988 年 12 月，第 102 页。

50 参见下文。另参见袁凤丽编著：《厚土珍藏》，长沙：岳麓书社，2008 年 1 月第 1 版，第 118 页。

挪威信义会在益阳办学兴医之外的主要工作是培养传教人员。光绪三十四年（1908 年）秋，挪威信义会在五马坊教会内办简易神学班。宣统二年（1910 年），第一期学员结业，总计 18 人；第二期学员结业，总计 23 人。同年，简易神学班改为道学班，收学生 18 人；民国八年（1919 年），道学班改为短期圣经学校，学制 1 年，收学生 22 人。民国十四年（1925 年），湘中信义会在长沙信义小学内改办妇女圣经班，民国十六年（1927 年）停办；民国十九年（1930 年）圣经妇女班复课，校址改设于益阳五马坊。民国二十一年（1932），该班改为女子圣经学校，分本科和预科，收学生 40 人，不限年龄，本科为初中生入学，两年毕业；民国三十三年（1944）停办。抗战胜利后，学校恢复，直到解放前夕停办。民国二十年（1931 年），挪威信义会另在益阳开办男子圣经学校，学制 3 年，同时办有三个月的短期圣经班；民国三十四年（1945 年），学校迁至桃花仑，直到 1950 年停办。[51]

第三节　仑上桃花分外红：信义大学的建立与停办

信义大学（1921-1926 年，1928-1929 年）

民国六年（1917 年），瑞华信义会韦康德小姐（Miss Ingeborg Wikander）到达长沙，与挪威信义会的戈德白联系，双方议定由信义宗在湘联合筹办大学。[52]民国九年（1920 年），瑞华信义会牧师余尔龄（Gustef Osterlin）来湘负责创办信义大学。民国十年（1921 年），瑞华信义会和挪威信义会决定在信义中学堂的办学基础之上联合创办"信义大学"[53]。实际创办方为瑞华信义会。瑞华信义会在桃花仑许家屋场购地，以之为永久性校址，第二年建筑校舍。在建校过程中，民国十一年（1922 年），瑞华信义会建筑师项斯鼎（Valdemar Hansteen）[54]与土木工程师欧漫（或作"偰曼"、"耳曼"，Einar Ohman）[55]携妻来华，驻桃花仑，参与信义大学的兴建以及落成后的教学工作。

---

51 湖南省地方志编纂委员会编：《湖南省志·宗教志》，长沙：湖南人民出版社，1999 年 9 月，第 469 页；另外参见王兴国主编：《湖湘文化通史第 4 册：近代卷上》，朱汉民总主编，长沙：岳麓书社，2015 年 5 月第 1 版，第 359 页。

52 湖南省地方志编纂委员会编：《湖南省志·宗教志》，同上，第 448 页。

53 湖南省地方志编纂委员会编：《湖南省志·宗教志》，同上。

54 黄光域：《基督教传行中国纪年（1807-1949）》，同上，第 548-549 页。

55 黄光域：《基督教传行中国纪年（1807-1949）》，同上，第 549 页。

　　信义大学校舍于民国十二年（1923 年）竣工，秋季正式开学，设文、理两科，文科设欧洲方言系与社会科学系，理科设数理系与生物系。其中的欧洲方言系有学生 4 人：陈开源（1904-1971 年），张运筹[56]，肖哲生，何吉安；社会科学系有学生 6 人：周游，林岳皋，蔡量宏，陈毓崧、段辉，葛吕中；数理系有学生 20 人：聂觐龙，杨开道，吴仲凡等。第一班学生有 30 人，大部分为信义中学堂毕业生。瑞华信义会的韦慈曼（Knut B. Westman，又作"魏慈曼"、"韦慈漫"，1881-1967 年）博士任第一任校长，挪威信义会牧师赫资伯出任副校长。外籍教师主要来自瑞典、挪威、德国、美国。来自瑞典的韦慈曼教"历史"，何隆仁教"拉丁文"，项斯鼎教"建筑工程学"，韩罢林教"英文"；来自挪威的赫资伯教"物理"。中国教师刘建教"社会学"、"哲学"，杨熙少（1870-1945 年）[57]教"新文学"，梁鸿训教"卫生学"，左木越教"数学"。建校两年后，瑞典皇室的一位女伯爵前来视察访问。[58]另外，民国十三年（1924 年），瑞典行道会教育传教士韩德霖（Sam. Skold）来华布道兴学，驻桃花仑，在信义大学任职。[59]

　　民国十五年（1926 年），湖南农民运动兴起。迫于反教风潮，外国传教士离去。学生中除了陈开源、张运筹、聂觐龙等 5 人寄读上海的沪江大学之外，其余离校。信义大学不得不停办。[60]

　　革命风潮之后，瑞华信义会于民国十七年（1928 年）决定复办信义大学，改组校董会，由华人曹竹琴任校长，设立大学补习班。但是，次年信义大学停办。

---

56 也有写作"张运畴"；参见何凤山：《怀念母校——信义中学》，收录于益阳市政协文史资料委员会编：《益阳市文史资料》，第 13 辑，内部资料，1991 年，第 156 页，为笔误。

57 长沙人杨熙少为瑞典信义会长沙差会最早一位中国本地的牧师。杨熙少早年就读岳麓书院，尤精于天文、算学、中医；光绪二十六年（1900 年）在长沙入内地会，为湖南最早基督教徒之一；先后任教于长沙福湘女子中学、益阳信义中学、信义大学。参见张湘涛主编：《老照片中的长沙》，长沙：岳麓书社，2014 年 12 月第 1 版，第 79 页。

58 邓群辉：《挪威信义会传入益阳的情况》，同上，第 107 页。

59 黄光域：《基督教传行中国纪年（1807-1949）》，同上，第 619 页。在此书中，瑞典行道会被称为"南行道会"。

60 聂中凡：《益阳市一中（原信义中学）校史》，同上，第 2 页。

在短暂的办学史上，信义大学曾开设植物标本室（Herbarium, Lutheran College），培养出数位著名人物。本书仅仅列举出其中 5 位毕业生，其中有 4 位投身于社会政治活动。第一位是中国工农红军第一师师长曾士峨（1904-1931 年）。曾士峨，字迪勋，出生于益阳县樊家庙乡的农民家庭；信义中学堂毕业后，考入信义大学，并接受革命思想熏陶，带领同学开展学生运动。民国十五年（1926 年）后，曾士峨投笔从戎，先后参加北伐战争、秋收起义，进军井冈山。民国二十年（1931 年）9 月 8 日高兴圩战役中，曾士峨为取得第三次反"围剿"的胜利立下突出战功。在此次反击战中，他腹部连中数弹牺牲。[61]第二位是马克思主义理论家周扬（1908-1989 年）[62]。周扬，原名周运宜，字起应，生于益阳县新市渡，早年就读于信义中学堂、信义大学，后入大厦大学，留学日本，回国后从事左翼理论工作。[63]第三位是何伟（1904-1973 年），原名霍恒德，河南汝南人。其父带领全家归入基督。民国十二年（1923 年），何伟入读汝南县信义高小，后又入信阳信义中学。民国十五年（1926 年）10 月北伐军占领武汉。同年冬，学校停办，他辍学在家。民国十七年（1928 年）春，信义大学复校招生，汝南信义会举荐何伟报考，被录取，免费入学。民国十九年（1930 年）信义大学停办后，何伟转读武汉的教会大学华中大学。[64]民国二十三年（1934 年）秋，何伟大学毕业后受聘到教会学校即位于汉口的圣罗以女中，教"国文"、"历史"和"地理"课程。民国二十五年（1936 年），何伟加入中国共产党，投身政治活动，历任职务包括：全国各界救国会常务理事，中共湖北省委常委、宣传部长、鄂豫皖边区党委常委、组织部长，新四军四支队政治部主任、七师政治委员，皖中区党委书记，哈尔滨市委书记，牡丹江省委书记、省军区政委，铁道纵队党委副书记，武汉军管会秘书长，建国后历任职务包括：中共广西区委副书记，广州市委第一书记、市长，华南分局常委，

61 王健英：《中国红军人物志》，广州：广东人民出版社，2000 年 1 月第 1 版，第 842 页。

62 关于周扬在信义中学堂读书的材料，参见李云泉主编：《中华名门才俊：周氏名门》，车吉心总主编，济南：泰山出版社，2007 年 1 月第 1 版，第 300-301 页。

63 湖南省教育史志编纂委员会编：《湖南近现代名校史料》，2，同上，第 1294 页。此处将周扬出生年代记述为 1907 年。

64 中共驻马店市委党史研究室编：《驻马店党史人物》，北京：中共党史出版社，2013 年 6 月第 1 版，第 261 页，认为何伟于民国二十一年（1930 年），"益阳信义大学与武汉教会学校——文华大学合并，改名为华中大学，何伟随学校来到武汉。"此记述有误。

外交部部长助理，驻越南大使，河南省委第二书记，教育部部长。[65]

第四位是外交家、社会活动家何凤山（1901-1997 年）。何凤山出生于益阳赫山区叶家河的普通农民家庭，7 岁时父亲离世，得到益阳挪威信义会救济完成信义小学、信义中学堂和信义大学的学业；民国十年（1921 年），考入湖南的教会大学——雅礼大学；民国十五年（1926 年），考取德国慕尼黑大学，民国二十一年（1932 年）获政治经济学博士学位。民国二十四年（1935 年），何凤山参加国民政府的外交工作；民国二十六年（1937 年），任中国驻奥地利公使馆一等秘书。民国二十七至二十九年（1938-1940 年），何凤山任中国驻维也纳总领事期间，最少向 3,600 名犹太人发放到上海的签证，继后又出任中国政府驻埃及、土耳其等国大使。民国二十九年（1940 年）5 月，何凤山离开维也纳回国，到重庆参加对日作战。1973 年，何凤山退休后定居美国旧金山。2001 年，以色列政府授予何凤山"国际正义人士"称号；[66]2005 年，联合国誉何凤山为"中国的辛德勒"；2007 年，以色列政府授予何凤山"荣誉公民"的称号。2018 年 3 月 15 日，以中国前外交官何凤山命名的何凤山广场在米兰正式揭牌。

第五位是教育家陈开源。陈开源，字维乐，益阳县三里桥人。陈开源自信义小学毕业后，继续入读信义中学堂和信义大学。上文提及民国十五年（1926 年），信义大学停办，陈开源随另外 4 位同学转至沪江大学读书。大学毕业后，陈开源于民国十七年（1928 年）参与复办信义大学，并受聘于信义大学，负责教务工作。民国十八年（1929 年）秋，信义中学复办，称：湖南私立信义初级中学，陈开源任教务主任兼授"历史"课程，民国二十（1931 年）继任校长。民国三十五年（1946 年），陈开源邀校友、同事张运筹同赴美国明尼苏达州立大学深造，并到瑞典、挪威访问、讲学，美国三十七年（1948 年）以优异成绩获硕士学位，经历史学家推荐，被世界历史学会吸收为会员。陈开源归国后，武汉、长沙多所大学延聘，均婉言谢辞，仍继续主办信义中学，一直到新中国成立；在此期间，曾担任益阳县教育会理事长及县参议会副参议长等职；1949 年解放前，参加和平迎解工作。[67]

---

65 参见中共驻马店市委党史研究室编：《驻马店党史人物》，同上，第 260-270 页。

66 湖南省教育史志编纂委员会编：《湖南近现代名校史料》，2，同上，第 1294 页；参见袁凤丽等：《国际义人何凤山》，长沙：岳麓书社，2007 年 9 月第 1 版；湖南省教育史志编纂委员会编：《湖南近现代名校史料》，3，同上，第 2715-2716 页。

67 湖南省教育史志编纂委员会编：《湖南近现代名校史料》，2，同上，第 1291 页；湖南省教育史志编纂委员会编：《湖南近现代名校史料》，3，同上，第 2716 页。

第四节　桃仑教泽：1928年之后的信义大学

湖南私立信义初级中学（1930-1936年）

信义女子初级中学（1935-1936年；1939-1941年）

湖南私立信义中学（1936-1952年）

益阳市第一中学（1952-1969年；1970年-）

　　信义中学堂于民国十五年（1926年）被迫停办。民国十七年（1928年）南京国民政府建立，学校复办，由华人接手办理。是年秋，补习班复办。民国十九年（1930年）秋，初中部恢复，按照当时国民政府教育部所颁布的私立学校立案规定，重新立案，定名为"湖南私立信义初级中学"，采用新学制。[68]校址位于桃花仑原信义大学附近。民国二十一年（1932年），私立信义初级中学，报湖南省教育厅立案，并在国民政府教育部备案。民国二十四年（1935年），"信义女子师范学校"复办，因该私立师范的办学条件与国民政府教育部章程不符，改立"信义女子初级中学"，校址位于桃花仑南的瓦窑村。

　　民国二十五年（1936年），湘中信义会在长期废弃的原信义大学旧址复办高中部，名为"湖南私立信义中学"，原湖南私立信义初级中学转为初中部，信义女子初级中学并入成为男女同校的中学。原信义大学全部校产拨给湖南私立信义中学。民国二十七年（1938年）日寇犯湘，信义中学被迫迁往安化东坪继续办学。次年，信义女子初级中学在安化东坪复办。民国三十年（1941年）春，信义女子初级中学并入湖南私立信义中学，改为女生部；8月，湖南私立信义中学迁回桃花仑原址上课。至此，桃花仑的湖南私立信义中学已发展成包括初中部、高中部与女生部的完全中学，地址彼此相隔仅500米。民国三十年（1941年），信义中学高中、初中、女生三部总计有15个教学班，学生人数达861名，教职员有48人，成为益阳最早的完全中学之一。[69]民国三十二年（1943年）11月22日，日寇飞机轰炸益阳城区，死伤170余人，校长率20余人会同信义医院人员赴城救护。民国三十三年（1944年），日寇侵犯湘北，信义中学奉命疏散；6月6日凌晨敌机狂炸，高中部绿瓦房附近落下一弹炸弹，幸未爆炸，学校遂迁安化东坪对河黄沙坪，至8月1日开学。民国三十四年（1945年）9月抗战胜利后，学校迁回桃花仑。[70]

---

68 聂中凡：《益阳市一中（原信义中学）校史》，同上，第2页。

69 益阳市志编纂委员会编：《益阳市志》，同上，第497页。

70 湖南省教育史志编纂委员会编：《湖南近现代名校史料》，2，同上，第1274页。

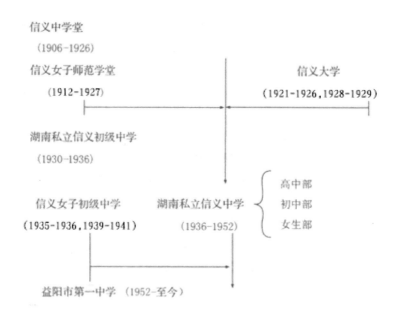

信义中学、信义大学沿革图[71]

1949 年 8 月 3 日，益阳解放；8 月 15 日，益阳县人民政府成立。学校维持现状，逐步改造。1952 年 8 月，信义中学正式由人民政府接收，变私立为公办，改名为"益阳市第一中学"，延续至今。1969 年"文化大革命"期间，学校宣告停办；次年复办。[72]信义中学自民国十七年（1928 年）复办至解放前夕，总计开设 15 个班级，学生总人数有 821 人。[73]

第五节 资阳黉宇巍然在：信义大学遗存录

信义大学遗存现在属于"益阳信义会建筑群"的一部分。益阳信义会建筑群包括信义大学旧址与五马坊牧师楼。信义大学旧址现存有教学楼、教舍楼各一栋，位于湖南省益阳市赫山区桃花仑西路 650 号益阳市第一中学院内。旧址地势较高，四周视野开阔，树木茂盛，环境幽静，是读书修身之地。其东紧邻康富北路，南为长益公路，沿路西南向数十米即到秀峰公园的北大门，入内有青山湖泊、亭阁桥梁等，是市民休闲、娱乐、锻炼的场所；西靠原市委

---

71 湖南省教育史志编纂委员会编：《湖南近现代名校史料》，2，同上，第 1282 页。本书依据考证略作修订。

72 聂中凡：《益阳市一中（原信义中学）校史》，同上，第 2 页。

73 聂中凡：《益阳市一中（原信义中学）校史》，同上。

大院，距市佛教中心、市级文物保护单位白鹿寺、栖霞寺、裴公亭约 600 米；北为现益阳市第一中学校区，现可容纳学生 3，000 余人，距资江约 500 米，整体风格与信义大学建筑群极为协调。1997 年，益阳市人民政府将信义大学旧址公布为第一批市级文物保护单位，并划定保护范围与建设控制地带。2002 年，湖南省人民政府将信义大学旧址公布为省级文物保护单位，编号 31-31，并划定保护范围与建设控制地带。2005 年，益阳市第一中学在文物管理处的指导下，对信义大学教舍楼的屋瓦面、檩、椽及外墙修缮。2008 年，益阳市政协在文物管理处的指导下，对信义大学教舍楼进行维修。2013 年，"益阳信义会建筑群"被国务院公布为国家级重点文物保护单位。

教学楼

教学楼，建于光绪三十二年（1906 年），由挪威信义会购地修建；原为信义大学、信义中学教学使用，故名教学楼，现为益阳市第一中学校史陈列室。教学楼系哥特式建筑，坐北朝南，砖木结构，总计 2 层，大门正厅为花岗岩框架，采用庑殿顶、四坡屋面顶楼，上盖绿釉筒瓦。整个建筑平面呈长方形，通高 15.8 米，面宽 76 米，通进深 9.3 米，总占地面积 869.8 平方米。门厅两侧有梯可登二楼。一、二楼北边设内走廊，南边为教室。[74]

教舍楼

教舍楼，即教师宿舍楼，始建于光绪三十三年（1907 年），现为益阳市第一中学德育楼。教舍楼位于益阳市赫山区市中心益阳市第一中学校内的狮子山山顶。教舍楼也采用哥特式，坐北朝南，砖木结构，总计 2 层，硬山顶，两坡屋面，盖绿釉筒瓦。整个建筑平面呈长方形，通高 12.8 米，总占地面积 151.8 平方米。楼的前后两坡屋面均设有天窗，南向设檐廊，中由三根圆形石立柱支撑屋檐，用花岗岩条石压边，设有护栏，中间对称开两门。沿廊入内可至单独套间，往外设有两开间宽的条石台阶，共 12 级。室内均为木制地面，各套间均设有取火壁炉，装有木制楼梯旋至二楼。一层下设地下室，四周均设有通风口。[75]

五马坊牧师楼

五马坊牧师楼位于益阳市资阳区资江北岸，与资江南岸的信义大学旧址

---

74 欧阳晓东主编：《湖南老街》，同上，第 421 页

75 欧阳晓东主编：《湖南老街》，同上，第 421-422 页。

隔江相望。该楼始建于光绪三十年（1904 年），由原道明购地修建。其左侧原建有教堂、女子圣经学校，现仅剩牧师楼。整个大楼平面呈凸形，采用悬山砖木结构，共 3 层，总占地面积近 2,000 余平方米。牧师楼坐南朝北，两坡屋面上盖有绿釉筒瓦，北坡屋檩起拱，设有两扇天窗，北向中间设两门厅，分东西两半，成独立套间，各套间均设有壁炉，入内各有木制楼梯旋至阁楼。该楼将湖湘民居建筑与欧洲建筑风格相互结合。

附录一：信义大学校长名录

韦慈曼：1921-1926

曹竹琴：1928-1929

附录二：信义中学校歌[76]

桃仑葱葱资水溶溶

毓秀钟灵我信中

德智体群学汇西东

真理博爱促进大同

要为人类谋福利

愿吾辈青年克奏肤功

努力前进，信中！信中！信中！

附录三：信义大学校长及部分教职员一览表[77]

姓 名	性 别	籍 贯	职务或任教科目	备 注
韦兹曼	男	瑞典	校长	
赫资伯	男	挪威	副校长兼物理、化学教授	
沓师德	男	瑞典	数学教授	
狄慈	男	德国	生物教授	

---

76 湖南省教育史志编纂委员会编：《湖南近现代名校史料》，2，同上，第 1290 页。

77 湖南省教育史志编纂委员会编：《湖南近现代名校史料》，2，同上，第 1283-1284 页。其中教职员的具体信息有待进一步考证。

韩墨林	男	瑞典	英、德、法文教授	
项斯鼎	男	挪威	绘画、几何教授	
何隆仁	男	瑞典	历史教授	
刘健	男	中国	社会学教授	
曹鼎彝	男	中国	国文教授	
耳曼	男	瑞典	地质教授	
杨熙少	男	中国	中国文学教授	
余尔龄	男	瑞典		

第九章 堪作山上之光：中华三育研究社

上海三育大学

Shanghai Sam Yuk College，Shanghai San Yu Da Hsue

1919-1925 年

中华三育研究社

China Training Institute

1925-1951 年

句容市桥头镇

第一节 乐聚一堂：句容、桥头镇与安息日会

比较而言，教会大学大多创办于中国版图纵轴线上的京汉沙广以及横轴线上的蓉宁沪杭等大城市或省会驻地。句容市桥头镇通常并非为常人所知。句容市现今是江苏省镇江市代管的县级市，地处苏南，东连镇江，西接南京，居于南京东南门户，为沪宁线必经之要道，列属于南京都市圈成员县级城市，素有"南京新东郊、金陵御花园"之美誉，民间有"五山一水四分田"之说。[1]西汉元朔元年（前128年），始置句容县，隶丹阳郡；隋改隶扬州；唐武德三年（620年），以句容、延陵置茅州。北宋天禧四年（1020年），改设常宁县，后复设句容县，直至中华人民共和国成立。人民政府建立后，句容县属南京市；1983年，划为镇江市辖县；1995年，撤县设市，改为句容市。句容之名

---

1 曹小曙、陈忠暖、甄峰等主编，杨永春、杨景胜、马林兵等副主编：《中国地学通鉴：城市卷》，西安：陕西师范大学出版总社有限公司，2018年1月第1版，第282页。

源于勾曲山（今茅山），"山形如'已'字，勾曲有所容"。古"勾"与"句"
通，因此得名"句容"或"勾容"。[2]位于句容市北部的桥头镇，因镇东有一
石桥，故名，[3]为句容市北部重镇，隶属于下蜀镇，为村级集镇。从地理位置
来说，桥头镇虽然地处交通枢纽与鱼米之乡，但民国时周边的首都南京以及
镇江的光环将其遮蔽而显得暗淡，难以为人所晓。不难理解，此处曾由新教
小教会建立的教会大学为何近乎隐没于历史与现实之中。

这所教会大学是由美国基督复临安息日会（Seventh-day Adventists）全球
总会（General Conference）[4]在华创办的中华三育研究社（China Training
Institute）。中华三育研究社也被称为"三育大学"，是民国时期美国基督复临
安息日会全球总会在华开办的唯一最高学府。基督复临安息日会，也简称为
"安息日会"、"第七日再临团"[5]，源自 19 世纪中期美国由米勒（William Miller，
1782-1849 年）开启的米勒派运动（Millerite Movement，1830-1845 年）。作为
独立教会的基督复临安息日会正式由怀艾伦（Ellen G. White，1827-1915 年）
成立于 1863 年（同治二年）[6]。从该派名称可知，该派强调遵守《创世记》
（2：1-3）中神设立的每一周第七天为安息日（Sabbath/Shabath，即星期六），
以及基督即将再临。此外，基督复临安息日会主张三位一体、圣经无误等。
其独特的教义包括死人无知觉和查案审判等。此外，该教会因强调饮食和健
康，宣扬宗教自由和强调信心与行为并行，及提倡以神为中心的生活方式而
为人所知。基督复临安息日会的全球组织由全球总会统管，下设分会、联会
和地方区会。除信徒聚会外，该教会对外传道的主要途径是教育、医疗、文
字印刷、广播和救灾等。[7]

---

2 牛汝辰编：《中国地名掌故词典》，北京：中国社会出版社，2016 年 2 月第 1 版，
 第 135 页。

3 单树模主编：《中华人民共和国地名词典：江苏省》，江苏省编纂委员会编，北京：
 商务印书馆，1987 年 2 月第 1 版，第 355 页。

4 现在的官方网站为：https：//gc.adventist.org，引用日期：2021 年元月 24 日。

5 林金水主编：《台湾基督教史》，同上，第 260 页。

6 也有资料认为是 1864 年（同治三年），参见陈彬作：《宗教权威的建构与表达：
 对 N 省 H 市山口教堂的研究》，上海大学博士学位论文，2007 年，第 73 页注释
 1。

7 [美]迈克尔·格拉茨（Michael Glazier）、[美]莫妮卡·海威格（Monika Hellwig）
 编：《现代天主教百科全书》（*The Modern Catholic Encyclopedia*），赵建敏主编、
 译，北京：宗教文化出版社，2012 年 10 月第 1 版，第 272-273 页。

亚属总会（1909-1919 年）

远东总会（1919-1930 年）

中国区会（1902-1909 年）

中国联会（1909-1930 年）

中华总会（1930-1952 年）

美国基督复临安息日会全球总会在华设立的分会为基督复临安息日会中华总会。直属全球总会的中国区会早在光绪二十八年（1902）创立。宣统元年（1909 年），全球总会为建立传教领导机构，在上海宁国路购置农田 50 亩，营造办公楼、传教士住宅、里弄楼房，以及学校、印刷厂、教堂等建筑，于民国元年（1912 年）全部建成。亚属总会（也称"亚洲总会"）也于宣统元年（1909 年）宣告成立，同时中国联会成立，隶属于亚属总会，会址设于上海的河南北路，下辖 5 个区会：华东、华中、华南、西北、华西。民国八年（1919 年），亚属总会改为远东总会，中国联会隶属之。民国十九年（1930 年），全球总会决定将远东总会划分为中华总会与远东总会。民国二十年（1931 年）美国总会决定将远东总会迁往菲律宾。中华总会迁至宁国路，下辖华中、华东、华北、华南、华西等 6 个联会，以及香港、澳门等地区。中国版图所及，不论当时政府能否行使主权，均纳入其传教范围。[8]由此，宁国路的中华总会成为美国基督复临安息日会全球总会在华传教的枢纽。1951 年，中华基督复临安息日会三自革新筹备委员会成立，至 1952 年原中华总会不复存在。[9]

第二节　兴起发光：中华三育研究社的创立与初步发展

道医官话学堂（1910-1911 年）

道医官话学校（1912-1913 年）

上海三育学校（1913-1919 年）

8　《上海宗教志》电子版，"差会所属教堂"，刊于"上海市地方志办公室"官网：http://www.shtong.gov.cn/Newsite/node2/node2245/node75195/node75204/node75303/node75317/ userobject1ai92055.html，引用日期：2020 年 4 月 7 日。施叔华主编：《杨浦区志》，上海市区志系列丛刊，上海市杨浦区志编纂委员会编，上海：上海社会科学院出版社，1995 年 12 月第 1 版，第 957 页。

9　参见基督复临安息日会华安联合会、中华圣工史编辑委员会编著：《中华圣工史》（Chinese SDA History），上册、下册，香港：基督复临安息日会华安联合会、中华圣工史编辑委员会，2002 年 11 月初版，第 41-123 页。

光绪二十九年（1903 年），美国基督复临安息日会全球总会派遣传教士在广州创办男校"益智学堂"（Yick Chi Boys' School）、女校"伯特利女学堂"（The Bethel Girls' School）。不久，益智学堂改为东山三育学校。此为美国基督复临安息日会全球总会在华开办最早以"三育"命名的学校，为以后的中华三育研究社铺垫了道路。[11]光绪二十九年（1903 年），美国基督复临安息日会全球总会派遣医学传教士米勒耳（Harry Willis Miller，1879-1977 年）夫妇等人河南。宣统二年（1910 年）[12]，他们根据怀艾伦的教育哲学思想创立

米勒耳医生[10]

"道医官话学堂"，设校址于河南周家口（Chou Chia Ko，今周口市）黄泛区，主要用于培养自身教会所需能将传道与医疗相结合的教牧人才，属于私立中等神学培训学校。这所学校正是中华三育研究社的源头。[13]

---

10 中华圣工史编辑委员会：《中华圣工史》，刘恩林执笔，刊于"基督复临安息日会"官网：http://www.zgaxr.com/book/002/031/1.htm，引用日期：2021 年元月 23 日。

11 张垂裕：《中华三育研究社——一所特殊的教会学校》，收录于李植中、冯鸣仪主编：《镇江文史资料：文化教育专辑》，第十七辑，内部资料，1997 年 7 月，第 18-19 页。

12 关于道医官话学堂的创建年代，有认为是宣统三年（1911 年），参见《米勒耳》（Harry Willis Miller, M.D., 1879-1977 年），刊于"中国安息日史"网站：https://www.chinesesdahistory.org/harry-willis-miller-m-d，引用日期：2021 年元月 23 日。本文采用宣统二年（1910 年）说，参见[美]卢汉德（Handel Hing-tat Luke）：《安息日会在华高等教育史（1880-1980）》（*A History of Seventh-day Adventist Higher Education in the China Mission，1888-1980*），教育博士论文（Ed. D. dissertation），Berrien Springs，MI：Andrews University，1983 年，第 2 页。

13 [美]卢汉德（Handel Hing-tat Luke）：《安息日会在华高等教育史（1880-1980）》（*A History of Seventh-day Adventist Higher Education in the China Mission，1888-1980*），同上，第 19 页。

米勒耳于 1902 年（光绪二十八年）从美国密歇根州的美国医药布道学院（American Medical Missionary College）毕业。该校与密歇根的巴特・克里疗养院（Battle Creek Sanitarium in Michigan）合办。米勒耳从此校，获医学博士学位；次年偕妻、博士班同学米莫娣（Maud A. Thompson Miller，1880-1905 年）与施列民（Arthur Clifford Selmon，1877-1931 年）[14]夫妇和医务传教士艾瑞克（Carrie Erickson）、辛普生（Charotte Simpson）等 6 人联袂来华布道施医，初驻河南罗山，嗣转赴新蔡（Hsintsae）。光绪三十年（1904 年），全球总会将中国区会设于香港广中街 3 号，米勒耳位列委员。次年米勒耳转至河南的上蔡县（Shang Tsai Hsien），未几发妻米莫娣病故，葬于上蔡。光绪三十一年（1905 年）11 月，米勒耳在上蔡县创办《福音宣报》月刊；光绪三十四年（1908 年）该刊迁至上海，改名《时兆月报》（*The Signs of the Times*），其名源于 1874 年（道光十四年）在美诞生的《时兆周刊》。[15]宣统二年（1910 年）10 月，米勒耳在席宝琳（Pauline Schiberg）、韩尚理（Orrin A. Hall）[16]的帮助下在周家口创办"道医官话学堂"（Mandarin Union Training School, Dao-Yi Kwan-Hwah School），任第一任校长，席宝琳主管教务。道医官话学堂，实际上是一所使用官话而非上海话、厦门话、广东话等方言教学、集医学-神学培训为一体的中等教育学校，旨在培养传教士、福音书籍售书人（colporteur），

14　施列民偕妻施淑德（也译"贝花"，Bertha Eugenia Loveland Selmon，1878-1949 年）与米勒耳夫妇等来华布道施医，相继转驻新蔡、项城和周家口。光绪三十四年（1908 年），他担任华北区会会长。施列民于宣统二年（1910 年）调往上海，主持出版以及主编中文版《时兆月报》；民国元年（1912 年），被选为华东区会会长；民国二年（1913 年）兼任宁国路三育学校校长，并讲授"科学"课程；民国四年（1915 年），任华中区会会长，一度出任中国红十字总医院副院长，积极推广"避疫病面具"——口罩防疫；民国十三年（1924 年），携眷回美，后病故于美。施列民编著有《延年益寿》（*Health and Longevity*）（1916 年）、《国语指南》（1919 年）、《健康长寿》（*Health Longevity*）（1920 年）和《健康与力量》（*Health and Strength*）等书。参见那花莲：《施列民》，刊于基督复临安息日会华安联合会、中华圣工史编辑委员会编著：《中华圣工史》（*Chinese SDA History*），上册、下册，同上，第 819-820 页；另外参见拉库爷爷的博客：《施列民》，刊于"新浪博客"网站：http://blog.sina.com.cn/s/blog_44a823a80102ytmb.html，发布日期：2020-06-17 07：57：13，引用日期：2021 年元月 23 日。

15　陆庆祥、章辉：《民国休闲实践文萃》，昆明：云南大学出版社，2018 年 6 月第 1 版，第 25 页。

16　简要生平，参见基督复临安息日会华安联合会、中华圣工史编辑委员会编著：《中华圣工史》（*Chinese SDA History*），上册、下册，同上，第 751 页。

学制 4 年，同时培养医务工作者，学制 5 年，鼓励学生遵守安息日规定。[17] 学校建立数月之后，英文校名改为 "China Union Training School"。[18] 宣统三年（1911 年）春，米勒耳因健康原因回美，由和禄门（Francis Arthur Allum，1883-? ）[19] 任校长。[20] 明清之际即有 "北有张家口，南有周家口" 一说[21]。20 纪初的周家口位于不久竣工的京汉铁路（1906 年）附近，是河南省交通最便利的市镇，汇聚上游几条河流，向下直通大运河，是工商业最发达的地方，文化教育较先进。[22]

---

17 [美]卢汉德（Handel Hing-tat Luke）：《安息日会在华高等教育史（1880-1980）》（*A History of Seventh-day Adventist Higher Education in the China Mission, 1888-1980*），同上，第 61 页。

18 [美]卢汉德（Handel Hing-tat Luke）：《安息日会在华高等教育史（1880-1980）》（*A History of Seventh-day Adventist Higher Education in the China Mission, 1888-1980*），同上，第 60 页。

19 那花莲：《和禄门》，刊于基督复临安息日会华安联合会、中华圣工史编辑委员会编著：《中华圣工史》（*Chinese SDA History*），上册、下册，同上，第 701-702 页。

20 民国十四年（1925 年），米勒耳携第二任妻子来华，在上海筹建上海疗养卫生院（Shanghai Adventist Hospital & Sanitarium）；民国十七年（1928 年）元旦建成开院，自任院长，附设护士学校，以推广素食知名。民国二十年（1931 年），基督复临安息日会中华总会正式成立后，以原远东总会上海宁国路旧址为总部，米勒耳出任会长。1949 年，米勒耳赴台北募款筹建医院，1955 年初落成开诊，称台湾疗养卫生院（Taiwan Sanitarium & Hospital）；获蒋介石（1887-1975 年）所授卿云勋章（Blue Star Medal）。1977 年，米勒耳在加州去世。米勒耳著译有《健康生活》（*The Way to Health*）（米勒耳、安得烈、戴安乐编译，上海：时兆报馆，1932 年）、《隐敌——如何预防》（米勒耳著，梅晋良译，上海：时兆报馆，1935 年）、《消毒》（米勒耳著，上海：时兆报馆，1937 年）、《强身十律》（米勒耳著，上海：时兆报馆，1938 年）等。有关米勒耳的简要生平，参见中国医生：《米勒耳》，刊于基督复临安息日会华安联合会、中华圣工史编辑委员会编著：《中华圣工史》（*Chinese SDA History*），上册、下册，同上，第 790-794 页；电子版参见《米勒耳（Harry Willis Miller, M.D., 1879-1977 年）》，刊于 "中国安息日史" 网站：https://www.chinesesdahistory.org/harry-willis-miller-m-d，引用日期：2021 年元月 23 日。

21 穆仁先主编，杨珺、张辉副主编，岳献甫、范耀刚执行主编：《三川记忆：周口市中心城区文化专项规划调研资料汇编》，周口市政协文化专项规划调研小组编，内部资料，2014 年 6 月，第 10 页。

22 穆仁先主编，杨珺、张辉副主编，岳献甫、范耀刚执行主编：《三川记忆：周口市中心城区文化专项规划调研资料汇编》，同上。

光绪三十年（1905 年）由米勒耳在河南上蔡创办的《福音宣报》扉页。[23]

　　宣统三年（1911 年）秋辛亥革命爆发，道医官话学堂暂时关闭，旋即由河南的周家口迁往南京的四条巷（Four-Lanes Hsiang，现位于秦淮区中山东路中段南侧）办学[24]。民国元年（1912 年）10 月，学校重新开学，校名改为"道医官话学校"，时任华东区会南京站主任的韩尚理兼任校长。[25]学校在南京租

23 时兆编辑部编纂：《复临运动的故事》，台北：时兆出版社，2012 年 12 月第 1 版，第 355 页。

24 安主慈：《复临运动的故事》，第 2 版，时兆报馆编译部编译，上海：时兆报馆，1947 年，第 401 页。

25 黄光域编：《基督教传行中国纪年（1807-1949）》，桂林：广西师范大学出版社，

房，主要是 1 栋楼房，楼上有 8 间学生宿舍、1 间工作室，楼下有 3 间教室、2 间办公室、1 间会客室，另有 1 座可容纳 100 人的礼堂，以及 2 间平房宿舍。开学报到学生共 32 人，其中河南 6 人、湖南 5 人、安徽 5 人、湖北 6 人、南京 5 人、上海 1 人，其它地区 4 人。学校注重传道与行医相结合的教育方针，开设课程有"基督生平"、"旧约历史"、"圣经要道"、"但以理"、"启示录"等。学生结业后服从安排至各地传道行医。[26]

在宁短暂停留后，学校于民国二年（1913 年）迁沪，改为"上海三育学校"（China Missions Training School），三育取灵、智、体或心、脑、手（Heart-Head-Hand）并重以及智、仁、勇兼备之意。"三育"之名由当时担任该校国文老师的李创锚（1884-?）[27]提出。施列民担任校长兼教"科学"；事务主任韩尚理兼教"圣经"；欧士朋教"数学"；席宝琳教"史地"；李创锚教"国文文理"（文言文）；吴择善教"国文官话"（白话文）；韩尚理师母教"音乐"；嘉华达师母教"美术"。[28]校址设在公共租界东区（杨树浦）赖霍尔路（1915 年改名为宁国路）458 弄 5 号安息日会亚洲总会[29]驻地沪东会堂。[30]

民国三至四年（1914-1915 年）学校有在校生 55 人，学生来自全国各处，以安徽颍上最多，14 人，广东 11 人，湖南 9 人，河南 6 人，湖北 6 人，江苏 5 人，福建、山东、江西、四川各 1 人。民国四年（1915 年），杜约翰担任校

2010 年 1 月第 1 版，2017 年 8 月第 2 版，第 397 页。参见黄子克：《三育春秋》，收录于黄子尚主编：《忆桥头纪念集》，内部资料，1987 年，第 9-10 页，1911 年在南京四条巷长校的是杜约翰；另外，黄子克：《三育春秋》，收录于基督复临安息日会华安联合会、中华圣工史编辑委员会编著：《中华圣工史》（*Chinese SDA History*），上册、下册，同上，第 326-331 页，本书引用前者。

26 沈斌仁：《中华三育研究社史》，刊于基督复临安息日会华安联合会、中华圣工史编辑委员会编著：《中华圣工史》（*Chinese SDA History*），上册、下册，同上，第 310 页。

27 杨健生：《李创锚》，刊于基督复临安息日会华安联合会、中华圣工史编辑委员会编著：《中华圣工史》（*Chinese SDA History*），上册、下册，同上，第 870 页。

28 《上海三育学校（1913-1919）》，刊于基督复临安息日会华安联合会、中华圣工史编辑委员会编著：《中华圣工史》（*Chinese SDA History*），上册、下册，同上，第 313 页。

29 正如上文所述，民国十九年（1930 年），此处改为中华总会（Seventh-day Adventist Church in China）所用。

30 《上海沪东堂》，刊于"中国基督教网"（The Protestant Churches in China）网站：http://www.ccctspm.org/churchinfo/215，发布日期：2017-12-12，引用日期：2021 年元月 24 日。

长。民国五年（1916 年）和禄门担任校长，杜约翰任司库兼教"科学"，学生人数达 134 人，其中女生 44 人，达创校以来的最高纪录。学生半工半读，工作范围有助教、销售书报、印刷、绘图、装花边、结绒线、办事员、家务劳动等。学校开设课程包括："高级英语"、"教育学"、"代数"、"物理"、"旧约历史续编"、"教牧学"等。民国六年（1917 年），苏清心（H. O. Swartout）任校长，白来恩为司库。[31]

上海三育大学（1919-1925 年）

随着教育经验不断积累，民国八年（1919 年），学校升格为"上海三育大学"（Shanghai Sam Yuk College，Shanghai San Yu Da Hsue），英文校名改为 Shanghai Missionary College，为 2 年制初级大学，相当于现今的大学专科。远东总会教育部长梁思德（Samuel Lilley Frost，1884-1981 年）[32] 兼任校长，白来恩继续担任司库，学生有 150 多人。民国九年（1920 年），注册学生有 200 多人，[33] 来自全国当时 19 省中的 13 个省，另外有东北和朝鲜的学生入读。校训为"学习行善"。上海三育大学提供的课程主要包括："数学"，"教育学"，"科学"，"簿记"，"圣经"，"教会史"，"教学法"，"历史"，"小学教育"，"英文"，"音乐"，"国文"。其中不少课程为新增的。民国十一年（1922 年）李博（又译"李博克"，Denton Rebok, 1897-1984 年）[34] 接任校长，艾格礼担任司库。民国十三年（1924 年）李博休假期间，梁思德代理校长，许好威（Howard Shuall）担任司库。民国十四年（1925 年），上海三育大学总毕业生有 27 人，其中初中 7 人、传道 1 人、圣乐 5 人、高中 6 人、

---

31 maxin8158：《河南周家口的"道医官话学校"及其发展》，刊于"新浪博客"网站：http: //blog.sina.com.cn/s/blog_537e414f0100reyb.html，发布日期：2011-05-05 12: 11: 35，引用日期：2021 年 8 月 14 日。

32 有关梁思德的简历，参见[美]葛立德（Thomas Sinclair Geraty）：《梁思德》，收录于基督复临安息日会华安联合会、中华圣工史编辑委员会编著：《中华圣工史》（*Chinese SDA History*），上册、下册，同上，第 746 页。

33 [美]卢汉德（Handel Hing-tat Luke）：《安息日会在华高等教育史（1880-1980）》（*A History of Seventh-day Adventist Higher Education in the China Mission，1888-1980*），同上，第 66 页。

34 本文依据中华三育研究社北美同学会回忆录，确定为"李博"，参见黄子尚主编：《忆桥头纪念集》，内部资料，1987 年。李博、戴安乐等：《知识与进步》，时兆报馆编译，上海：时兆报馆，1931 年 5 月。关于李博的生平，参见那花莲：《李博》，刊于基督复临安息日会华安联合会、中华圣工史编辑委员会编著：《中华圣工史》（*Chinese SDA History*），上册、下册，同上，第 813-814 页。

高中师范 6 人、初级大学 2 人。[35]

全球总会计划进一步提高办学级别，开设神学、理科、文科和商科，旨在分别培养安息日会自身所需的传道人、医生、教师与财会人才。[36]随着教学规模不断扩大，鉴于上海办学空间局促，无法有效开展工读教育，民国十二年（1923 年），全球总会在江苏句容县桥头镇（Qiaotouzhen，也拼写为 Chiao Tou Tseng，或 Chiao Tou Djen）乡绅与民众的大力支持下，在桥头镇西山购地 750 亩，开始建造新校园。[37]

与此同时，中国非基督教运动开始兴起，上海三育大学受到中国共产党早期领袖的批判，在中共党史上留下重要的一笔。陈独秀（1879-1942 年）在《向导》第 66 期发布《中国命运已在华盛顿会议决定》（一九二四年五月二十一日）认为：

> 去年上海三育大学的美国人说："既入教会读书，应当断绝国家关系，爱国二字断无存在之余地。"今年广州圣三一学校的英国人说："这是英国人的学校，有英领事在广州，断不能徇你们的情，任从你们中国人的自由。"现在广州圣心学校的法国人又说："中国命运已在华盛顿会议决定，尔等学生无须去救，亦不能救。"[38]

另外，瞿秋白（1899-1935 年）在一篇反帝国主义文化侵略的文章中，引用相同的资料，以上海三育大学为典型案例，大加批判基督教：

> （可惜！上海三育学校[39]是美国教会办的，他那师范部主任夏威尔拍桌蹬地骂学生："既入教会读书，应当断绝国家关系，爱国二字断无存在之余地。"一语道破这种"文化"的黑幕。……——看上海《申报》五月十七日[40]。）[41]

35　《上海三育大学（1919-1925），刊于基督复临安息日会华安联合会、中华圣工史编辑委员会编著：《中华圣工史》（*Chinese SDA History*），上册、下册，同上，第 315-316 页。

36　张垂裕：《中华三育研究社——一所特殊的教会学校》，同上，第 19 页。

37　张垂裕：《中华三育研究社——一所特殊的教会学校》，同上。

38　陈独秀：《陈独秀文章选编》中，北京：生活·读书·新知三联书店，1984 年 6 月第 1 版，第 483 页。

39　即当时的上海三育大学。

40　民国十二年（1923 年）。

41　瞿秋白：《帝国主义侵略中国之各种方式（一九二三年五月二十六日）》，收录于《瞿秋白文集第二卷：政治伦理编》，瞿秋白江苏省研究会印，内部资料，年代不详，第 80 页；北京：人民出版社，1988 年 8 月第 1 版。

中华三育神道学校/中华三育学校（1925-1927 年，1928-1931 年）

民国十四年（1925 年）夏，新校舍总计 24 座（后逐步增加至 59 座）[42]房屋落成后，上海三育大学迁至江苏省句容县桥头镇，因校址变更，易名为"中华三育神道学校"，简称"中华三育学校"（China San Yu Hsue Hsiao），英文校名改为 China Missionary Junior College，成为句容境内第一所高等教育学校。这一年通常成为中华三育研究社正式立校之年。同年 11 月 14 日安息日，学校在桥头镇西山举行盛大奉献礼拜，有 65 位男女传教士出席奉献礼拜，其中包括全球总会康拉棣牧师，远东总会伊文思（Irwin Henry Evans, 1862-1945 年）[43]牧师。次日本地 20 多个村庄父老到校祝贺，为礼堂送一横匾，上书"光荣满殿"。教职员阵容雄厚，校长李博兼教"历史"；林思翰（Sidney Henton Lindt，1892-1992 年）[44]教"圣经"；盖尔德教"工业和管理工厂"；许好威司库兼商科主任；夏威尔（William August Scharffenberg, 1896-1973 年）[45]为师范科主任；林思翰夫人教"音乐"；苏醒之（1898-1968 年）[46]教"国文文理"；黄大卫教"历史"；姜从光（1912-1953 年）[47]任男宿舍主任；兰富德（Fred A. Landis，1894-1983 年）[48]教"工业和管理工厂"；谭爱德（Ida Elizabeth Thompson，1870-1939 年）[49]教"英语"；卢维端（1892-1968 年）[50]为女宿舍主任；叶昆岗为教员兼翻译，盖尔德夫人教"初级圣经"；姜从光

42 [美]卢汉德（Handel Hing-tat Luke）：《安息日会在华高等教育史（1880-1980）》（*A History of Seventh-day Adventist Higher Education in the China Mission, 1888-1980*），同上，第 71 页。

43 那花莲：《伊文思》，刊于基督复临安息日会华安联合会、中华圣工史编辑委员会编著：《中华圣工史》（*Chinese SDA History*），上册、下册，同上，第 742-743 页。

44 林思翰的儿子（Chester）：《林思翰》，刊于参见基督复临安息日会华安联合会、中华圣工史编辑委员会编著：《中华圣工史》（*Chinese SDA History*），上册、下册，同上，第 778 页。

45 参见《夏威尔》，刊于基督复临安息日会华安联合会、中华圣工史编辑委员会编著：《中华圣工史》（*Chinese SDA History*），上册、下册，同上，第 817-818 页。

46 吴定奇：《苏醒之》，刊于基督复临安息日会华安联合会、中华圣工史编辑委员会编著：《中华圣工史》（*Chinese SDA History*），上册、下册，同上，第 629-632 页。

47 姜莹文：《姜从光》，刊于基督复临安息日会华安联合会、中华圣工史编辑委员会编著：《中华圣工史》（*Chinese SDA History*），上册、下册，同上，第 539-540 页。

48 兰大卫：《兰富德》，刊于基督复临安息日会华安联合会、中华圣工史编辑委员会编著：《中华圣工史》（*Chinese SDA History*），上册、下册，同上，第 773-774 页。

49 那花莲：《谭爱德》，刊于基督复临安息日会华安联合会、中华圣工史编辑委员会编著：《中华圣工史》（*Chinese SDA History*），上册、下册，同上，第 827-828 页。

50 杨建石、曹瑞芝：《卢维端》，刊于基督复临安息日会华安联合会、中华圣工史编

教"高级圣经"；邬爱莲教"音乐"；胡尔德教"农业和农场管理"；季道立医师为附属医院院长；孔保罗（Paul Elmore Quimby，？-1987 年）[51]、黄大卫、胡鸿贵、吕守道（1900-1992 年）[52]、时笃信、钟子珍、刘敬德等曾在此任教员。[53]安息日会在华各联会、各省区会在开创之时，都办有中、小学程度的三育学校。中华三育学校开办后，各地三育学校为其提供生源。当时学生来自中国 17 个省份，国外的高丽（朝鲜、南韩）、新加坡等也有华侨来此就读，学生总数前后约有近千人。[54]民国十六年（1927 年），中华三育学校总计毕业学生 2 人，刘德敬为第一届唯一一位初级大学毕业生。[55]

中华三育学校实为初级大学，设传道、医预、事务、师范等 4 个学科，分别提供神学、医学预科、会计和师范教育，另外附设小学、初中、高中。[56]学生离校后服务于中国各省安息日会的人数，约占该会各省传道人的五分之三。中华三育学校实行工读制，设立之初即以农学和工学为主干学科，设立附属农场和工厂，强化学生的实践能力与服务精神。师生都参加劳作生产，自设电灯与电力工厂，制造菱铁钢管的铁床，供医院学校用，开机械化农场、暖圃、养鸡、奶牛、罐头以及印刷工厂。师生合作开荒。[57]

民国十六年（1927 年）北伐战争爆发，社会动荡。学校中文校名依旧为中华三育神道学校（China San Yu Shen Dao Hsue Hsiao），英文校名改为 China Theological Seminary，即中华神学院。因身处交战之地，以及非基督教运动高涨，学校不得不暂停办学一学年（1927-1928 年）。部分学生迁回上海，迁至

辑委员会编著：《中华圣工史》（*Chinese SDA History*），上册、下册，同上，第601-602 页。

51　那花莲：《孔保罗》，刊于基督复临安息日会华安联合会、中华圣工史编辑委员会编著：《中华圣工史》（*Chinese SDA History*），上册、下册，同上，第811-812页。

52　吕本义：《吕守道》，刊于基督复临安息日会华安联合会、中华圣工史编辑委员会编著：《中华圣工史》（*Chinese SDA History*），上册、下册，同上，第599-600 页。

53　黄子克：《三育春秋》，同上，第 13 页。

54　葛卫东：《中华三育研究社社员证》，刊于"新浪博客"网站：http://blog.sina.com.cn/s/blog_b34e8dff0101cizx.html，发布日期：2013-04-29 00：03：29，引用日期：2021年元月 24 日。

55　《中华三育研究社（桥头镇）（1925-1931）》，刊于基督复临安息日会华安联合会、中华圣工史编辑委员会编著：《中华圣工史》（*Chinese SDA History*），上册、下册，同上，第319-321 页。

56　张垂裕：《中华三育研究社——一所特殊的教会学校》，同上，第 19 页。

57　黄子克：《三育春秋》，同上，第 11 页。

武进路 183 号沪北教会（建于 1916 年），借用江浙三育中学上课。

民国十七年（1928 年）秋，学校在桥头镇复学。李博担任校长兼事务主任，进一步加强教师队伍建设，增建男生食堂、浴室、宿舍以及教师住宅，开凿水井，添种果园。[58]次年，初级大学有 1 人毕业。[59]民国二十年（1931 年），学校有在校学生 207 人，其中女生 32 人，又增设有教育、传道、医药、圣工、司库、护士、书报、编辑、机械等专业；毕业生共 21 人：初中 2 人、传道 2 人、高中 7 人、高师 5 人、商科 2 人、初级大学 3 人，基本实现自给自养。[60]

中华三育研究社（1931-1937 年）

中华三育研究社社员证，上有社徽。[61]

在孔祥熙（1880-1967 年）的建议下，学校于民国二十年（1931 年）秋正式确定校名为"中华三育研究社"[62]，简称"中三社"，并以此在国民政府教

---

58 张垂裕：《中华三育研究社——一所特殊的教会学校》，同上，第 20 页；黄子克：《三育春秋》，同上，第 12 页。

59 《中华三育研究社（桥头镇）（1925-1931）》，同上，第 320 页。

60 《中华三育研究社（桥头镇）（1925-1931）》，同上，第 320-321 页。

61 葛卫东：《中华三育研究院社员证》，同上。

62 张垂裕：《中华三育研究社——一所特殊的教会学校》，同上，第 20 页。

育部立案，增设相当于初级大学的高级研究项目。中华三育研究社的英文校名有不同的翻译：China Training Institute, Central China Sam Yuk Training Institute。

中华三育研究社以"灵德智体，三育并长"为办学宗旨。除学习《圣经》外，中华三育研究社还讲授安息日会的基本信条。学校设立小学部、初中部、高中部与大学部。高中部实行两种学制：中级升学组，为进入大学作准备；职业教育组，为毕业后参加工作作预备。职业教育组，按情况分组学习：中级传道组，专为教会培养传道人员；中级训导组，专为教会培养小学教员；中级事务组，专为教会培养财会人员。这三个组共同必修课程是"圣经"、"国文"和"英语"，其它课程根据培养目标设置各有不同的专业课程。大学部分如下四科：医药专修科，又名医药预备组，读两年后保送或报考国内的圣约翰大学、湘雅医学院等教会学校，或投考美国的医科大学；教育专修科，培养中学教师和行政人员，也可出国留学；事务专修科，培养高级财会人员；传道专修科，培养高级传教和各级行政人员，也可到美国的神学院深造。各个专修科所修课程不同，采用学分制。安息日会教会规程规定教徒不得参加任何党派和政治团体，因此学校没有公开的国民党和三青团组织，也不准成立学生会。[63]中华三育研究社实行半工半读制，[64]学生在学习之余，到校办的农场、鞋店、缝纫社工作。[65]

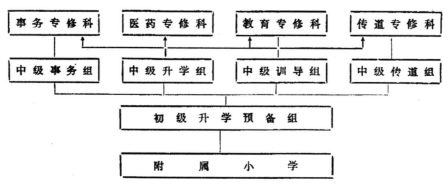

中华三育研究社学制示意图[66]

---

63 张垂裕：《中华三育研究社——一所特殊的教会学校》，同上，第23-24页。

64 刘彭年：《一个施行半工半读的实验》，参见李楚材编：《帝国主义侵华教育史资料：教会教育》，北京，教育科学出版社，1987年7月第1版，第118-120页。

65 张垂裕：《中华三育研究社——一所特殊的教会学校》，同上，第24-25页。

66 张垂裕：《中华三育研究社的性质及简史》，收录于句容县政协文史资料研究委员会：《句容文史资料》，第二辑，内部资料，1984年10月，第85页。

民国二十至二十六年（1931-1937 年），中华三育研究社进入鼎盛时期。民国十九年（1930 年），刘彭年（1901 年-?）由美留学毕业返国，因他文理兼长，受聘任副校长兼教务主任。李博于民国二十二年（1933 年）离任后，刘彭年就任校长（1933-1937 年在任）[67]，梁思德任学校行政委员会主席兼教务长，并兼任农场主任。[68]校内学生自办《芜园》、《山光》杂志，在校人数达 400 余人，有韩侨、白俄、东南亚华侨在此求学；每年暑假由全国各安息日教会选派近百人到此培训[69]。民国二十二年（1933 年），中华三育研究社在句容桥头镇创办的社刊《山光》，每期不定期出版，属于教育刊物，民国二十二-二十六年（1933-1937 年）出版第 1-9 期，后因抗战爆发学校南迁停刊。该刊以中华三育研究社的宗旨和使命为办刊要旨，致力于"陟彼山冈，兴起发光；建邑于山，为世之光"以及服务社会，内容主要为教育专论，同时该刊有社讯、艺林苗圃、无线电台等栏目。办刊宗旨"陟彼山冈，兴起发光；建邑于山，为世之光"以及社歌中的"山上之光"，均典出"尔乃世之光、邑建于山、不能隐也"（《马太福音》5：14，深文理和合本）。[70]民国二十六年（1937年）12 月，镇江沦陷，中华三育研究社被迫停课。

安息日会中华总会设立一套完整的小学、初中、高中、大学四级教育体系，并建立一套与之配套的四级行政管理体系。地方教会、区会、联会与中华总会分别负责三育小学、初级三育研究社即初中、中级三育研究社即高中以及中华三育研究社即大学。中华三育研究社与所在地区的联会、区会和地方教会合并为一个机构。因此，中华三育研究社实际上采用包括四级教育体系的大学建制。中华三育研究社在行政上直属安息日会中华总会，最高权力机构为董事会。董事会主席由安息日会中华总会会长担任，董事会书记即中华三育研究社社长即校长。[71]

67 有关刘彭年的生平简介，参见沈斌仁：《舅舅刘彭年访问记》，收录于黄子尚主编：《忆桥头纪念集》，内部资料，1987 年，第 3-6 页。

68 黄子克：《三育春秋》，同上，第 12 页。

69 maxin8158：《河南周家口的"道医官话学校"及其发展》，同上。

70 《〈山光〉期刊简介》，刊于"全国报刊索引"网站：https：//www.cnbksy.com/literature/literature/3e7796c414e8c56e66883dcba54e5359，引用日期：2021 年元月 24 日。

71 张垂裕：《中华三育研究社的性质及简史》，同上，第 22 页。

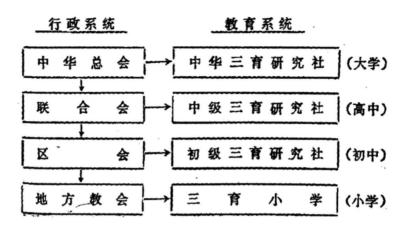

中华三育研究社行政-教育系统示意图[72]

第三节　陟彼山冈：抗战期间的中华三育研究社

中华华南三育研究社（1938-1943 年）

中华三育神学院（1943-1947 年）

中华三育研究社（1947-1950 年）

中华三育神学院（1950-1951 年）

全面抗战爆发之后，民国二十七年（1938 年），京沪线驻巡日军于换防之前，突向下蜀镇治安会借用长衫多件，假装中国盗匪，半夜潜入学校，逢人便杀。被杀害的留守人员，有黄子敬（Hwang Tse-ging，1887-1938 年）[73]牧师、滕学春（1901-1938 年）[74]教授夫妇、校工花应才（华应才）及守夜者共 8 人。郑德礼（Dzeng Teh Li/Tsen Deh-li，？-1938 年）监学与沈鸿章（Shen Hung-chong，？-1938 年）同学在下蜀车站被打死火焚，郑德礼夫人在家被刺伤未死。其余众人闻声藏匿，得免于难。[75]后经女校监宓德芬女士（Mrs. Miriam

---

72　张垂裕：《中华三育研究社的性质及简史》，同上，第 81 页。

73　黄子克：《黄子敬》，刊于基督复临安息日会华安联合会、中华圣工史编辑委员会编著：《中华圣工史》（*Chinese SDA History*），上册、下册，同上，第 528-529 页。

74　滕锡衡：《滕学春》，刊于基督复临安息日会华安联合会、中华圣工史编辑委员会编著：《中华圣工史》（*Chinese SDA History*），上册、下册，同上，第 633-634 页。

75　《浩劫前后》，收录于黄子尚主编：《忆桥头纪念集》，同上，第 21 页。另外参见 maxin8158：《河南周家口的"道医官话学校"及其发展》，同上。另外，不同的人名记述参见张垂裕：《中华三育研究社——一所特殊的教会学校》，同上，第 20-21 页。

Deffen Mi，1900-1986 年）[76]勇敢出面与日军及邻乡友人交涉协商，埋葬死者，率领其余人逃入山村，饥寒苦熬十四个月。在此期间三育社全山屋厦被四乡歹人洗劫无存。幸存者至上海避难。[77]

大屠杀之后，大部分中华三育研究社师生不得不南下至香港，在九龙沙田租赁房舍复课，与从广州避难至香港的华南三育研究社（South China Training Institute，中学程度）在沙田（Shatin）合并办学，称"中华华南三育研究社"（China and South China Training Institute），在香港注册时使用华南三育研究社之名。民国二十八年（1939 年），新的三育研究社在九龙（Kowloo）下杨清水湾（Clear Water Bay）购一座山头建校，先后由孔保罗（P. E. Quimby，1938-1939 年在任）、柯德尔（C. A. Carter，1939-1943 年在任）担任校长。[78]此校舍为现今的香港三育书院打下基业。[79]

民国三十年（1941 年），抗战局势恶化，广东多地沦陷，香港九龙被日军占领。中华三育研究社内迁至广东河源老隆。[80]继而于民国三十二年（1943 年），广东全省沦陷，学校被迫迁往重庆柏溪大堡（Dabao，后称"松堡"），与设在此地的华西三育研究社（West China Training Institue）合并，更名为"中华三育神学院"（San Yu Shen Hsio Yuen）。院长为王震辉（James Wang）博士。[81]民国三十四年（1945 年），两校分开，华西三育研究社恢复原名，[82]

抗战胜利后，民国三十六年（1947 年）夏，中华三育研究社迁回句容桥头镇，恢复校名"中华三育研究社"。因战前建立的校舍全毁于战乱，刚刚恢复校名的中华三育研究社在废墟上积极开展复校工作，最初借用附近东山的蚕桑学校（属于高资蚕种制造场房舍）先行开学，同时在西山原址新建房

76　宓复新：《宓德芬》，刊于基督复临安息日会华安联合会、中华圣工史编辑委员会编著：《中华圣工史》（*Chinese SDA History*），上册、下册，同上，第 614 页。

77　《浩劫前后》，收录于黄子尚主编：《忆桥头纪念集》，同上，第 21 页；黄子克：《三育春秋》，刊于基督复临安息日会华安联合会、中华圣工史编辑委员会编著：《中华圣工史》（*Chinese SDA History*），上册、下册，同上，第 330 页。

78　[美]卢汉德（Handel Hing-tat Luke）：《安息日会在华高等教育史（1880-1980）》（*A History of Seventh-day Adventist Higher Education in the China Mission，1888-1980*），同上，第 77 页。

79　张垂裕：《中华三育研究社——一所特殊的教会学校》，同上，第 20 页。

80　黄子克：《三育春秋》，同上，第 14 页。

81　张垂裕：《中华三育研究社——一所特殊的教会学校》，同上，第 20 页。

82　maxin8158：《河南周家口的"道医官话学校"及其发展》，同上。

舍。[83]校长最初由美国人林思翰担任，次年由原在重庆三育神学院担任总务长的美国人葛立德（Thomas Sinclair Geraty）[84]接任[85]。新校舍完成后，学校迁入。

但是，民国三十七年（1948年），因受国共内战影响，在淮海战役之后，百废待兴的中华三育研究社不得不将大学部以及高中二年级以上的学生再迁香港九龙下杨清水湾，与华南三育研究社再次合作办学。余下的师生留在桥头镇，成立"中华三育研究社中学部"。[86]

1949年解放军渡江，国共内战激烈。中学部由东山校舍迁往尚未完全建成的西山校园，逐步建成教师宿舍十多栋，男女宿舍楼及教学楼、校医室等。1950年，大批滞留香港的师生选择从香港返回桥头镇，恢复校名为"中华三育神学院"，由苏醒之担任校长。[87]

在整个抗战以及其后的内战期间，中华三育研究社如同国家命运一样，处于颠沛流离之状，曾迁至香港、广东、重庆等地，以后又搬回江苏省句容县原址，在一路艰辛中弦歌不辍。

第四节　为世之光：1951年之后的中华三育研究社

苏南句容农业技术学校（1951-1953年）

江苏省句容农业学校（1953-1969年，1980年-2001年）

镇江地区五七农业大学（1975-1980年）

江苏省农林学校（2001-2002年）

江苏省农林职业技术学院（2002-）

1951年，江苏省人民政府接管中华三育神学院。同年，根据苏南人民行政公署令，学校与民国三十五年（1946年）建立的江苏省立江阴农业职业学校合并，改为苏南句容农业技术学校。新学校在中华三育研究社原址上开课。从此，中华三育研究社不复存在。[88]

---

83 maxin8158：《河南周家口的"道医官话学校"及其发展》，同上。

84 葛立德（Thomas Sinclair Geraty）：《葛立德》，刊于基督复临安息日会华安联合会、中华圣工史编辑委员会编著：《中华圣工史》（*Chinese SDA History*），上册、下册，同上，第747-748页。

85 张垂裕：《中华三育研究社——一所特殊的教会学校》，同上，第21页。

86 张垂裕：《中华三育研究社——一所特殊的教会学校》，同上。

87 张垂裕：《中华三育研究社——一所特殊的教会学校》，同上。

88 张垂裕：《中华三育研究社——一所特殊的教会学校》，同上。

1953 年，苏南句容农业技术学校更名为"江苏省句容农业学校"。同年，上海市高行农业学校、江苏省南通农业学校、江苏省淮阴农业学校等 3 校的畜牧兽医专业师生并入江苏省句容农业学校。1953 年，江苏省句容农业学校病虫害科并入南通农业学校，江苏省句容农业学校农艺科并入宜兴农业学校。1956 年，江苏省句容农业学校植保专业改建为江苏省徐州农业学校，现为徐州生物工程职业技术学院。1956 年，隶属当时粮食部的南京粮食学校成立，江苏省句容农业学校部分师生转入南京粮食学校。1958 年，镇江农业专科学校创建；次年并入江苏省句容农业学校。1962 年，宜兴农林学院的一部分、江苏省宜兴农业学校的一部分并入江苏省句容农业学校。1966 年，"文化大革命"开始，南京农学院离开南京，其中有部分师生转入江苏省句容农业学校。1967 年，学校停止招生。1969 年，江苏省句容农业学校被撤销。[89]

1975 年，江苏省句容农业学校复校，并更名为镇江地区五七农业大学，但是办学地点并非原中华三育研究社永久性校址，而是设于句容县城北郊原飞机场东部。1980 年，江苏省人民政府批准恢复江苏省句容农业学校。1981 年，镇江地区五七农业大学改建为江苏省句容农业学校。2001 年，江苏省人民政府批准学校更名为"江苏省农林学校"。2002 年，该校升格为"江苏农林职业技术学院"，[90]并沿用至今。

江苏省五七干校（1969-1982 年）

江苏省句容农业学校于 1969 年被撤销后，其校址改用江苏省五七干校。是年 3 月 20 日江苏省革命委员会发出关于组建江苏省五七干校的通知；3 月 30 日，江苏省五七干校成立，江苏省省级机关五七干校总部设于句容县桥头镇原江苏省句容农业学校即中华三育研究社旧址，并在江浦县老山林场等地设立分校。省级机关干部万余人集中在干校进行"斗、批、改"，参加生产劳动。[91]直至 1979 年 2 月国务院发出《关于停办"五七干校"有关问题的通知》，各地此类干校陆续宣告正式撤销。[92]1982 年，江苏省五七干校

---

89 句容市教育志编纂工作办公室编：《句容市教育志》，北京：方志出版社，2010 年 9 月第 1 版，第 303 页，另外参见第 283 页。

90 句容市教育志编纂工作办公室编：《句容市教育志》，同上。

91 《江苏省志·大事记》，下，电子版，刊于"江苏省地方志"官方网站：http://jssdfz.jiangsu.gov.cn/szbook/slsz/dsjx/HTM/1969.HTM，引用日期：2021 年元月 24 日。

92 董兆祥、彭小华主编：《中国改革开放 20 年纪事》，上海：上海人民出版社，1998 年 12 月第 1 版，第 23 页。

关闭。[93]

江苏省会计高等专科学校（1985-1991 年）

江苏财经高等专科学校（1991-2000 年）

南京经济学院桥头校区（2000-2003 年）

南京财经大学桥头校区（2003 年-）

1985 年，商业部批准江苏省设立江苏省会计高等专科学校，以江苏省五七干校即原句容农校校址（也就是原中华三育研究社校址）为基础建校。1991 年，江苏省会计高等专科学校更名为"江苏财经高等专科学校"。2000 年，江苏财经高等专科学校被撤销，并入南京经济学院，成为南京经济学院桥头校区。2003 年，南京财经大学在原南京经济学院基础上建立。[94]南京财经大学始于 1956 年粮食部所开办的南京粮食中等专业学校。南京粮食中等专业学校是新中国自己创办的第一批粮食院校之一。在历经南京粮食干部学校（1957-1959 年）、南京粮食学校（1959-1973 年）、江苏省粮食学校（1973-1979 年）、南京粮食学校（1979-1981 年）更名之后，于 1981 年，南京粮食经济学院在原南京粮食学校的基础上建立。1993 年，南京粮食经济学院更名为南京经济学院。1999 年，南京物资学校（1964-1999 年）并入南京经济学院。2000 年，南京经济学院、江苏财经高等专科学校（1991-2000 年）、江苏经济管理干部学院（1985-2000 年）三校合并，组建成新的南京经济学院。2003 年，经教育部批准，南京经济学院正式更名为南京财经大学。经过几番风雨之后，中华三育研究社旧址现属于南京财经大学。[95]

2002 年，南京经济学院桥头校区设立红山分院，为公有民办二级学院，合并于南京财经大学后，南京财经大学在此设桥头校区红山学院（2003-2005），也为民办二级学院。2005 年至今，南京财经大学桥头校区红山学院改制为独立学院。中华三育研究社旧址现属于江苏省句容市下蜀镇桥头村南京财经大学桥头校区红山学院。[96]

93 汤国：《桥头镇》，原刊于《现代快报》2014 年 7 月 7 日星期一，刊于《现代快报》多媒体数字版：http://dz.xdkb.net/html/2014-07/07/content_349363.htm，引用日期：2021 年元月 24 日。

94 句容市教育志编纂工作办公室编：《句容市教育志》，同上，第 304 页

95 《南京财经大学历史沿革》，刊于南京财经大学官方网站：http://www.nufe.edu.cn/xygk/lsyg.htm，引用日期：2021 年元月 24 日。

96 句容市教育志编纂工作办公室编：《句容市教育志》，同上，第 304 页。

华南三育研究社（1937-1938 年，1941-1952 年）

中华华南三育研究社（1938-1941 年）

三育中学（1952-1962 年）

华南三育书院（1962-1981 年）

香港三育书院（1981 年-）

　　现今的香港三育书院（Hong Kong Adventist College）与中华三育研究社属于同一个安息日会系统。其办学历史在抗战期间与中华三育研究社短暂交集。

　　香港三育书院起源于本章开篇提及的位于广州的两所安息日会学校：光绪三十年（1904 年）创办于广州同庆坊的"伯特利女校"；约于光绪三十一年（1905 年）增设的男校"益智学堂"。民国三年（1914 年），伯特利女校迁往东山西牛尾。宣统三年（1911 年），益智学堂停办；民国四年（1915 年）年复办，包括小学"三育学校"（Sam Yuk School）以及传道部"神道学校"（Theological School）。民国六年（1917 年），神道学校迁至东山西牛尾。民国十一年（1922 年），伯特利女校与神道学校合并为一，校名为"三育中学"（Sam Yuk Middle School），属于男女合校。民国十六年（1927 年），三育中学改称神道训练院（Theological Training Seminary），部分学生迁往香港九龙庵油街，开设华安学校（Wah On School），成为三育中学第一分校，翌年迁回广州。民国二十四年（1935 年），神道训练院改称广州三育研究社（Canton Training Institute）。民国二十六年（1937 年），日本侵华，学校迁至香港沙田，租借陈楼（Chan Lao），改称华南三育研究社（South China Training Institute）。[97]

　　民国二十七年（1938 年），位于句容桥头镇的中华三育研究社因战事决定到香港复校，与华南三育研究社在沙田合并，更名为中华华南三育研究社，但在香港注册时仍称华南三育研究社。其后，学校获香港政府批准以私产方式在西贡清水湾道购置土地为永久性校址。首期建筑于民国二十八年（1939 年）完成，迁入新址后华南三育研究社继续与中华三育研究社合办。民国三十年（1941 年）太平洋战争爆发，华南三育研究社迁回广东省老隆（Lao Lung），开展战时教育工作。战后由于香港的校舍被英军借用，未即时迁回香港，临时迁回广州东山三育路，将"三育卫生食品厂"的建筑物改建为临时校舍，

97　[美]卢汉德（Handel Hing-tat Luke）：《安息日会在华高等教育史（1880-1980）》（*A History of Seventh-day Adventist Higher Education in the China Mission，1888-1980*），同上，第 128-137 页。

直至民国三十六年（1947 年）返回香港清水湾复校。战后复校初期，学校仍称"华南三育研究社"。1952-1953 年间，学校再次更名为三育中学（Sam Yuk Middle School）。1962 年大专部成立，校名改为华南三育书院（South China Union College），附设中学部，随后获"港英政府"批准注册为一所大专院校。1981 年秋，学校正式定名为香港三育书院[98]。现今香港三育书院发展成为集幼儿园、小学、中学和大专院校于一身的教育机构，在西贡清水湾校园内已形成小一至大四的一条龙教育。[99]

台湾三育神道书院（1951-1954 年）

台湾三育书院（1954-1967 年）

台湾三育神学院（1967-1981 年）

台湾三育基督学院（1981 年-）

中华三育研究社曾参与创办现今的台湾三育基督学院（Taiwan Adventist College）。1951 年，台湾三育神道书院在台湾省台北县新店市七张创建，隶属安息日会台湾区会，先招收预备科中学新生；1953 年，改隶华安联合会；1954 年，改名为台湾三育书院，应教会之急需，增设专修科。1967 年，台湾三育书院改名台湾三育神学院，以神学为本。1973 年，台湾三育神学院迁至南投县鱼池（Yu Chi）乡现址。1980 年，屏东大津三育圣经学校（中学部）迁入；1981 年 8 月，台湾三育神学院更名为三育基督学院，沿用至今。学校附设三育高级中学。[100]

第五节　建邑于山：中华三育研究社遗存录

中华三育研究社在整个办学史上因时局动荡而多次变迁校址。从目前考证的材料来看，设校址于河南周家口（今周口市）的道医官话学堂校址因年代久远而无法可考，现址杨浦区宁国路 486 弄 51 号的原安息日会中华总会所

---

98 香港三育书院校史，参见该校官网：https：//www.hkac.edu/copy-of-our-history，引用日期：2020 年 4 月 7 日。另外参见[美]卢汉德（Handel Hing-tat Luke）：《安息日会在华高等教育史（1880-1980）》（*A History of Seventh-day Adventist Higher Education in the China Mission，1888-1980*），同上，第 137-141 页。

99 《香港三育书院》，刊于"橙山网"网站：http：//www.csnd.net/view/9131753.html，发布日期：2015-03-12，引用日期：2021 年元月 24 日。

100 [美]卢汉德（Handel Hing-tat Luke）：《安息日会在华高等教育史（1880-1980）》（*A History of Seventh-day Adventist Higher Education in the China Mission, 1888-1980*），同上，第 103-117 页。

在地沪东会堂已被拆除，曾短期在南京四条巷（位于秦淮区中山东路中段南侧）办学的地点也难考证，抗战期间避难于广东省河源市龙川县老隆镇的校址也无法确证[101]。目前已知的中华三育研究社遗存主要包括如下 5 处。

一、上海：基督复临安息日会中华总会会堂旧址

在上海地区，与中华三育研究社相关的遗存主要包括如下部分。宣统三年（1911 年）下半年，基督复临安息日会亚属总会在上海杨树浦当时的引翔港购买约数十亩土地，建造办公大楼 1 座，位于现在的宁国路 526 号。这座总计 3 层的楼房解放后由安息日会交给区房地局，现为杨浦区少年宫的一部分。[102]基督复临安息日会亚属总会于民国元年（1912 年）建立沪东会堂，即现址杨浦区宁国路 486 弄 51 号。沪东会堂占地面积面积 400 余平方米，可容纳 400 余人，时为沪东地区最重要的教堂。民国十九年（1930 年）前此处为基督复临安息日会全球总会亚属总会、远东总会所在地。1958 年，联合礼拜时沪东会堂保留下来，"文化大革命"期间被关闭；1982 年圣诞节，重新开放，恢复礼拜，后被拆建。[103]1996 年，在国和路政立路口易地重建新堂，1997 年 12 月 22 日落成，名为"沪东堂"，位于上海市杨浦区国和路 350 号。[104]

民国八年（1919 年）上海三育大学在宁国路 458 弄创办。民国十四年（1925 年），上海三育大学迁到桥头镇办学，留下校舍改办上海三育中学及小学。解放后学校由政府接管。三育小学改为仰二小学，后又改为宁国路小学。民国十五年（1926 年），中华总会在宁国路 458 弄内开办专为传教士在华子女就学的初级中学，名为远东中学（Far Eastern Academy）；民国三十七年（1948 年），上海解放前夕，美侨传教士撤退后学校停办。解放后，该校改为上海三育研究社（中学），1950 年由人民政府接管改为"民联中学"，现为杨浦区幼师。[105]

---

101 老隆上街尾后山的三育中学旧址，即现在的县文化馆所在地，与中华三育研究社之间的关系有待考证。

102 程步云：《安息日会沪东堂简史》，收录于上海市政协文史资料委员会编：《上海文史资料存稿汇编：社会法制》，第 11 辑，上海：上海古籍出版社，2001 年 12 月第 1 版，第 283 页。

103 施叔华主编：《杨浦区志》，同上，第 959 页。

104 《上海沪东堂》，刊于"中国基督教网"（The Protestant Churches in China）网站：http://www.ccctspm.org/churchinfo/215，发布日期：2017-12-12，引用日期：2012 年元月 24 日。

105 程步云：《安息日会沪东堂简史》，同上，第 284 页

二、上海：基督复临安息日会沪北会堂旧址

民国时期上海武进路沪北会堂以及三育小学[106]

　　基督复临安息日会沪北会堂旧址位于武进路 183 号。该教堂由基督复临安息日会创建于光绪三十一年（1905 年），是该会在上海建造的第一座教堂，也是该会在上海传教士聚集的场所。民国十三年（1924 年），基督复临安息日会建造 1 座 2 层教堂，旁边的 4 层楼房用于开办上海三育大学，大学部迁往桥头镇后，保留小学部。该教堂初称沪中会堂，抗战后改称沪北会堂，1958 年成为联合礼拜场所之一；1966 年"文化大革命"中聚会停止；1979 年重新开放，次年联合礼拜改到景林堂进行，现改为餐厅和旅馆。[107]

---

106 薛理勇：《西风落叶：海上教会机构寻踪》，上海：同济大学出版社，2017 年 3 月第 1 版，第 251 页。

107 薛理勇：《西风落叶：海上教会机构寻踪》，上海：同济大学出版社，2017 年 3 月第 1 版，第 251 页。

三、句容：中华三育研究社旧址

　　中华三育研究社旧址位于江苏省镇江市句容市下属镇桥头村南京财经大学桥头校区红山学院，民国三十五年（1946 年）战后，原校舍被毁，现校舍为复校后重建。校园依桥头镇西北角两座小山头而建，被当地人称作"美国山"，[108]尚存 23 栋老建筑，2007 年被列为镇江市文物保护单位。建筑采用红砖勾缝，木质门窗，风格中西并蓄，具有江南园林风格。其中 20 栋为别墅，1 栋为教学楼，1 栋为办公楼。[109]

"中华三育研究社旧址（民国）"纪念碑[110]

四、香港：清水湾三育研究社旧址

　　香港清水湾三育研究社旧址位于西贡区清水湾道 1111 号，现为香港三育书院校址。香港三育书院暨三育中学中学部、行政楼、教员宿舍及 5 家教员宿舍、男生宿舍被列为香港二级历史建筑。首期工程于民国二十八年（1939年）完成，共有 16 座建筑物，包括行政楼、教学楼、教员宿舍、五栋相连教员宿舍、男生宿舍、女生宿舍（已拆）、食品厂、印刷厂（已拆）和农地（已

---

108 顾长声：《传教士与近代中国（增补本）》，上海：上海人民出版社，1981 年 4 月第 1 版，1991 年 12 月第 2 版，第 337 页。

109 夜话聊斋：《下蜀记忆——已被遗忘的西山》，刊于"个人图书馆"网站：http://www.360doc.com/content/18/1221/21/17155989_803460920.shtml，发布日期：2018 年 12 月 21 日，引用日期：2021 年元月 21 日。

110 夜话聊斋：《下蜀记忆——已被遗忘的西山》，同上。

售予发展商）。全部建筑由美国建筑师规划，依照美国一般大学模式兴建。整个校园呈船形，校门位于船头尖端，接头是广阔草坪，像船只的甲板，中央是教学楼和行政楼，两座主体建筑物均呈横向伸展，中隔草坪。行政楼后为运动场。船尾是 1965 年建成的教堂。其它建筑物如宿舍、厂房和农场等分布在船的两侧。[111]

五、重庆：松堡美国教会学校旧址

松堡美国教会学校旧址即三育研究社重庆旧址办公室素描[112]

松堡美国教会学校旧址即中华三育研究社重庆旧址，位于重庆沙坪坝井口镇松堡社区，在重庆地质仪器厂区内。该地原名大堡，因美国安息日会传教士种松树苗于此地，后松树成林，改名为松堡。现为地质仪器厂职工宿舍区，有砖木结构建筑 7 栋，均采用折中主义建筑风格。原校区在山地最高处建立教堂，围绕教堂按照环形建筑其中包括教室、办公室以及宿舍等。原有教堂，后被拆除，修建幼儿院，在教堂南侧下方，有 16 栋教会学校教室、宿舍、办公室等用房，呈弧形围绕教堂排列。建筑多为矩形，清一色的清砖拱券形门窗。若干栋宿舍建筑围绕山体横向排列。5 号宿舍修建在一段缓坡上，

---

111 陈天权：《香港三育书院》，原刊于"大公网"，发布日期：2013-11-04 02：31：15，转载于"百度百科"网站：https://baike.baidu.com/reference/340089/03748eZIReHs
W7Hri_rd4sF5jnid0TfZsU-jhnzzn3Vy_1jgInLVRN8tkkasbme0740SFWQPJUsrcKUOv
nSYLHIQsmDhEBe-LylKgNOz4DQut5_mxg，引用日期：2021 年元月 24 日。

112 欧阳桦、李竹汀：《学舍百年：重庆中小学校近代建筑》，重庆：重庆大学出版社，2014 年 12 月第 1 版，第 104 页。

建筑的接地形式颇有特点，通过局部掉层手法使房屋与地形实现良好的结合。房屋分三段，左侧一段直接搭在地坪上，中间一段与地基间有架空层，右侧一段的架空层较高，形成一个可存放杂物的封闭式地下室。门外的石梯也因房屋与地面接触的高低不同而有长短之分。3 号楼建造形势独特，临近嘉陵江边，环境宜人，现保存完好，为当时美籍教师的寓所。[113]2014 年 8 月 4 日，重庆沙坪坝区政府公布"松堡美国教会学校旧址"为区级文物保护单位。

附录一：中华三育研究社社长名录

道医官话学堂（1910-1911 年）

米勒耳：1910-1911 年

和禄门：1911 年

道医官话学校（1912-1913 年）

韩尚理：1912-1913 年

上海三育学校（1913-1919 年）

施列民：1913-1915 年

杜约翰：1915-1916 年

和禄门：1916-1917 年

苏清心：1917-1919 年

上海三育大学（1919-1925 年）

梁思德：1919-1922 年

李博：1922-1925 年，（梁思德：1924 年代理）

中华三育神道学校（1925-1927 年；1928-1931 年）

李博：1925-1931 年

中华三育研究社（1931-1937 年）

李博：1931-1933 年

刘彭年：1933-1937 年

中华华南三育研究社（1938-1943 年）

孔保罗：1938-1939 年

柯德尔：1939-1943 年

---

113 同上，第 104-105 页。

中华三育神学院（1943-1947 年）

王震辉：1943-1947 年

中华三育研究社（1947-1950 年）

林思翰：1947 年

葛立德：1948-1950 年

中华三育神学院（1950-1951 年）

苏醒之：1950-1951 年

附录二：中华三育研究社社歌[114]

东西南北

乐聚一堂

堪作山上之光

灵德智体

三育并长

且工且读欢唱

学习行善

服务乡邦

基督令名昭彰

速往四方

示人康庄

普照福音真广

---

114 张垂裕：《中华三育研究社——一所特殊的教会学校》，同上，第 24 页。

第十章　懿哉基齐东之地：私立益文商业专科学校

私立益文商业专科学校

The Yih Wen Commercial College

1929-1936 年

烟台市芝罘区毓璜顶焕新路 1 号

第一节　西山之麓兮树青青：烟台、芝罘与毓璜顶

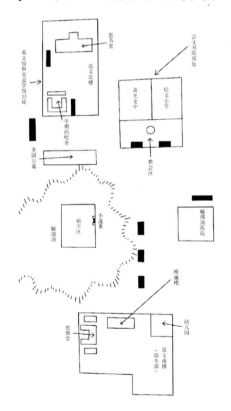

惠书堂

会文书院原址

英文馆和实益学馆旧址

益文北楼

早期的校舍

真光女中

信义小学

美国公墓

教会区

毓璜顶医院

小蓬莱

庙宇区

毓璜顶

维廉楼

思饲堂

幼儿园

益文南楼
（商专部）

毓璜顶美北长老会机构位置示意图[1]

---

1 本图原刊于曲拯民：《烟台益文商专》，山东文献第九卷第一期，自印材料，1983年4月，第 46 页，由李宜君根据此图重新绘制。

私立益文商业专科学校，简称"益文商专"，英文校名为 The Yih Wen Commercial College，即"益文商学院"，是现今山东省烟台市继崇实大学之后第二所高等学府。1958 年建立的烟台第三所高等学府，也是 1949 年后建立的烟台第一所高等学府"烟台大学"要比之晚整三十年。[2]私立益文商业专科学校位于现今的烟台（Yantai, Yen-t'ai, Yent'ai）市芝罘（Zhifu, Chefoo）区毓璜顶。

从现今的行政设置来看，烟台市行政管辖区包含烟台市芝罘区、莱山区、牟平区、福山区、开发区等 5 区，以及龙口、莱阳、莱州、蓬莱、招远、栖霞、海阳等 7 个县级市和长岛县。[3]因此，烟台与芝罘属于上下级关系。但是，在历史上，烟台与芝罘之间的关系并非如此简明。

烟台市因烟台山得名。现今的烟台市，地处山东省东部沿海地区，属于海防要地。明洪武三十一年（1398 年），为防倭寇入侵，曾在奇山北麓建奇山守御千户所城，与此同时，在北山设熨斗墩，也称狼烟墩台、烽火台，发现敌情，昼则升烟，夜则举火，以为警报，简称"烟台"（Beacon Tower），时称"烟台山"、"熨斗山"。[4]清康熙年间的《福山县志》，第一次在中国史上以文字记载"烟台"两字，而如今，福山县已改为烟台市福山区。同治五年（1866 年），清政府在烟台山西部建海关码头，在烟台山上建灯楼和旗杆，指挥进出码头船只。烟台山也因此被称为"拉旗山"。至 20 世纪 30 年代，烟台山（Yantai Hill）定名，成为烟台市地标。芝罘，因芝罘岛、芝罘山而得名。[5]

清朝实行省、府、县三级地方行政管理体制，为了监察地方，在省、府之间设道。烟台山与芝罘岛，先后属登莱青道和登莱青胶道下辖的登州府福山县。烟台于咸丰十一年（1861 年）被迫开埠，烟台山及其周围地区以及芝

2　汤永浩：《烟台的高等学校简介（1928-1985）》，刊于中国人民政治协商会议烟台市芝罘区委员会文史资料委员会编《芝罘文史资料第 9 辑：教育专辑》，内部资料，1997 年 6 月第 1 版，第 421 页。
3　赵延庆主编：《山东省志·建置志》，山东省地方志编纂委员会编，济南：山东人民出版社，2003 年 12 月第 1 版，第 341 页。
4　牛汝辰编：《中国地名掌故词典》，同上，第 204 页。
5　牛汝辰编：同上，第 204 页。"芝罘"地名的由来，存两种看法。其一，秦朝时，芝罘称"之罘"，秦之前称"转附"。秦始皇曾三次东巡，第三次在回程时驾崩，故无第四次东巡。后人发明"罘"字。"之"，到也，罘，弗也，不也。"之罘"，意指秦始皇再也不会有第四次东巡。其二，芝罘岛横卧在黄海之中，岛有"灵芝"之形状，有"罘"之作用，因此得名。"罘"是古代猎具。芝罘的得名可能与在岛上狩猎有关。

罘岛发展成为重要的贸易基地。同治二年（1863年），登莱青道治所从莱州迁至福山县烟台。光绪三十年（1904年），清政府改登莱青道为登莱青胶道，辖登州府、莱州府、青州府和胶州。光绪三十四年（1908年），芝罘岛、商埠区改为芝罘区、烟台区。这是首次以地名烟台、芝罘命名行政区。[6]

北洋政府于民国二年（1913年），废除清朝府、州，但沿用道制，形成省、道、县三级。至民国十四年（1925年），烟台区以及芝罘区先属山东省胶东道，后属山东省东海道下辖的福山县。民国十七年（1928年），中华民国山东省政府成立后废道，烟台辖区均由省政府直接管辖。民国二十三年（1934年），国民政府设立烟台特别行政区，包括上述的烟台区与芝罘区，直属山东省政府，始成为独立行政建制。民国二十七年（1938年），日本侵略军占领烟台特别行政区，汪精卫（1883-1944年）伪国民政府改设烟台市。民国二十七年（1938年）1月19日，胶东军政委员会成立；2月3日，日军侵占烟台。民国三十年（1941年）2月6日，中国共产党领导的人民政权建立胶东行政联合办事处；民国三十一年（1942年）7月，胶东区行政公署成立，管辖烟台市。[7]

民国三十四年（1945年），烟台市获得第一次解放。民国三十六（1947年），烟台市（县级）设立。民国三十七年（1948年）10月烟台市获得第二次解放后，烟台市隶属胶东行政区。1950年5月，胶东区撤销，烟台市隶属文登专区，9月改为省辖市。1958年6月，烟台市由省辖市改为莱阳专区辖市；10月18日，莱阳专区改为烟台专区，烟台市遂归烟台专区管辖。1983年11月，烟台地区撤销，组建地级烟台市，原烟台市改为新建市的直辖市区之一芝罘区，为烟台市驻地[8]。从上述行政设置沿革历史来看，在民国时期，现今的烟台市芝罘区为原烟台特别行政区以及烟台市所在地，曾辖制烟台的福山县则成为现今的烟台市福山区。

6　山东省烟台市芝罘区地方史志编纂委员会编：《芝罘区志》，北京：科学普及出版社，1994年4月第1版，第49页。

7　赵延庆主编：《山东省志·建置志》，同上，第343页；另外参见山东省烟台市芝罘区地方史志编纂委员会编：《芝罘区志》，同上，第49页。

8　周霞、祁山主编：《古城春秋》，"芝罘历史文化丛书·历史卷"，济南：齐鲁书社，2016年8月第1版，第3页。

益文商业专科学校毕业证书抬头

值得注意的是，在英语文献中，烟台被称为"芝罘"（Chefoo）。光绪二年（1876 年）《中英烟台条约》（The Sino-British Treaty of Yen Tai Treaty，The Yantai Treaty）[9]的英文名称即是 The Chefoo Convention，即《芝罘条约》[10]。益文商业专科学校的毕业证书上的 Chefoo 即指烟台。

烟台的毓璜顶（Temple Hill），也称西山、玉山，原名"玉皇顶"，因有道教庙宇玉皇庙而得名，也有"小蓬莱"之称。玉皇庙建筑约在元朝末年（约1358 年）建造。[11]光绪十九年（1893 年）重修玉皇庙，玉皇顶更名为"毓璜顶"，并沿用至今。自郭显德（Hunter Corbett，1835-1920 年）始，美国传教士在此办教会学校、医院，建造墓地等。[12]保留至今的有现今的烟台第二中学和毓璜顶医院。另外，美北长老会传教士倪维思（John Livingstone Nevius，1829-1893 年）夫妇曾在此试种葡萄、苹果等。他在东南山麓买下10 余亩土地建园栽植，在果园正门上方高悬一块匾额，上用中英文书写"广兴果园"。这是烟台乃至整个中国西洋苹果栽培之始，现今的张裕葡萄酒也渊源于此。[13]

---

9 岑练英：《中英烟台条约——兼及英国对华政策之演变概况》，香港：珠海书院中国文学历史研究所，1978 年。

10 参见周伟洲、王欣主编：《丝绸之路辞典》，西安：陕西人民出版社，2018 年 12 月第 1 版，第 794 页。该条约也称"《滇案条约》"。

11 也有认为玉皇庙建筑群修成于宋徽宗年间。参见赵长英编著：《益文弦歌——山东省烟台第二中学校史（1866-2016）》，2016 年 9 月第 1 版，自行印刷，内部资料，第 4 页。

12 参见王建波编著：《辉耀古今》，"芝罘历史文化丛书·文化遗产卷"，济南：齐鲁书社，2016 年 8 月第 1 版，第 25-26 页。

13 参见刘艳莉：《倪维思与烟台苹果》，收录于李世惠主编：《星汉灿烂》，"芝罘历史文化丛书·人物卷"，济南：齐鲁书社，2016 年 8 月第 1 版，第 81-85 页。

第二节　懿哉基齐东之地：美北长老会、郭显德夫妇在玉皇顶

益文商专建于现今的烟台市芝罘区毓璜顶。其前身分别是由美北长老会先驱传教士郭显德创办的会文书院以及美北长老会传教士韦丰年（George Cornwell，1868-1909 年）等创办的实益学馆。

《已故烟台郭显德牧师肖像》[14]

---

14 取自连警斋（Martin T. Lien）编撰：《烟台长老会已故郭显德牧师行传全集：附山东长老会概况》（*Hunter Corbett and the Presbyterian Church in Shangtung*），上海：广学会（Chinese Literature Society），1940 年初版，第 1 页。

咸丰十一年（1861 年），应英国驻华公使要求，清政府将《天津条约》中的山东通商口岸由登州（今蓬莱）改到烟台，即现今的烟台市芝罘区。[15]烟台成为山东省第一个通商口岸。烟台开埠之后，西方国家在此开设领事馆，商人和传教士接踵而来。生于美国宾夕法尼亚州利泽伍德（Leatherwood）的郭显德是最早至烟台开教的新教传教士。

郭显德是苏格兰移民后代。1860 年（咸丰十年），郭显德毕业于宾夕法尼亚州、建于 1781 年（乾隆四十六年）的杰弗逊学院（又译"遮费森大学"，Jefferson College）。今日的华盛顿-杰弗逊学院（Washington & Jefferson College）于 1865 年（同治四年）由杰弗逊学院与华盛顿学院（Washington College）合并而成。[16]在完成大学学业之后，郭显德入宾夕法尼亚州匹兹堡（Pittsburgh）的美西神学院（Western Theological Seminary）学习两年，最后一年在普林斯顿神学院（Princeton Theological Seminary）完成神学训练。后来，1886 年（光绪十二年），鉴于郭显德在华传教工作取得杰出成就，母校华盛顿-杰弗逊学院授予他荣誉道学博士（D.D.）学位，1902 年（光绪二十八年）又授予他荣誉法学博士（LL.D.）学位。[17]

1863 年（同治二年），郭显德受美国长老会差会（Presbyterian Board of Missions, USA）即美北长老会派遣，偕新婚妻子伊丽莎白 / "丽兹"·库尔伯森（Elizabeth / Lizzie Culbertson, 1835-1873 年）乘机帆船"圣保罗号"（*St. Paul*）自纽约启行，沿美东北海岸驶行，入北大西洋，南下非洲海岸，于好望角停留，直航澳洲北部，入菲律宾岛区域，在中国沿海遇险，航程 165 天后终于在同治三年（1864 年）初到达上海。狄考文（Calvin Wilson Mateer, 1836-1908 年）夫妇与郭显德夫妇同船抵沪。他们从南北战争中的美国来到了"太

---

15 白眉初、韩镜明、徐鸿达：《中华民国省区全志》，第 3 册，《鲁豫晋三省志》，《山东省》，第 1 册，北京：北京师范大学，1925 年版，第 122 页；另外参见赵长英编著：《益文弦歌——山东省烟台第二中学校史（1866-2016）》，同上，第 3 页。

16 《我们的故事》（Our Story），参见该校官方网站：https://www.washjeff.edu/about-wj/our-story/。2020 年 10 月 4 日使用。

17 关于郭显德的早期生平参见[美]法思远（Robert Coventry Forsyth）编辑：《中国圣省山东》（*Shantung, The Sacred Province of China in Some of Its Aspect*），上海（Shanghai）：广学会（Christian Literature Society），1912 年，第 202-206 页。另外参见 Hunter Corbett & Harold F. Smith Papers, 1862–1948，第 2 页，刊于"哥伦比亚大学"官方网站，www.columbia.edu/cu/lweb/img/assets/6398/MRL6_CorbettSmith_FA.pdf，引用日期：2021 年 8 月 15 日。

平天国"战火中的晚清中国。他们分别后，郭显德夫妇再换船于同年仲冬时节抵达芝罘。次年，他们至登州府（Tengchoufu），因无人愿意租房给他们，不得不住在一间已荒废的观音堂，苦读中文。同治四年（1865 年），郭显德夫妇择地烟台即现在的烟台芝罘区毓璜顶设堂传教，以兴学行医、赈灾辅助传教[18]，先后在烟台生活 56 年[19]。他与狄考文和倪维思等美北长老会传教士，使山东成为中国最强大的美北长老会传教之地。

美北长老会驻山东的三大男先驱传教士：狄考文（左 1）及其妻子，倪维思（左 3），郭显德（右）[20]，他们彼此相助。

在宾夕法尼亚州的家人和美北长老会支持下，郭显德在烟台郊外西南的玉皇顶山下找到几处合宜的庙产，说服庙方主持，重价购下。郭显德在玉皇顶初建住宅和招待所（1866 年），次建学校（1866 年）及玉皇顶长老会堂（Temple Hill Church，1867 年）等。随着玉皇顶教堂建立，美北长老会总部批准"烟台长老公会"正式立案（1867 年），郭显德被任命为首任牧师。[21]民

18　参见[美]法思远（Robert Coventry Forsyth）编辑：《中国圣省山东》（*Shantung, The Sacred Province of China in Some of Its Aspect*），同上，第 204 页。该书关于郭显德的译文参见，第 62-69 页，收录于郭大松译编：《中西文化交流的先驱与桥梁——近代山东早期来华基督新教传教士及其差会工作》，北京：人民日报出版社，2007 年 7 月第 1 版，该书实际上是《中国圣省山东》的编译本。

19　关于郭显德在华传教经历，参见[美]魁格海（James R. E. Craighead）：《郭显德在华传教五十六年》（*Hunter Corbett: Fifty-six Years Missionary in China*），New York: Revell Press，1921 年。

20　取自[美]法思远（Robert Coventry Forsyth）编辑：《中国圣省山东》（*Shantung, The Sacred Province of China in Some of Its Aspect*），同上，第 192-193 页之间插图。

21　侯孝坤：《烟台基督教长老会与郭显德》，收录于政协山东省烟台市芝罘区委员会文史资料研究委员会编辑：《芝罘文史资料》，第四辑，政协山东省烟台市芝罘区委员会文史资料研究委员会，内部资料，1989 年，第 201-202 页。

国十五年（1926 年），烟台长老公会改为毓璜顶中华基督教会（1926-1958 年）。[22]玉皇顶成为郭显德开展传教、办学、慈善、医疗等一系列活动的基地。

郭显德于同治五年（1866 年）成立烟台第一家小学，即文先书院（男校）；同治七年（1868 年）设立会英书院（女校），学制 6 年，后又设中学，学制 4 年；光绪十三年（1887 年）募款建成"会英师范书院"，培养男校、女校教师。下文详细介绍郭显德在玉皇顶的办学情况。另外，光绪二十六年（1900 年），郭显德的第三任妻子[23]苏紫兰（Harriet / Hattie Robina Sutherland，1859-1936 年）在此创办烟台以及山东第一家幼稚园（即幼儿园）——蒙养园[24]；于民国元年（1912 年）迁至新址的新建建筑，称西山幼稚园[25]，位于今烟台第二中学校园八角房；[26]民国十年（1921 年），并入信义小学；[27]民国八年（1919 年）复增设幼稚师范班（1919-1925 年），培养幼稚园教师，开创中国内地幼儿师范教育的先河。[28]师范班最初只有若干名学生。上午学生到幼稚园实习，

---

22 侯孝坤：《烟台基督教长老会与郭显德》，同上，第 203-207 页。

23 郭显德一生婚姻坎坷，发妻于同治十二年（1873 年）在烟台病逝。光绪元年（1875 年），郭显德与玛丽·坎培尔·尼克松（Mary Campbell Nixon，1840-1888 年）结婚；光绪十四年（1888 年），第二任妻子病逝。光绪十五年（1889 年），郭显德与苏紫兰结婚。苏紫兰于民国二十五年（1936 年）在上海去世。郭显德三任妻子的概况如下：伊丽莎白／"丽兹"·库尔伯森（Elizabeth / Lizzie Culbertson，1835-1873 年），1863-1873 年结婚；玛丽·坎培尔·尼克松（Mary Campbell Nixon，1840-1888 年），1875-1888 年结婚；苏紫兰（Harriet / Hattie Robina Sutherland，1859-1936 年），1889-1920 年结婚。参见刘铭伟：《郭显德：西方文化的传播者》，收录于李世惠主编：《星汉灿烂》，同上，第 70-71 页。

24 王华新主编：《校园春秋（1866-1996）》，山东省烟台第二中学，内部资料，1996 年 9 月，第 24 页，以及烟台市人民政府民族宗教事务处：《烟台市民族宗教志》，同上，第 204 页，记述创办幼稚园的年代为光绪二十六年（1900 年）。也有记述为光绪三十二年（1906 年）。

25 中国人民政治协商会议烟台市芝罘区委员会文史资料委员会编：《芝罘文史资料第 9 辑：教育专辑》，内部资料，1997 年 6 月第 1 版，第 378 页。另外，赵长英编著：《益文弦歌——山东省烟台第二中学校史（1866-2016）》，同上，第 12 页记述幼稚园创立的时间为光绪二十六年（1900 年）。

26 王华新主编：《校园春秋（1866-1996）》，同上，第 25 页。

27 中国人民政治协商会议烟台市芝罘区委员会文史资料委员会编：《芝罘文史资料第 9 辑：教育专辑》，同上，第 205 页。

28 刘铭伟：《郭显德：西方文化的传播者》，收录于李世惠主编：《星汉灿烂》，同上，第 72-73 页。

下午上课。这是烟台第一所单独设立的师范学校。[29]旧址位于现今烟台第二中学校园东北角，原有一间建于民国元年（1912 年）的八角小楼，建筑面积336.27 平方米，1998 年被拆除，在原址修建校体育馆。[30]郭显德还先后在福山、牟平、栖霞、莱阳、海阳、即墨、胶州及烟台创办小学共 40 余所。[31]

　　苏紫兰是护理传教士，在支持丈夫办学之同时，于光绪十六年（1890 年）为学生设立一小型义诊所（药局），先及学生家人，后及市民，逐步发展为诊疗所。民国三年（1914 年）10 月 30 日，在美北长老会及个人捐款支援之下，"毓璜顶医院"落成，附设护士学校。[32]英文院名为 The American Presbyterian Church Hospital，即"美国长老会医院"。美国宾夕法尼亚大学医科毕业、美北长老会传教士嵇尤尔（又译"奥斯卡·嵇尔思"，"希尔斯"，Oscar F. Hills, 1879-1951 年）为首任院长。[33]医院最初只有 2 名医生，除了院长之外，就是霍普金斯大学耳鼻喉科医学博士邓乐播（又译"邓普勒"，Rorbert Weir Dunlop, 1881-? ）。此为烟台地区最早的西医医院，现今为烟台地区最著名的医院。

　　为启发民智，郭显德于光绪二年（1876 年）[34]在烟台创设山东境内第一间也是日本占领烟台前仅有的博物院。他租下云龙街与同乐街（今烟台市府街东段）之间的一处房舍，位于同乐街 20 号，创办"博物院福音堂"，计平房 27 间，楼房 10 间。[35]这所博物院是山东境内第一家博物院，也是中国最早的博物院之一。博物院摆放来自世界各地的收藏品。主日礼拜后，博物院大门打开，展出珊瑚、矿产、动植物标本等。每年约有 7.5 万至 10 万人参观博

29　中国人民政治协商会议烟台市芝罘区委员会文史资料委员会编：《芝罘文史资料第 9 辑：教育专辑》，同上，第 362 页。

30　赵长英编著：《益文弦歌——山东省烟台第二中学校史（1866-2016）》，同上，第 12 页。

31　王志民主编：《山东省历史文化遗址调查与保护研究报告》，济南：齐鲁书社，2008 年 12 月，第 413 页。

32　赵长英编著：《益文弦歌——山东省烟台第二中学校史（1866-2016）》，同上，第 12 页。

33　烟台毓璜顶医院志编委会：《烟台毓璜顶医院志（1914-1994）》，内部资料，书号：L·Y·Z（94）-52 号，1994 年 10 月第 1 版，第 43-45 页。

34　也有记述光绪六年（1880 年）建立博物院。参见刘铭伟：《郭显德：西方文化的传播者》，同上，第 73 页

35　赵长英编著：《益文弦歌——山东省烟台第二中学校史（1866-2016）》，同上，第 11-12 页。

物院。[36]该院所在的街道被命名为"博物院街"，即今"市府街"。博物院在郭显德去世后衰落，后于 20 世纪 50 年代被废。郭显德两度在山东省主持救灾工作（1876 年，1889 年），光绪帝明令嘉奖，颁给"双龙"奖章一枚。[37]1907年（光绪三十三年），郭显德在白宫受到美国总统罗斯福（Theodore Roosevelt, 1858-1919 年）接见。民国三年（1914 年），袁世凯颁给郭显德"双龙嘉禾"勋章一枚。[38]

　　郭显德一生功在山东省东北部，历 56 年，在胶东广行善事，誉播四方。在义和团运动时期，民间流传口号："外国人不杀郭显德，中国人不杀赵斗南。"[39]赵斗南（1854-1944 年）是郭显德的学生，寿光人，自幼读私塾，35 岁时皈依基督，肄业于私立益文商业专科学校，曾在胶县大辛疃中学任教。赵斗南48岁入烟台神学院，毕业后在大辛疃任牧师 12 年，来往于胶东烟台各地传道；晚年任官庄、郭家店牧师。[40]郭显德逝后下葬于毓璜顶百码外的美国长老会公墓。

第三节　舒学之蕊使芬芳：私立益文商业专科学校的办学基础

文先书院（1866-1896 年）
会英书院（1867-1896 年）

　　前文述及同治五年即公元 1866 年的圣诞节，郭显德于玉皇顶东北坡建立"文先书院"，只收男生；次年建立只收女生的"会英书院"。两校地址位于玉皇顶东北坡，在现警备区院内八角楼西侧，是烟台开埠后首创的新型学校，小学性质，开设课程有"数学"、"格致"[41]、"史地"、"化学"、"英

---

36 刘铭伟：《郭显德：西方文化的传播者》，同上，第 73-74 页；周霞、祁山主编：《古城春秋》，同上，第 93-94 页。

37 刘铭伟：《郭显德：西方文化的传播者》，同上，第 73-74 页

38 刘铭伟：《郭显德：西方文化的传播者》，同上，第 74-75 页；侯孝坤：《烟台基督教长老会与郭显德》，同上，第 226-227 页。

39 曲拯民：《美国长老会和山东自立会》，收录于山东省政协文史资料委员会编：《山东文史集粹：民族宗教卷》，济南：山东人民出版社，1993 年 6 月第 1 版，第 142 页。

40 高密市夏庄镇基督教堂的博客：《夏庄镇栾家店教堂奠基人》，刊于"新浪博客"网站：http: //blog.sina.com.cn/s/blog_c65c379a01016d10.html，发布日期：2013-04-17 18：46：36，引用日期：2021 年 8 月 10 日。

41 即"物理"。

语"等学科，并辅之以"四书"，因系教会创办，开设"圣经"课，另外开设"体育"。开学时，文先书院仅以 3 名孤儿学生[42]为始。两校实为寄宿制义学，寄宿生只需自费伙食；为了鼓励女子上学，特别免费为女生提供食宿等，此后女生人数增加。男校由郭显德及其发妻任教；女校由杜宇宁（C. B．Downing，？ -1911 年，1867-1885 年在任）女士主持。其时人称文先书院为"上馆"，称会英书院为"下馆"。男校、女校有时合班上课。据同治八年（1869 年）统计，两校共有学生 20 名。光绪十一年（1885 年），杜宇宁退休[43]，会英书院由美国籍怀特（Fanny Wight）女士负责授课。[44]光绪十二年（1886 年），郭显德利用回美休假机会向坎萨斯州的维齐他（又译"维奇塔"，现通译"威奇塔"，Wichita）市长老会募款 2，500 美元，返回烟台后在文先书院、会英书院附近兴建新校舍。[45]光绪十五年（1889 年），新校舍落成后，郭显德提升办学水平，创办中学部，学制 4 年。自此以降，烟台开启普通中等教育。[46]

会英师范书院（1887-？ ）

另外，郭显德于光绪十三年（1887 年）在小海阳村东与蛮子茔即长老会墓地相接之处购下地皮一段，盖平房十余间，招收年龄较大且有汉文底子的教友前来受教，学制 3 年，毕业后可为师资，也可任传道。该校称"会英师范书院"。[47]会英师范书院后来的办学情况不明。

会文书院（1896-1920 年）

光绪二十一年（1895 年），郭显德再次在维齐他市向长老会募捐 3，500 美元，回中国后在原有的小学基础之上增建中学。校址选在八角楼西侧，即

---

42 赵长英编著：《益文弦歌——山东省烟台第二中学校史（1866-2016）》，同上，第 4 页；也有资料记载，建校第一年只有 2 名学生，从"兼善堂"（当时官办的慈善机构，后改名为"广仁堂"）领来。

43 光绪二十一年（1885 年），杜宇宁因病辞职，宣统三年（1911 年）去世，葬于毓璜顶北坡的"外国茔"即长老会墓地。参见赵长英编著：《益文弦歌——山东省烟台第二中学校史（1866-2016）》，同上，第 4 页

44 赵长英编著：《益文弦歌——山东省烟台第二中学校史（1866-2016）》，同上，第 4 页。

45 赵长英编著：《益文弦歌——山东省烟台第二中学校史（1866-2016）》，同上，第 6 页。

46 赵长英编著：《益文弦歌——山东省烟台第二中学校史（1866-2016）》，同上，第 7 页。

47 周霞、祁山主编：《古城春秋》，同上，第 78 页。

文先书院和会英书院原址，并于光绪二十二年（1896 年）完工。[48]是年，"文先"、"会英"两校合并，升格为中学，附设小学，各取一字，定新校名为"会文书院"。小学移至现毓璜顶小学处。郭显德担任院长。校内设有寄宿舍。盛时，在校中、小学生人数达 200 余名。[49]中学旨在培训乡村师资，服务农村，开设课程以汉文为主，课程有"数学"、"史地"等。学校要求严格，理化室设备较完善。光绪二十一年（1896 年），郭显德因主持胶东地区美北长老会教会，已参与会文书院教务工作的衣德励（又译"艾特累迟"，W. O. Elterieh，？-1922 年，1896-1902 年在任）博士接任校务。光绪二十二年（1897 年），书院扩建，增加初中、高中学生宿舍以及单身教员宿舍、膳堂、簌浴房、抽水房。[50]光绪二十八年（1902 年），于志圣任学监即副院长。光绪二十九年（1903 年），美国传教士魏利（Mason Wells，1903-1913 年在任）[51]负责学校教务工作。同年，郭显德退休。民国二年（1913 年），美北长老会派教育传教士明显文（又译"明宪文"，Harold Frederick Smith，1885-196?年，1913-1920 年在任）任院长，同时兼任烟台实益学馆教师。[52]民国九年（1920 年），会文书院在明显文力主之下，与实益学馆合并。[53]丁肇中（Samuel C .C. Ting, 1936-）的母亲王隽英（1908-1960 年）入读会文书院的小学部，之后在真光女子中学、燕京大学读书。其父王守清在会文书院任教。[54]

毓璜顶英文学馆（1897-1911 年）

实益学馆（1911-1920 年）

实益学馆由美北长老会传教士韦丰年创办。韦丰年毕业于纽约协和神学院。光绪二十年（1894 年），他来烟台传教，鉴于烟台开埠后，国际贸易和

---

48 王华新主编：《校园春秋（1866-1996）》，同上，第 23 页。

49 赵长英编著：《益文弦歌——山东省烟台第二中学校史（1866-2016）》，同上，第 8 页。

50 王华新主编：《校园春秋（1866-1996）》，同上，第 23 页。

51 光绪三十年（1904 年），美北长老会传教士魏利夫妇由登州调职烟台。次年，魏利夫人在毓璜顶的倪维思故居辟室数间，开办烟台毓璜顶女校，收取学费，聘请中国教员授课，专收当地走读女生。民国六年（1917 年），魏利夫妇回国，该校停办。

52 赵长英编著：《益文弦歌——山东省烟台第二中学校史（1866-2016）》，同上，第 9-10 页。

53 烟台市人民政府民族宗教事务处：《烟台市民族宗教志》，内部资料，1993 年 6 月，第 214-215 页。

54 王华新主编：《校园春秋（1866-1996）》，同上，第 26-27 页。

英语翻译人才缺乏，决意兴学造就英语人才。烟台基督徒士绅、商人李伯轩、李载之、李琴轩、王幼莲、徐次泉、梁浩池、孙绍襄、万霞如等 8 人闻讯，商定每年共赞助白银 2,000 两充作办学经费，10 年为期。师资由美北长老会人员担任。光绪二十三年（1897 年），韦丰年于毓璜顶北坡建成校舍，招生开课，与会文书院比邻，定名为毓璜顶英文学馆，英文校名为 Temple Hill English School，简称英文馆。美北长老会传教士柏尔根（Pauld Bergen，1860-1915 年，1897-1898 年在任）负责并任第一任馆主即校长，韦丰年次之。初办时仅有学生 6 名。英文馆以培养精通英文的海关、邮电方面技术人员为目的。[55]

第二年，柏尔根调赴青岛，英文馆由韦丰年（1898-1909 年在任）辖办。该馆得到进一步的发展，校舍扩增，设有"汉文"（现称语文、中文）、"英文"、"商科"、"体育"、"测算"等中学程度课程。除"汉文"与"道学"（"圣经"）外，余者课程尽为英文授课。教师分别来自中美两国。传教士的夫人都是义务教员，授课之余向学生讲解基督教教义。初期，学校规定学制 2 年，后改为 4 年。学校分正班和选班。正班又分中学和小学，选班为成年人英语专修班。一年分两个学期。入学收费规定，第一年缴纳洋银 30 元，之后每年递增。韦丰年在烟台曾联络中西同道于光绪二十八年（1902 年）创设烟台基督教青年会并兼任于其它社会活动机构。光绪三十三年（1907 年），韦丰年去东北考察教育、了解兴办实业的情况，以便扩展学校教育。[56]

光绪二十九年（1903 年），美北长老会派传教士毕维廉（Willian C. Booth，1878-1969 年，1909-1920 年在任）来烟台协助韦丰年的校务工作。同年，学校建成礼拜堂。该礼拜堂由韦丰年主持。此时学生增至 60 名。由于原址不敷学生数日增之需，为扩建校舍，毕维廉发起募捐，在现在的消防队后身南上坡，购地筹建一所大楼，可容办公、礼堂、图书馆、理化课室等。建筑费需墨币（即鹰洋）一万元，由毕维廉筹募，于宣统三年（1911 年）增筑的校舍建筑竣工。宣统元年（1909 年），韦丰年夫妇因伤寒病在烟台去世。[57]为

---

55 赵长英编著：《益文弦歌——山东省烟台第二中学校史（1866-2016）》，同上，第 22-23 页。

56 赵长英编著：《益文弦歌——山东省烟台第二中学校史（1866-2016）》，同上，第 24-25 页。

57 中国人民政治协商会议烟台市芝罘区委员会文史资料委员会编：《芝罘文史资料第 9 辑：教育专辑》，1997 年 6 月，第 481 页。也有记载说，宣统元年（1909 年），韦丰年夫妇患霍乱病去世。

纪念韦丰年办学有成，该楼定名为"思韦堂"（现烟台警备区军人礼堂处）。[58]

思韦堂建成后，英文馆迁入，易名为实益学馆，取"学业实有益于中国也"[59]。学校扩建完成后，于宣统元年（1909年）将学制从4年改为5年，毕维廉接任馆主即校长。毕维廉改善课程，提高教学程度，学校声誉日高，学生有所增加。民国元年（1912年），学校按照南京临时政府教育部的规定，开设用英文教学的"英语"、"商业"、"会计"、"史地"、"数学"，另外用中文开设中学必修课程。[60]民国二年（1913年），学校有注册学生171名；次年有学生215名。[61]民国五年（1916年），学校对课程进行改革，将之分为预科与正科，总计6年。[62]除收取的学费外，不足费用由长老会支出。[63]实益学馆不仅教学管理严格、规范，而且重视体育教育，基督教类宗教活动活跃。[64]

私立益文商业学校（1920-1929年）

民国九年（1920年）郭显德在烟台逝世。是年4月，长老会议定，将会文书院和实益学馆合并，取"实益"的"益"字、"会文"的"文"字，定名为："私立益文商业学校"，以"诚勤爱"三字为校训。合并后，毕维廉任校长。[65]私立益文商业学校，相当于甲种实业学校性质，设商科、英文科，附设初中、高中和小学。[66]初、高中课程与国内中学大致相同，唯重视英语。商科增设商业内容，开设课程有：第一学年，"打字"、"银行学"、"簿记"，"世界地理"；第二学年，"商业簿记"，"商业地理"、"商业速写"；第三学年，

---

58 王华新主编：《校园春秋（1866-1996）》，同上，第25页。

59 《本馆简史》，收录于《烟台实益学馆章程》，转引自赵长英编著：《益文弦歌——山东省烟台第二中学校史（1866-2016）》，同上，第11页。

60 王华新主编：《校园春秋（1866-1996）》，同上，第25页。

61 赵长英编著：《益文弦歌——山东省烟台第二中学校史（1866-2016）》，同上，第28页。

62 赵长英编著：《益文弦歌——山东省烟台第二中学校史（1866-2016）》，同上，第30页。

63 烟台市人民政府民族宗教事务处：《烟台市民族宗教志》，同上，第215页。

64 赵长英编著：《益文弦歌——山东省烟台第二中学校史（1866-2016）》，同上，第31-36页。

65 赵长英编著：《益文弦歌——山东省烟台第二中学校史（1866-2016）》，同上，第49页。

66 赵长英编著：《益文弦歌——山东省烟台第二中学校史（1866-2016）》，同上，第11页。

"商业算术"、"查帐学"、"交通与运输学"、"装卸及海关学"、"商业管理法"、"速记学"。各年级开设"体育"课，体育活动活跃，开展各项比赛，吸引市民观览并引为盛事。民国十五年（1926 年），学校设有师范科，分小学组与幼稚师范组。[67]

为扩大学校规模，毕维廉发起募捐扩建新校舍。校址选在毓璜顶南坡，距思韦堂约一华里即现烟台第二中学校址。民国十一年（1922 年），新校舍落成。全部费用包括购地费 2,580 元墨币，建筑费 40,000 元墨币，主要来自美国教会的捐款以及烟台各界人士的襄助。[68]新校舍主要有"U"形或凹字形三层正楼 1 栋，内有教室 8 间，设有办公室、小礼堂、饭厅等。正楼南北各有二层侧楼各 1 栋，作宿舍用。楼正面有篮球、排球、网球、足球场和田径运动场。楼南有水井 1 口，顶端建有蓄水槽，用以供应全校用水之需。学校体育设施齐全，活动场地居烟台之冠。为纪念学校创办人郭显德，该楼定名为"思郭堂"。全部建筑工程历时 2 年完成，耗资三万八千元墨币，除教会资助部分之外，大多系由毕维廉向各界及历届校友募捐。[69]至此学校总体规划上分南校、北校两部：南校有商专科、高中部（在现烟台第二中学校址），北校有初中部、英文科（在现烟台警备区军人礼堂址）。[70]全校占地面积 83.27 亩。[71]

山东蓬莱县人李常受（Witness Lee，1905-1997 年）曾在私立益文商业学校读书，于民国十六年（1927 年）从商科二十七班毕业，完成上述三学年的课业后毕业，学业达到六年中学程度。李常受先在烟台美南浸信会小学读书三年半，因家境贫困而辍学打工，但继续入读夜校半工半读。民国十四年（1925 年）他离职进入私立益文商业学校攻读英文。由于私立益文商业学校重视英文教学，李常受在此求学期间为将来的圣经翻译与布道工作打下了坚

67　中国人民政治协商会议烟台市芝罘区委员会文史资料委员会编：《芝罘文史资料
　　第 9 辑：教育专辑》，同上，第 362 页。

68　侯孝坤：《烟台二中前身——益文学校》，收录于烟台市政协文史资料研究委员会
　　编：《烟台市文史资料》，第 1 辑，烟台市政协文史资料研究委员会，内部资料，
　　1982 年，第 184 页。

69　赵长英编著：《益文弦歌——山东省烟台第二中学校史（1866-2016）》，同上，第
　　50 页。

70　赵长英编著：《益文弦歌——山东省烟台第二中学校史（1866-2016）》，同上，第
　　51 页。

71　侯孝坤：《烟台二中前身——益文学校》，同上，第 184 页。

实的语言基础。不过，在此求学期间的李常受在学生名录上登记的姓名为"李长寿"。[72]李长寿为李常受的原名。李长寿的外曾祖父为美南浸信会信徒。李常受的母亲也为美南浸信会信徒，为第三代基督徒。李常受先在烟台美南浸信会小学读书，因家境贫困而中断学业，后于民国十四年（1925 年）直接入读私立益文商业学校。[73]李常受皈依基督后，先与倪柝声（Watchman Nee，1903-1972 年）创建中国本土教会——小群聚会处（Little Flock），1950 年代至美国后又创建教会聚会所（Church Assembly Hall），即地方召会（Local Churches）或主的恢复（Lord's Recovery），主持翻译了著名的汉语圣经译本——"中文恢复本"（Chinese Recovery Version）[74]，中英文著述颇丰[75]。恢复本，除以中、英文发行之外，目前已被译为西班牙文、韩文、日文、俄文、菲文、印尼文、法文、葡萄牙文、泰文、波兰文等十几种语文[76]。

真光女子中学（1921-1941 年）

烟台市立第二女子中学（1942-1945 年）

烟台市毓璜顶中学（1945-1947 年）

会文书院和实益学馆在民国九年（1920 年）合并后，原会文书院校舍空闲。第二年，长老会华人信徒于志圣、孙显臣、曲子元等人在会文书院旧址创办真光女子中学。该校建筑占地 2 亩，总建筑面积 500 平方米。真光女子中学以音乐教育见长，其毕业生在华北一带影响较大。初办时，学校只设初

---

72 山东省烟台第二中学：《桃李丛林：山东省烟台第二中学同学名录》，内部资料，1996 年 9 月，第 2 页。

73 卓遵宏、周琇环、林秀华访问：《基督与召会：李常受先生行谊访谈录》，增订版第 1 版，台北：国史馆，2010 年 12 月，第 11-17 页。此处记述李常受在"益文商专"读书。根据本书考证，此时校名为"私立益文商业学校"。

74 李常受于 1987 年印行《新约圣经恢复本》，由台北台湾福音书房出版。该译本的翻译原则是保留"国语和合译本"的风格，但采用李常受所在教会所用的名词，如：召会（教会）、那灵（that Spirit）、神的杰作（workmanship of God）、杰出的复活、申言人（先知）、祭司体系（priesthood）、那灵的一（the unity of the Spirit）；经纶（dispensation），以及把 spirit、soul、body 直译为灵、魂、体等。

75 李常受于 1965 年在洛杉矶设立"水流出版社"（后改名为"水流职事站"），专门出版、发行倪柝声和他的英文著作。李常受在 60 多年中，发表 7,000 多篇讲道文章，书稿总计 100,000 多页，现汇集成 138 卷的《李常受文集》，由台湾福音书房陆续出版，其内容囊括诸多神学领域：神的经纶、包罗万有的基督、终极完成的那灵、三一神、神永远的生命、神人、基督的身体、新耶路撒冷。

76 台湾福音书房：《李常受弟兄记念专辑》，台北：台湾福音书房，1997 年，第 11-12 页。

中部，有学生不足 60 人，校长由于志圣（1921-1924 年在任）担任。民国十三年（1924 年），曲子元（1883-?，1924-1930 年在任）任校长。民国十四年（1925 年），学校增设高中部。[77]同年，毓璜顶幼稚师范学校并入。[78]民国二十三年（1934 年），因经济来源不足，高中部停办。民国二十七年（1938 年）2 月，学校由日军接管；民国三十一年（1942 年）被日伪改名为"烟台市立第二女子中学"。[79]民国三十四年（1945 年），烟台市立第二女子中学并入由日伪时期烟台市立第二中学改名的烟台市毓璜顶中学。[80]

毓璜顶幼稚师范学校（1919-1925 年）

民国八年（1919 年），美北长老会派遣纽约哥伦比亚大学师范学校毕业的女传教士梅苏善来烟台，创办烟台毓璜顶幼稚师范学校。初期，学校仅有学生 5 名，后因学生增多而借用烟台真光女子中学宿舍。民国十四年（1925 年），该校并入烟台真光女子中学，成为其中学的一个科。据民国二十四年（1935 年）统计，当年毕业学生 8 人，共有幼稚师范科毕业生 30 名：至民国三十年（1941 年）烟台真光女子中学被迫停办时，在该校（科）共毕业学生 91 人。[81]

会文书院小学部（1896-1920 年）

成美小学（1921-1923 年）

信义小学（1923-1924 年）

私立信义小学（1924-1938 年）

模范小学（1938-1945 年）

福乐里小学（1945-1949 年）

毓璜顶小学（1949-1967 年）

育红小学（1967-1978 年）

毓璜顶小学（1978 年-）

美北长老会在文先、会英两校合并组成会文书院后，于民国十年（1921

77 赵长英编著：《益文弦歌——山东省烟台第二中学校史（1866-2016）》，同上，第 16-17 页。

78 赵长英编著：《益文弦歌——山东省烟台第二中学校史（1866-2016）》，同上，第 109 页。

79 烟台市人民政府民族宗教事务处：《烟台市民族宗教志》，同上，第 218 页；赵长英编著：《益文弦歌——山东省烟台第二中学校史（1866-2016）》，同上，第 110 页。

80 赵长英编著：《益文弦歌——山东省烟台第二中学校史（1866-2016）》，同上，402 页。

81 烟台市人民政府民族宗教事务处：《烟台市民族宗教志》，同上，第 224 页。

年）将该院的小学部改名为"成美小学"，有学生百余人，由中国基督徒治理。校歌中"甲子年初改组兄弟姊妹学诚朴"之句以记其事。小学首任校长是王守清（1921-1929 年在任），字静安，登州文会馆毕业；副校长张亚冠，掖县人，广文大学毕业。民国十二年（1923 年），学校与信义女校合并，改名为信义小学。从此该校不属于教会。民国十三年（1924 年），信义小学定名为私立信义小学，男女学生兼收。日伪时期（1938-1945 年）信义小学改名为"模范小学"。民国二十九年（1940 年）校迁至山东省立第八小学（毓璜顶西侧）。[82]民国三十四年（1945 年）8 月，烟台第一次解放，烟台市人民政府接收该校，以其所在街道改名为"福乐里小学"，同时，将弘文小学并入。1948 年 11 月 2 日，该校恢复一度中断的授课。1949 年，福乐里小学改称为毓璜顶小学；[83]"文化大革命"时期，1967 年，毓璜顶小学改名为"育红小学"。1978 年，育红小学重新更名为"毓璜顶小学"；1984 年 4 月 27 日，毓璜顶小学改名为"烟台市芝罘区毓璜顶小学"，并沿用至今。

第四节　美哉益文伟哉益文：私立益文商业专科学校的创建与转型

私立益文商业专科学校（1929-1936 年）

民国十四年（1925 年），北洋国民政府颁布法令，限制外国人在华开办学校，规定中小学校不得以传播宗教为宗旨，不得将宗教课列入必修课。民国十八年（1929 年），陈调元（1886-1943 年）任山东省主席时，对教会学校提出一系列改革要求，首先要求校长须由国人担任。同年春，上海沪江大学毕业、曾任沪江大学中学部主任的罗希暇（1900-1985 年）接替毕维廉任校长，毕维廉继续留校工作。罗希暇为该校第一任中国人校长。罗希暇改组董事会，增加中国人董事名额，规定高中毕业学生方可入商专各科；[84]致力提高教学水平，充实课程，3 年制商专课程加增"政府会计"、"审计"、"货币"、"银行"、"商法"、"统计"、"经济"、"簿记"、"保险学"、"进出口贸易"、

---

82 赵长英编著：《益文弦歌——山东省烟台第二中学校史（1866-2016）》，同上，第 17 页。

83 烟台市人民政府民族宗教事务处：《烟台市民族宗教志》，同上，第 208-209 页。

84 赵长英编著：《益文弦歌——山东省烟台第二中学校史（1866-2016）》，同上，第 59 页；王华新主编：《校园春秋（1866-1996）》，同上，第 31 页。

"商业管理"、"英文商业尺牍"、"英文打字"和"速记"等。学习标准要求达到比照清华大学经济系水平。[85]学校取消"圣经"课，增设"党义"课（即三民主义），每天上课前背诵孙中山总理遗嘱。[86]对资质不够的教员令其退休，以清华大学、北京大学、圣约翰大学等大学毕业生代之，并多采用英文原本授课，其程度可与一般国立大学经济系相美。[87]学校继续定"诚勤爱"三字为校训，取忠诚不欺，自强不息、博爱为怀之义，使其在三民主义之下，抱此精神以养成健全的国民为培养方针。在实施标准上，学校提出"铲除苟安思想，充实奋斗精神"。[88]通过升级，增添课程，学业程度达到大学专科水平，学校正式改名为"私立益文商业专科学校"，简称"益文商专"。民国十九年（1930年），学生数达 480 人（包括附中）。商专学制 3 年，设银行科与会计科，大部分课程采用英文原版，"英语"为各科必修课。[89]

由于学生人数不断增加，在罗希暇、林求源两任校长期间，由林秋圃主持的校董会发动各地校友募捐，共获当时法币一万二千元。募捐用于在思郭堂北侧兴建 1 栋两层大楼，上层是大礼堂，下层是物理、化学、生物实验室。大楼于民国二十三年（1934 年）落成，名为"科学楼"。为纪念毕维廉在校服务数十年之功劳，该楼取名为"维廉楼"（现改建成三层综合办公楼，顶层仍为礼堂）。[90]

学校建立的学生组织众多。除了传统的体育活动之外，学生课余生活丰富多元。民国十五年（1926 年），学校在升格前已建有青年会、勉励会、童子军；民国十九年（1930 年），建立学生自治会、体育会、各级级会。另外，学校还建有中文演讲会、英文演讲会，以及商学、自然科学、社会科学等研究

85　赵长英编著：《益文弦歌——山东省烟台第二中学校史（1866-2016）》，同上，第61 页。

86　赵长英编著：《益文弦歌——山东省烟台第二中学校史（1866-2016）》，同上，第59 页。

87　赵长英编著：《益文弦歌——山东省烟台第二中学校史（1866-2016）》，同上，第63 页。

88　侯孝坤：《烟台二中前身——益文学校》，收录于烟台市政协文史资料研究委员会编：《烟台市文史资料》，第 1 辑，烟台市政协文史资料研究委员会，内部资料，1982 年，第 189 页。

89　《烟台私立益文商业专科学校课程》，收录于赵长英编著：《益文弦歌——山东省烟台第二中学校史（1866-2016）》，同上，第62-63 页。

90　赵长英编著：《益文弦歌——山东省烟台第二中学校史（1866-2016）》，同上，第85-86 页。

会，组建新剧、京剧、歌咏、弦乐、军乐、西乐等团队。[91]学校积极支持学生开办刊物，其中主要有《益文商专己巳级刊》、《益文半月刊》、《益文月刊》。[92]蔡元培（1868-1940年）题名的《益文月刊》刊登师生撰写的政论文章、文艺作品稿件皆颇具水平。[93]校图书馆藏书丰富，为当时烟台地区最大的图书馆。[94]

《益文月刊》第一卷第四期封面，民国二十二年（1933年）。

罗希暇长校后，私立益文商业专科学校进入鼎盛期。真光女子中学由美长老会兴办，与益文比邻。罗希暇长益文时，曾倡议两校合并，遭真光女子中学校长曲子元坚决拒绝而至终未果。[95]虽然在扩大办学规模上受挫，但是，他特别深化学校内部发展，对毕业班严格要求，仿照沪江大学，提倡应届毕

---

91 赵长英编著：《益文弦歌——山东省烟台第二中学校史（1866-2016）》，同上，第73-82页。

92 赵长英编著：《益文弦歌——山东省烟台第二中学校史（1866-2016）》，同上，第86页。

93 赵长英编著：《益文弦歌——山东省烟台第二中学校史（1866-2016）》，同上，第88-92页。

94 赵长英编著：《益文弦歌——山东省烟台第二中学校史（1866-2016）》，同上，第71-73页。

95 赵长英编著：《益文弦歌——山东省烟台第二中学校史（1866-2016）》，同上，第110页。

业班出版《益文商专己巳级刊》，鼓励学生写文章，中英文兼有，从筹备、征文、编辑到出版，虽由本级学生负责，但罗希嘏辅导不遗余力。刊物图文并茂，系烫金硬版面，由仁德洋行承印。内插有数十幅铜版照片，包括毕业生的单身照片，以及校园和校长、教师的照片。[96]民国十五-十九年（1926-1930 年）间学校有教职员 30-40 人，其中外籍教师有 12 人。学生以山东本省最多，次之为东北三省，再次为江、浙、闽等省，还有少数俄、美、英、德、日、朝鲜等外国留学生。[97]在校生，每年在 350-500 人左右，最高达 600人。罗希嘏因受排挤，加上聘期届满，于民国二十一年（1932 年）辞校长职去上海。

20 世纪 20 年代中、末期，益文教师大都毕业于教会大学，其中不乏来自圣约翰大学、金陵大学、齐鲁大学、潍县的广文大学的优秀学子。外籍教师主要来自欧美，其中包括：美籍毕维廉夫妇、文助华（D. A. Irwin）、兰宁（Roy A. Lanning）夫妇、顾睿德（E. M. Gernhardt）等。他们担任商科课程的教学工作。[98]

私立益文商业专科学校学生一直具有强烈的社会参与意识。辛亥革命爆发后不久，实益学馆学生有百余人一夜间剪掉发辫，以示响应。[99]五四运动爆发后，实益学馆学生首当其冲，是山东 13 所最早参加全省学生总会的学校之一，并发起成立"烟台学生联合会"，组织发动游行示威，抵制日货。[100]在20 世纪 20 年代中期，益文学生建立秘密组织"非基同盟"，组织一次小规模的反基督教活动，在学校和毓璜顶东路礼拜堂张贴"反对作礼拜"、"反对道学课"、"反对帝国主义文化侵略"等标语。[101]此后，校方明文规定，凡礼拜无故不到者记过一次，累积×次就勒令退学。后该规定受到学生们冲击，校方

---

96 陈耀宗：《益文学校与益文商专补阙》，收录于烟台市政协文史资料研究委员会编：《烟台市文史资料》，第 2 辑，烟台市政协文史资料研究委员会，内部资料，1983年 9 月，第 194 页；另外参见赵长英编著：《益文弦歌——山东省烟台第二中学校史（1866-2016）》，同上，第 87-88 页。

97 陈耀宗：《益文学校与益文商专补阙》，同上，第 194 页。

98 参见私立益文商业专科学校"教员一览表"，收录于赵长英编著：《益文弦歌——山东省烟台第二中学校史（1866-2016）》，同上，第 64-65 页。

99 王华新主编：《校园春秋（1866-1996）》，同上，第 25 页。

100 王华新主编：《校园春秋（1866-1996）》，同上，第 26 页。

101 中国人民政治协商会议烟台市芝罘区委员会文史资料委员会编：《芝罘文史资料第 9 辑：教育专辑》，同上，第 389 页。

在执行上也并不坚决。[102] 早在民国十六年（1927 年），徐约之（1902-? ）、许端云（1905-1931 年）、陈恒荣等 3 名学生建立中共烟台第一个党小组。民国十七年（1928 年）5 月，烟台历史上第一个中国共产党支部委员会在私立益文商业专科学校建立。徐约之担任支部书记。许端云于民国十八年（1929 年）创办烟台市第一张中国共产党报纸即烟台市委党报《胶东日报》。同年，徐约之等在学校成立两个中国共产党外围组织："崆峒社"与"野火社"。"九·一八"事变后，学生建立"抗日救国会"，利用教会学校作掩护，以做礼拜的名义开展抗日救亡活动，编写《十日吼》等刊物，宣传抗日思想。部分进步师生成立"反帝大同盟小组"，积极开展反帝爱国运动。日寇侵占时，学生抗日转入地下活动。众多爱国进步的学生投身于抗日军旅，成为抗日中坚力量。[103]

私立益文商业专科学校的考试分数以 A、B、C、D 区分；另外以"A＋"来显示分数是 95 以上，"A－"为 95 分以下；B、C、D 字样也照此类推，D 字说明是 60 分及格。学校规定，各门课程月有月考，期末有期末考，及格者方准升级。中学时，"道学"列为必修课；若不及格即使其它功课均告优秀，也须再经补考及格后方准升级。[104]

私立益文商业专科学校当时通称"思郭堂"为南楼，通称"思韦堂"为北楼。南楼有网球、蓝球、足球场各二，排球场一；北楼有足球场一。体育设施之齐全和活动场地之多，在当时居烟台各学校之冠。[105] 益文足球队，每逢周六与当时旅烟的欧美人自办的子弟学校芝罘学校（又译"内地会学校"，C. I. M. Boy School）[106] 比赛。益文篮球队负有盛名。民国十七年（1928 年），烟台白燕男子篮球队，简称"白燕队"，组建成立，最令当地人瞩目，成员多来自益文商专的学生。[107] 比赛场地多借用基督教男青年会（Y.M.C.A.，即现在广仁路八中工厂处）的场地。[108]

---

102 陈耀宗：《益文学校与益文商专补阙》，同上，第 196 页。

103 赵长英编著：《益文弦歌——山东省烟台第二中学校史（1866-2016）》，同上，第 103-108 页。

104 陈耀宗：《益文学校与益文商专补阙》，同上，第 192-197 页。

105 陈耀宗：《益文学校与益文商专补阙》，同上，第 194 页。

106 王建波编著：《辉耀古今》，同上，第 176-181 页。

107 参见姜文弟：《忆烟台白燕子队》，收录于中国人民政治协商会议烟台市委员会文史资料研究委员会编：《烟台文史资料》，第 7 辑，内部资料，1986 年 10 月，第 153-156 页。

108 陈耀宗：《益文学校与益文商专补阙》，同上，第 194-195 页。

罗希暇于民国二十一年（1932 年）离烟他就，继任者林求源成为益文商专第二任华人校长。林求源是福建古田人，福州协和大学毕业并留学美国。他是忠诚的基督徒，服从长老会，反对师生从事社会运动，开除参加社会运动的学生，终于民国二十四年（1935 年）10 月酿成学潮，学生罢课纷纷离校。林求源被迫于同年冬季辞职。学校因此曾一度关门。民国二十五年（1936 年），汪祥庆在内忧外患之际接任。[109]

第五节　焕乎今昔多俊英：1936 年之后的私立益文商业专科学校

私立益文高级商业职业学校（1936-1941 年）

由于学校反帝爱国思潮涌动以及校长人事变动，私立益文商业专科学校非但没有得到进一步的发展，反而于民国二十五年（1936 年）降格为"私立益文高级商业职业学校"。接任林求源校长之职的汪祥庆为河北省人士，燕京大学毕业。"七·七"芦沟桥事变后，全面抗日烽火起，日寇飞机常飞临烟台上空盘旋。汪祥庆周旋于日伪宪警之间，维持学校，勉强图存。[110]

烟台市立第二中学（1942-1945 年）

民国三十年（1941 年）太平洋战争爆发后，美籍教员被拘押送至潍坊集中营。次年春，日伪接管"私立益文高级商业职业学校"，改制为"烟台市立第二中学"。[111]校长汪祥庆离烟台。[112]冠有"益文"之名的商业学校从民国九年（1920 年）创办至民国三十年（1941 年），历届毕业生约万人，有千余人升入大学深造。毕业生除自营工商业和升学外，多就职于海关、银行、邮政、航运、外贸等行业，或受雇于洋商企业作簿记员、翻译等工作，也有供职于政界、军界，但在大、中、小学从教者颇多。部分升学者，遍及京师北京大学、清华大学，天津南开大学，济南齐鲁大学，上海圣约翰大学、沪江大

---

109 赵长英编著：《益文弦歌——山东省烟台第二中学校史（1866-2016）》，同上，第113-114 页。

110 赵长英编著：《益文弦歌——山东省烟台第二中学校史（1866-2016）》，同上，第114、119 页。

111 赵长英编著：《益文弦歌——山东省烟台第二中学校史（1866-2016）》，同上，第119 页。

112 赵长英编著：《益文弦歌——山东省烟台第二中学校史（1866-2016）》，同上，第120 页。

学，南京金陵大学，杭州之江文理学院等校。[113]远向国外拓展经营贸易，成该校毕业生的特色之一，素有"益文学子足迹遍五洲"之称[114]。烟台开埠后，国际贸易翻译人才缺乏。益文为适应形势需要，半个世纪中培育出一批社会急需人材。

毓璜顶中学（1945-1946 年）

烟台市立第一中学（1946-1947 年）

私立益文高级商业职业学校（1947-1948 年）

烟台联合中学（1947-1948 年）

烟台市立第一中学（1948-1950）

山东省立烟台第二中学（1950-）

民国三十四年（1945 年）抗日战争取得胜利。同年 8 月，烟台第一次解放，人民政府接管烟台市立第二中学，将之与烟台市立第二女子中学合并，成立毓璜顶中学。新学期开学后有 400 人入学。校长由王骏超（1915-1989 年）担任，另外，教务主任、指导主任分别由杜示远、杨鲁光（1914-1983 年）担任。学校的主要任务是加强政治学习，参加社会活动和街道宣传，同时向东北解放区输送军政干部约 100 人。民国三十五年（1946 年）8 月，学校更名为烟台市立第一中学。同年，为了备战，部分师生迁出，在福山成立联合中学，次年初返回毓璜顶。[115]民国三十六年（1947）9 月，国民政府军队向胶东解放区发动重点进攻，10 月占据烟台。烟台市立第一中学校名被取消，学校再次使用"私立益文高级商业职业学校"。原烟台市立第一中学撤到乳山县。胶东总校与烟台市立第一中学合并成立烟台联合中学。[116]部分学生参加解放军七纵队。

民国三十七年（1948 年）10 月烟台第二次解放，烟台联合中学迁回毓璜顶原址，改名为"烟台市立第一中学"，立即复学开课，由刘仲璜等 7 人组成复校委员会，办理复校招生工作。同年 12 月 5 日，学校正式上课，刘仲璜

---

113 陈耀宗：《益文学校与益文商专补阙》，同上，第 195 页。

114 侯孝坤：《烟台二中前身——益文学校》，同上，第 194 页；另外参见赵长英编著：《益文弦歌——山东省烟台第二中学校史（1866-2016）》，同上，第 60 页。

115 赵长英编著：《益文弦歌——山东省烟台第二中学校史（1866-2016）》，同上，第 121 页。

116 赵长英编著：《益文弦歌——山东省烟台第二中学校史（1866-2016）》，同上，第 126-127 页。

担任校长。按山东省教育厅下达的《中学暂行规程（草案）》开始，学校恢复正常教学工作。1950 年 9 月，学校由"烟台市立第一中学"改名为"山东省立烟台第二中学"，为省属中学。[117]该校名沿用至今。

第六节　浩气勃扬令名存久永：私立益文商业专科学校遗存录

毓璜顶在清末民初成为美北长老会在山东的传教、办学、兴医基地。此处与私立益文商业专科学校密切相关的遗存主要包括如下 7 处。

一、广兴果园

广兴果园位于毓璜顶公园东门停车场东南角。美北长老会传教士倪维思于同治十年（1871 年）从登州来到毓璜顶居住，在毓璜顶东南山坡，买下 10 多亩土地，开辟为试验农场，引进种植苹果、洋梨、葡萄、大樱桃和草莓等品种果蔬，并免费赠送果苗给乡民，裨益民生。现今的广兴果园为介绍毓璜顶文化而特别在原址上重建。

二、益文商专北校：烟台警备区军人礼堂

根据前文所述，私立益文商业专科学校校园分为南北两个部分，俗称北校、南校。南校位于芝罘区焕新路 1 号，焕新路南段路南。南校有商专科、高中部，现为烟台第二中学校址；北校有初中部、英文科，现为烟台警备区军人礼堂址。一般而言，烟台益文商业专科学校旧址所指的是芝罘区焕新路 1 号的烟台第二中学部分。

思韦堂

思韦堂属于北校建筑，于宣统三年（1911 年），由毕维廉发起募捐增筑。校舍总计 1 栋，两层。为纪念创办人韦丰年，该楼定名为思韦堂，现为烟台警备区军人礼堂处。其时，思郭堂通称为"南楼"，与之相对应的是，思韦堂通称为"北楼"。因该楼现处军事禁地，具体情况不详。

---

117 赵长英编著：《益文弦歌——山东省烟台第二中学校史（1866-2016）》，同上，第 133 页。

三、益文商专南校：烟台第二中学

思郭堂

思郭堂属于南校建筑，位于毓璜顶南坡，即现烟台第二中学校址。民国十一年（1922年），校舍落成，为纪念学校创办人郭显德，取名为"思郭堂"。该楼设计成为"U"形或凹字形，总建筑面积2,000平方米，包括正楼1栋，南北侧楼各1栋，一共有礼堂2座、教室46间。正楼总计3层，采用四面坡大屋顶，中间大门设计成为圆拱形，切墙有花岗岩边框，内有教室8间，另外设有办公室、小礼堂、饭厅等。正楼南、北侧楼各有2层，作宿舍用。侧楼均采用双坡顶，墙体外面为水泥砂浆拉毛。楼正面有篮、排、网、足球场和田径运动场。现保留原宿舍楼1栋。[118]思郭堂后因年久失葺，1991年人民政府拨款重修，现为烟台第二中学教研楼。

北小楼

北小楼属于南校建筑，位于毓璜顶南坡，即现烟台第二中学校址。民国十一年（1922年），思郭堂落成，为"U"形三层正楼1栋。正楼南、北各有二层侧楼各1栋，作宿舍用。其中的北楼，被称为"北小楼"，建于民国十一年（1922年）。由于该楼长期未被使用而破败为危房，参观者现被警示不得靠近。

维廉楼

维廉楼属于南校建筑，位于毓璜顶南坡，即现烟台第二中学校址。该楼于民国二十二年（1933年）落成，为纪念毕维廉，取名为"维廉楼"。维廉楼位于思郭堂北侧，是1栋2层大楼，上层是大礼堂，下层用作物理、化学、生物实验室，现改建成烟台第二中学综合办公楼，总计3层，顶层仍为礼堂。[119]

四、长老会墓地

长老会墓地，也称"外国茔"、"美国公墓"，是1949年前烟台唯一允许葬埋外国人的万国公墓，旧址位于现烟台警备司令部内，即毓璜顶东路中段东侧。长老会墓地与毓璜顶长老会教堂仅一路之隔。长老会墓地葬有30余位在烟台去世的各国人士，以美、英居多。著名的传教士郭显德、韦廉臣（Alexander Williamson, 1829-1890年）、韦丰年、倪维思夫妇等在此安息。贾

---

118 王建波编著：《辉耀古今》，同上，第188页。
119 王建波编著：《辉耀古今》，同上。

雅格（J. W. Carrall）等东海关税务司司长等公务人员也在此埋骨。墓地在抗美援朝时期被毁，被民众以鞭尸的方式毁于一旦，旧址尚在，并保留下郭显德、韦廉臣、富勒（William Robert Fuller）夫妇、托马斯·欧克（Thomas Oak）等名人墓碑。[120]现仅有一些棺盖、墓碑散落在警备区所管辖的小树林里，有待整理。[121]

郭显德墓碑

郭显德下葬的"美国公墓"在20世纪50年代抗美援朝时期遭破坏。墓碑被藏运到山上原为省立八中后改为警备司令区的院中一角保存至今。此碑将重立于毓璜顶公园。郭显德现被列为烟台八大历史名人之一。其纪念碑石用烟台本地所产青石制作，高约1.2米，宽约0.8米，厚约0.2米，边角稍有残损，双面錾平，一面刻竖排中文碑铭：

> 郭公显德大美国名教师也遵救主圣名远涉重洋
> 来烟台五十六载传福音足遍山东如巴拿巴被圣
> 灵充满大有信心历险阻而不顾置生死于度外作
> 盐作光济世济人设教兴学成绩昭著施洗信徒不
> 下三千今牧师功圆果满驾返天国其衢范遗训永
> 垂不朽圣经有云智慧具备训众归善者必辉光若
> 天明耀若星永世弗替
> 主历一千八百三十五年十二月生
> 一千九百二十年一月七日终[122]

本书句读如下：

郭公显德，大美国名教师也，遵救主圣名，远涉重洋来烟台，五十六载传福音足遍山东，如巴拿巴被圣灵充满，大有信心，历险阻而不顾，置生死于度外，作盐作光，济世济人，设教兴学，成绩昭著，施洗信徒不下三千。今牧师功圆果满，驾返天国，其衢范遗训永垂不朽。圣经有云：智慧具备训众归善者，必辉光若天，明耀若星，永世弗替。主历一千八百三十五年十二月生，一千九百二十年一月七日终

---

120 王建波编著：《辉耀古今》，同上，第169页。

121 参见王建波编著：《辉耀古今》，同上。

122 赵长英编著：《益文弦歌——山东省烟台第二中学校史（1866-2016）》，同上，第13页。

另一面刻写英文，为其姓名、出生地宾夕法尼亚州利泽伍德市和生卒年月日等，对其一生的评价是："一位工作了 56 年的传教士"。所引用的英文经文出自于 KJV，典出《但以理书》12：3，和合本修订版译为：那领许多人归于义的必发光如星，直到永永远远。

HUNTER CORBETT

BORN AT LEATHERWOOD, PENNSYLVANIA

DECEMBER 8, 1835

DIED AT CHEFOO, JANUARY 7, 1920

A MISSIONARY FOR FIFTY SIX YEARS

They that turn many to righteousness

shall shine as stars for ever and ever[123]

五、毓璜顶长老会教堂

毓璜顶长老会教堂，又称"烟台美国长老会礼拜堂"，位于东路中段东侧警备司令部大门马路对面，现为警备区机关幼儿园教学楼。同治六年（1867年）2 月，美北长老会拨修堂款美金 500 元，在毓璜顶北坡建造礼拜堂，7 月教堂正式落成，占地 4,662 平方米，有房屋 42 间，约 600 平方米。其时，教堂周围为农田，教堂主体为 1 栋普通的烟台传统民居，采用双坡顶，朝北山墙加建钟楼 1 栋，总计 2 层，开拱形长窗，耸立在毓璜顶东麓的山坡梯田之上。教堂西面是长老会墓地。光绪二十八年（1902 年），长老会信徒达 800余人，原教堂已不敷使用。次年，美北长老会拨款 200 美元改建礼拜堂，并附设钟楼、福音堂、牧师住宅等设施。新礼拜堂平面呈八角形，故又称"八角楼礼拜堂"。教堂通体采用烟台本地所产青石和黄白色花岗岩块石建成。教堂的圆拱形长窗与老教堂的钟楼长窗采用同一个样式，外观类似攒尖八角亭。教堂正东面墙上加接一个两坡顶的祭坛。建筑整体坐西朝东。其南北两侧墙面和正西墙面接建有一座两坡面的小巧房屋，用作教堂的储藏室，以及供个人祈祷灵修之用。祭坛与北侧小室之间在 20 世纪 20 年代加建有 3 层尖塔楼。现塔楼第一层基础尚存。砌筑墙体的青石和白石均精錾细凿，加工方整，青石、白石相交间砌，凸显出极高的建筑材质表现力和传统石材加工工艺之美。

---

123 赵长英编著：《益文弦歌——山东省烟台第二中学校史（1866-2016）》，同上，第13-14 页。

[124]该堂为美北长老会胶东传教中心。美北长老会传教士以此为基地，向福山、栖霞、海阳、莱阳、即墨等地传教。先后担任该堂牧师的有美籍牧师郭显德、阿保罗、邦元盘、伊维廉等，中国籍牧师有王长春（又名王长泰）、董文珍、张宗岳、郑钦道等。1958 年，烟台市基督教各宗派联合礼拜后，该堂闲置，后为烟台警备区租用至今。[125]1987 年，毓璜顶长老会教堂被公布为烟台市级文物保护单位；1992 年，被公布为山东省级文物保护单位。[126]

六、毓璜顶传教士故居

倪维思故居

倪维思故居有 140 多年历史，因被警备区用作家属住宅而保存完好，所有的门窗、地板均未曾更换。楼里现住有 4 户人家，

邓乐播故居

邓乐播故居与倪维思故居相邻。邓乐播曾参与创办毓璜顶医院，担任第二任院长，故故居也称院长楼。

郭显德故居遗址

郭显德故居与邓乐播故居相邻，已在 2005 年被拆毁。

七、烟台毓璜顶医院

烟台毓璜顶医院于民国三年（1914 年）建立，总占地面积 8,653 平方米，总建筑面积 6,262 平方米，设病床 100 张，附设 1 所护士学校。新中国成立后，医院先后易名为烟台市立医院、山东省立医院烟台分院、烟台市立医院、烟台市第一医院。1959 年，医院更名为"烟台专区毓璜顶人民医院"。次年，医院又更名为烟台专区人民医院。1983 年烟台撤地设市，院名恢复为"烟台毓璜顶医院"。该医院现存有美北长老会时期的医院院长楼及护士长楼。[127]

---

124 王建波编著：《辉耀古今》，同上，第 168 页。

125 烟台市人民政府民族宗教事务处：《烟台市民族宗教志》，同上，第 202 页。

126 王建波编著：《辉耀古今》，同上，第 168-169 页。

127 《医院历史》，引自"烟台毓璜顶医院"官网：https://www.ytyhdyy.com/intro/2.html，引用日期：2020 年 11 月 7 日。

附录一：私立益文商业专科学校校长名录

罗希嘏：1929-1932 年

林求源：1932-1936 年

汪祥庆：1936-1941 年

附录二：私立益文商业专科学校校歌

词：阎怀声；曲：李为章。1933 年

西山之麓兮树青青，

朝霞横空兮翻翠影，

际兹佳境里又逢良辰，

惟我少年如旭日东升。

诚勤爱垂训砥砺学行，

浩气勃扬令名存久永，

美哉益文伟哉益文，

焕乎今昔多俊英。[128]

附录三：私立益文商业学校校歌（1920 年代）

世风丕变，

四科替三育，

代兴德智体，

煌煌益文，

发展学术之真谛，

舒学之蕊使芬芳，

浩智之海成汪洋，

煌煌益文，

实青年生命之乡。

美哉欣桃李多成荫，

---

128 赵长英编著：《益文弦歌——山东省烟台第二中学校史（1866-2016）》，同上，第 60-61 页。

懿哉基齐东之地，

切磋琢磨贯中西，

勉旃自砺而共砺，

表渤海雄风，

唯益文其庶几。[129]

---

129 赵长英编著：《益文弦歌——山东省烟台第二中学校史（1866-2016）》，同上，第
61 页。

第十一章　育英才为乐：私立湘雅医学院

私立湘雅医学院

Hsiang-ya Medical College

1931-1940 年

长沙市开福区麻园岭

第一节　育英才为乐：雅礼会与湘雅医学院的创建

前文提及湖南前后建有五所教会大学，已经考证其中的湖滨大学、信义大学，另外有湖南圣经学院以及湘雅医学院、雅礼大学，后两所与美国常青藤大学——耶鲁大学有关。创办于 1701 年（康熙四十年）的耶鲁大学位于美国康涅狄克州（Connecticut）纽翰芬（New Haven，现译"纽黑文"）。早在19 世纪 30 年代，耶鲁大学毕业生伯驾（Perter Parker，1804-1888 年）就已入华开展医学传教工作。19 世纪 50 年代，中国青年学子容闳（Yung Wing，1828-1912 年）在耶鲁大学获得文学士学位，成为第一位在美大学毕业的中国人。"耶鲁"（Yale）中的"耶"，即耶稣（前 6/4-30/33 年），"鲁"即孔子（前551-前 479 年）故乡山东。耶鲁与中国之间的友谊已有近两个世纪之久。

耶鲁大学于 1901 年（光绪二十七年）举办 200 周年校庆。在此盛事之际，有志于学生志愿传教运动（The Student Volunteer Movement）的耶鲁校友德本康（又译"德士敦"，John Lawrence Thurston，1874-1904 年）[1]、席比义

---

1 德本康的简历与档案材料，参见"耶鲁大学档案馆"（Archives at Yale）官方网站：https://archives.yale.edu/repositories/12/resources/2971，引用日期：2021 年元月 10 日。德本康夫人（Mrs. Matilda Smyrell Calder Thurston，1875-1958 年）是美国教育传教士，最初在土耳其传教，光绪二十八年（1902 年）回美与德本康结婚，不久随夫来华，次年返美；1904 年（光绪三十年）德本康在美去世后，再度来华。光绪三十二年（1906 年）至宣统三年（1911 年），德本康夫人在长沙雅礼学校任

（Warren Bartlett Seabury，1877-1907 年）[2]和盖葆耐（又译"盖葆赖"，Brownell Gage，1874-1945 年）[3]等倡议到中国创办教育科技事业，得到校长哈德黎（Arthur T. Hadley，1856-1930 年）及其他学校负责人和广大校友的支持。1902 年（光绪二十八年）6 月 22 日[4]，他们共同创办"雅礼会"。其正式名称为"耶鲁海外布道会"（又译"耶鲁国外布道协会"，Yale Foreign Missionary Society），简称为"雅礼差会"（Yale Mission），中文名也被称为"雅礼会"、"雅礼教会"、"耶鲁差会"等。[5]民国二年（1913 年），该机构英文名改为 Yale-in-China；民国二十三年（1934 年）改称"雅礼学会"，正式以 The Yale-In-China Association 注册，由非宗派机构转型成为一个世俗组织[6]；1975 年，又改称"雅礼协会"，英文名为 The Yale-China Association[7]。本书叙述对象的

教；民国二年（1913 年）转往南京，筹办金陵女子文理学院；民国四年（1915 年）该院成立后，任首任院长；民国十七年（1928 年）辞职后，任该院顾问直至民国二十五年（1936 年）。德本康夫人与蔡路德（Ruth N. Chester）小姐合著有英文《金陵女子大学》（*Ginling College*），中译本参见[美]德本康夫人、蔡路德：《金陵女子大学》，杨天宏译，王薇佳校，珠海：珠海出版社，1999 年 8 月第 1 版。德本康传记材料参见莱亨利（Henry Burt Wright，1877-1923 年）：《目标人生：纪念雅礼会第一位传教士德本康》（*A Life with a Purpose; A Memorial of John Lawrence Thurston, First Missionary of the Yale Mission*），New York, Chicago, Toronto, London and Endinburgh: Fleming H. Revell Company，1908 年。

2 席比义去世后，其父席约瑟（Joseph Bartlett Seabury）撰写《短暂的异象：纪念雅礼大学创校人之一席比义》（*The Vision of a Short Life: A Memorial of Warren Bartlett Seabury, One of the Founders of the Yale Mission College in China*），Cambridge: The Riverside Press, 1909 年。席比义的简历与档案材料，参见耶鲁大学档案馆（Archives at Yale）官方网站：https://archives.yale.edu/repositories/12/resources/3934，引用日期：2021 年元月 10 日。

3 盖葆耐于 1945 年（民国三十四年）在美去世，编著有《中国学校英语教授法》（*How to Teach English in Chinese School*）（1921 年），与江苏吴县人吴继果（1882 年-?）合作编写《实习英语教科书》（*English Learned by Use*）（两册，1914 年、1916 年），首次介绍直接教学法。

4 也有记述为 6 月 2 日，参见湖南省教育史志编纂委员会编：《湖南近现代名校史料》，1，同上，第 200 页，是为笔误。

5 赵厚勰：《雅礼与中国——雅礼会在华教育事业研究（1906-1951）》，济南：山东教育出版社，2008 年 9 月第 1 版，第 23 页。

6 《耶鲁与中国：百年情谊》（Yale and China: A Centuries-old Partnership），刊于"耶鲁大学"官方网站：https://world.yale.edu/news/yale-and-china-centuries-old-partnership-0，引用日期：2021 年元月 11 日。

7 赵厚勰：《雅礼与中国——雅礼会在华教育事业研究（1906-1951）》，同上，第 25-26 页。

历史发生在民国二十三年（1934年）之前，故为行文之便统一使用"雅礼会"称之。哈德黎校长担任雅礼会第一任主席。"雅礼"取"耶鲁"（Yale）校名音译，也有《论语·述而》"子所雅言，诗书执礼"之义。[8]雅礼会的创建初衷是在中国中部地区建立"中国版耶鲁大学"，通过在华开办教育与医疗事业拓展传教工作，后办学目标不再强调传教，而致力于教育中国年轻人，用最理想的品德和科学知识促进其发展。[9]现今的雅礼协会官方网站明确表达自己的使命是："雅礼协会提倡知行并举，互学互助。从1901年一群耶鲁大学毕业生创办该协会以来，我们在提升中美两国教育、医疗卫生质量、促进中美文化交流等方面发展了长期友好的合作关系。"[10]

先驱传教士德本康夫妇[11]

8　何凤山：《怀念雅礼——生我者父母，教我成材者雅礼》，收录于雅礼校友会主编：《雅礼中学建校八十周年纪念册》，长沙：雅礼校友会编印，内部资料，1986年。

9　《耶鲁与中国：百年情谊》（Yale and China: A Centuries-old Partnership），刊于"耶鲁大学"官方网站：https：//world.yale.edu/news/yale-and-china-centuries-old-partnership-0，引用日期：2021年元月11日。关于雅礼会是否属于教会，进言之，就本书论述的对象而言，关于雅礼会在华五大机构中的雅礼大学和雅礼医学院是否属于教学学校，相关讨论参见彭平一：《湘雅医学院是教会大学吗》，收录于彭平一：《思想启蒙与文化转型——近代思想文化论稿》，长沙：岳麓书社，2012年6月第1版，第362-372页。

10　引自该机构官方网站：https：//www.yalechina.org/chinese-about，引用日期：2021年元月10日。

11　取自莱亨利（Henry Burt Wright，1877-1923年）：《目标人生：纪念雅礼会第一位传教士德本康》，同上，第208-209页之间的插图。

　　耶鲁大学毕业生发起成立旨在对华宣教的民间机构雅礼会之后，选定长沙为兴医办学之地。光绪三十二年八月初二（1906 年 9 月 19 日），美国医学传教士胡美（Edward Hicks Hume，1876-1957 年）在长沙市西牌楼街正式开办湖南省第一所西医医院即雅礼医院（Yali Clinic，Yali Hospital），与此同时开办的雅礼大学堂，与前者隔街相望。雅礼医院此后成为湘雅医疗三大系列即湘雅医学校、湘雅医院以及湘雅护士学校的发源地。雅礼大学堂后进一步发展成为雅礼大学、雅礼中学。这五大机构共同构成"中国版耶鲁"教育医疗集团。对比而言，湘雅医院最为人所熟知。笔者将对雅礼大学堂单开章节讨论，此处毋需费用笔墨。本章聚焦雅礼会在长沙开办的医学教育机构及其遗存。

雅礼医院（1906-1915 年）

私立湘雅医院（1915-1951 年）

雅礼护病学校（1911-1915 年）

湘雅护士学校（1915-1926 年）

　　雅礼医院最初只是一家规模极小的私人诊所，只有胡美一位医生。光绪三十一年（1905 年）夏，胡美受雅礼会邀请携家眷从印度来到长沙，次年租借小西门西牌楼街的中央客栈创办雅礼医院并任院长。西牌楼街紧邻长沙市内的南门正街，呈东西走向，东起三兴街与三泰街，西止太平街，是一条城中心的商业街。[12]医院门前安置一扇八英尺宽的栅栏门，大门之上悬挂一块 7 英尺长、3.5 英尺高的"雅礼医院"黑底金字招牌。[13]宣统二年（1910 年），耶鲁大学医学院（Yale Medical School）第一位华人医学博士颜福庆（F. C. Yen, Yan Fuqing，1882-1970 年）[14]学成回国后加盟雅礼医院。

---

12 黄琦珊主编：《老湘雅故事》，长沙：中南大学出版社，2012 年 9 月第 1 版，第 17 页。

13 黄琦珊主编：《老湘雅故事》，同上，第 18 页。

14 钱益民、颜志渊：《颜福庆传》，上海：复旦大学出版社，2007 年 9 月第 1 版。

创办湘雅医院与湘雅医学院的胡美（右二）与颜福庆（右一）[15]

医院的运转离不开对病人的护理工作。宣统三年（1911 年）11 月，雅礼会在胡美与颜福庆的支持下在雅礼医院内开办湖南省最早的护士职业学校"雅礼护病学校"，男女兼收，分为男护病学校与女护病学校。盖葆耐的妹妹盖仪贞（Nina Diadamia Gage，1883-1946 年）[16]担任第一任校长，同时兼任

---

15 取自雅礼协会官方网站：https://www.yalechina.org/who-we-are，引用日期：2021年元月 13 日。

16 盖仪贞，也被人尊称为"盖仪贞女士"，在美国获得文学士学位、护士学士学位之后，于光绪三十四年（1908 年）由雅礼会派遣来华，次年至雅礼医院从事护理工作。她是在华创办护士教育的第一位外国护理专家。光绪三十五年（1909 年）8月 19 日，"中国中部看护组织联合会"在江西牯岭成立，盖仪贞与会。民国元年（1912 年）3 月 18 日，中国中部看护组织联合会于牯岭举行第三次常委会，新任会长为盖仪贞。会议决定：统一中国护士学校课程，规定全国护士统一考试时间并制定章程等，同时成立中国护士会教育委员会。该会使我国近代护理向系统化、理论化以及初步规范化发展迈出第一步。此后她于民国三年（1914 年）6 月 30 日至7 月 2 日在上海举行的第一届全国公立医院与教会医院护士代表大会上，倡议将联合会改为"中华护士会"（Nurses' Association of China，简称 NAC）即现今的"中华护理学会"（Chinese Nursing Association，简称 CNA，官方网站：http://www.zhhlxh.org.cn/），并担任首任会长，对中国护士会考、护士学校注册、课程计划等作出巨大贡献，从此中国政府开始对从业护士进行有组织、有系统的管理。"护士"（nurse）一词正式使用。民国十一年（1922 年），中华护士会加入国际护士会；盖仪贞被选为国际护士会会长（1925-1929 年）。参见慕德华、慕星编著：《庐山拾遗》，九江：江西高校出版社，2015 年 6 月第 1 版，第 30-32 页。另外参见 Vern L. Bullough, Olga Maranjian Church, Alice P. Stein：《美国护士人物传记辞典》（*American Nursing: A Biographical Dictionary*），New York：Garland，1988-2000 年。

护校教务长和雅礼医院护士长，具体负责招收护士以及教学培训工作。至此，雅礼医院初具规模。"护士"一词由此学校开始使用并沿用至今[17]。报考者须肄业中学两年，入学考试各科成绩及格，并征得家长同意。第一批应考人数60名，其中女生20人、男生40人，主考"中文"与"算术"两个科目，最终录取12人，其中男生7人、女生5人，修业年限为4年。[18]民国二年（1913年）秋，雅礼护病学校开设"湘雅护病讲习科"，男女各1所，修业年限为3年。民国四年（1915年），其中3位学生完成护校学业，成为雅礼护病学校创办以来的首届毕业生。民国六年（1917年），湘雅护病讲习科第一班毕业，男、女各5人，"经中国护士会试验，成绩及格，另给证书"。[19]民国七年（1918年）第二班毕业男生5人、女生1人；自该年始，学制改为4年，入学资格为男女生均须高小毕业。[20]民国四年（1915年）随雅礼医院更名为"湘雅医院"，雅礼护病学校更名为"湘雅护士学校"（Hsiang-ya Nursing School）。[21]民国十五年（1926年）因"大革命"运动，盖仪贞辞去校长职，曹典球（1877-1960年）接任，旋即雅礼会在长沙的教育机构全部停办。

民国二十四年（1935年）曹典球照片[22]

---

17 赵厚勰:《雅礼与中国——雅礼会在华教育事业研究（1906-1951）》，同上，第301页。

18 赵厚勰:《雅礼与中国——雅礼会在华教育事业研究（1906-1951）》，同上。

19 参见《湘雅医学专门学校概况》，原刊于《新教育》第一卷第五期，1919年8月，收录于李楚材编辑:《帝国主义侵华教育史资料：教会教育》，北京：教育科学出版社，1987年7月第1版，第186页。

20 参见《湘雅医学专门学校概况》，同上。

21 刘笑春、段沛奇主编:《湘雅医院（1906-1996）》，长沙：湖南出版社，1996年7月第1版，第399页。

22 取自湖南省政府秘书处统计室:《民国二十五年湖南年鉴》，湖南省政府秘书处印行，长沙：洞庭印务馆代印，民国二十五（1936年）12月。

私立湘雅医学专门学校（1914-1925 年）

民国二年（1913 年），在时任湖南省省长、督军谭延闿（1880-1930 年）的支持下，督军代表湖南省政府，与雅礼会合作，双方为兴办现代医学教育拟定"草约"。同年秋，医学预科班与 2 个护校班开学。民国三年（1914 年）春，湖南育群学会成立，成为联络湖南省政府与雅礼会之间的桥梁；年初，医学补习科开始全国招生，总计招收 20 名，暂时借住浏阳门正街民房开学，胡美担任校长。同年 7 月 21 日，湖南育群学会代表湖南省政府与雅礼会依照前约，正式签订合作创办医学教育机构的"十年协定"。根据协议内容，湖南育群学会和雅礼会联合建立湘雅医学会，由湖南育群学会和雅礼会各自推举 10 人组成湘雅医学会董事部，由董事部推荐 7 人建立干事部即执行委员会负责日常事务，在长沙创办一所新型的西式医科大学、一所医院、一所护校和一所医学实验室。其中湖南育群学会负责为医学院和护士学校建设校舍，校舍费用包括 5 万银元的 9 英亩土地及每年维持办学和医院经常费用 5 万银元。雅礼会负责建造医院，承担医院设备费 15 万美元，并提供 15 名教师、医生和护士等人的薪金及其它费用。[23]医学校、医院、护士学校统一冠以"湘雅"之名。"湘雅"之名，取自湖南省简称"湘"以及雅礼会音译首字"雅"结合而成，表达雅礼协会与湖南合作开展教育与医疗事业之目的。章克恭（1879-1935 年）担任董事部部长兼干事部部长，颜福庆担任校长，胡美担任教务长兼医院院长。[24]

民国三年（1914 年）12 月 8 日，双方合作开办的私立湘雅医学专门学校，在长沙市西城潮宗门正街（今属开福区）的一栋公馆举行成立大会暨首届医学预科开学典礼。这栋公馆有两百多间房屋，与西南方的岳麓书院隔江相望，与朱熹（1130-1200 年）讲学之地城南书院南北相向而居。参加开学典礼的 18 名新生分为两个部分：一部分为上一年招收的浏阳门医学补习科 6 名学生，一部分为新招收的 12 名学生。预科学制 2 年，完成课程合格后正式升入本科学习。[25]

---

23 参见彭平一：《湘雅医学院是教会大学吗》，同上，第 371-372 页。

24 赵厚勰：《雅礼与中国——雅礼会在华教育事业研究（1906-1951）》，同上，第 302-304 页。

25 赵厚勰：《雅礼与中国——雅礼会在华教育事业研究（1906-1951）》，同上，第 304 页。

湘雅医学会于民国四年（1915年）接收西牌楼雅礼医院，将其迁入位于潮宗街的医学校东部，更名为湘雅医院。与此同时，湘雅护病学校随迁，更名为湘雅护士学校。[26]在湘雅医学会的管理下，私立湘雅医学专门学校、湘雅医院和湘雅护士学校形成雅礼三大医学教育与医疗机构。

民国四年（1915年），私立湘雅医学专门学校获北洋国民政府核准立案。根据《教育部：咨湖南巡按使，湘雅医学专门学校应冠私立二字并将校则改定文（第二千四百七十七号）》（1915年9月15日）的记述：

> 为咨行事。准四年八月二十五日第四十二号咨陈，暨湘雅医学专门学校表册三本校图二纸到部，查医学专门学校规程、学校学年学期及修业日期规程，本部均于民国元年先后公布在案核阅。该校所送校则第十七条，每学年分为两学期，与本部元年第六号布令第二条不合；第二十条本科课程表内所列各项课程，亦与本部元年第二十五号布令第五条所规定者不合，应即遵照改订，再行禀请送部核办。至校名一节，该校经费系由湖南育群学会及美国雅礼会共同担任，应即正名为私立湘雅医学专门学校，以符定章。校中预科学生仅有一班，而入学日期先后不齐，将来升学必多不便，可变通改为四月一日入校，以归一律。相应咨复贵巡按使查照饬遵。此咨湖南巡按使。[27]

同年，湖南育群学会呈请湖南省政府拨款，在长沙市北门外、距离长沙市城区三里多地的麻园岭购地3,000多方，合9英亩或54.9市亩，在现今湘雅医院东部筹备建筑及校舍。雅礼会通过募捐，在与校区毗邻的西部购地1,400方，合23.3亩，建筑湘雅医院新医院。[28]湘雅医院、湘雅医学专门学校以及湘雅护士学校于民国七年（1918年）至九年（1920年）期间迁入麻园岭新址。麻园岭成为雅礼大学、雅礼中学以及三大医疗教育机构的永久性地址。

---

26 赵厚勰：《雅礼与中国——雅礼会在华教育事业研究（1906-1951）》，同上。

27 《教育公报》第二年（1915年11月）第七期，公牍。转引自潘懋元、刘海峰编：《中国近代教育史资料汇编：高等教育》，上海：上海教育出版社，2007年4月第1版，第544页。

28 参见彭平一：《湘雅医学院是教会大学吗》，同上，第366页。

建造于民国六年（1917 年）、位于麻园岭的湘雅医院大楼[29]

民国六年（1917 年）8 月的《湘雅医学专门学校招生简章》对该校的基本情况作出如下描述：

宗旨：本校为湖南育群学会与美国雅礼会订约合组呈准立案，以英文教授，注重实习，造就医学专门人才。本科五年毕业，授以医学博士学位。

入校资格：凡中学毕业生在本校所承认之大学或专门学校修业至少一年，于化学、物理、生物三科确有实习经验，英文能直接听讲者，得入本科第一年级。凡中学毕业或有同等学力者得入预科

临症实习：本校附设之湘雅医院建筑绝精，又有湖南红十字会医院及肺痨医院，均为本校学生实习内外各科之地。

学费：全年学膳宿费六十元，分两期缴纳。书籍、制服、显微镜预备等费外加。

试验：入学试验定于本年六月二十号至二十二号及九月五六七号在长沙本校举行，外埠如京、汉、沪、广等处如有五人以上、

29 孙卓：《耶鲁在湖南》，刊于"搜狐"网站：https://www.sohu.com/a/314723987_100123653，发稿日期：2019-05-1800：09，引用日期：2021 年元月 14 日。

　　　　同时通知本校、各人先纳特别考试费五元者，得在各该处受特
　　　　别试验。如确有人本校本科资格而有本校承认学校之凭证者，
　　　　得免试验迳入本科第一年级。凡投考预科者均须一律受试
　　　开学：本年九月十一号为下学年始业期，另有详章，函索即寄
　　　校址：湖南长沙潮宗街。[30]

　　湘雅医学专门学校规定学制 7 年，其中医学预科 2 年，另外开设补习科
1 年。学校以欧美甲种医学教育标准办学，以英语为教学语言，开设与医学有
关的"生物学"、"物理学"、"化学"、"英语"、"伦理学"等课程。预科 2
年，结业后经考试合格者升入本科学习。在 5 年医学本科教育中，前 3 年为
医学基础课教学，后 2 年主要是临床课教学，最后一学期为临床实习。湘雅
医院为湘雅医学专门学校的附属实习医院。民国三年（1914 年）冬，湘雅医
学专门学校招收第一届预科生，民国五年（1916 年）招收第一届本科生。民
国九年（1920 年），由中华博医学会捐款建造、位于雅礼大学校园内的科学馆
落成，预科班改由雅礼大学文理学院接办。时预科注册学生总计 29 人；医学
本科生总计 42 人。[31]民国十年（1921 年）6 月，湘雅医学专门学校第一批本
科学生共 10 人毕业。其中张孝骞（1897-1987 年）获得学业成绩和毕业论文
两个第一名。张孝骞和萧元定（1897-1975 年）后担任或代理湘雅医科大学校
长。毕业学生由湖南省政府发放毕业证书，与此同时，由雅礼会经美国康尼
狄克州授权授予医学博士学位。此后每年有一个本科生班级毕业。[32]

　　民国十年（1921 年），美国教育考察团确认湘雅医学专门学校与创办于光
绪三十二年（1906 年）的北京协和医学院为全国最好的医学学校。从此"北
有协和，南有湘雅"（In the South Xiangya, in the North Union）之誉在中国
医疗和医学教育界传为佳话。

湘雅医科大学（1925-1926 年，1929-1931 年）

私立湘雅医学院（1931-1940 年）

湘雅助产学校（1928-1930 年）

私立湘雅护士学校（1929-1935 年）

30　《教育杂志》第九卷第八号（1917 年 8 月）。转引自潘懋元、刘海峰编：《中国近
　　代教育史资料汇编：高等教育》，同上，第 544-545 页。
31　赵厚勰：《雅礼与中国——雅礼会在华教育事业研究（1906-1951）》，同上，第 304 页。
32　赵厚勰：《雅礼与中国——雅礼会在华教育事业研究（1906-1951）》，同上，第 306 页。

私立湘雅医学院附设高级护士职业学校（1935-1938 年，1939-1941 年）

民国十三年（1924 年），湖南育群学会和雅礼会联合创办湘雅"十年协定"届满。双方磋商决定继续合作办学，并于次年签定续约十年协定，将湘雅医学专门学校更名为"湘雅医科大学"。湘雅医科大学全权由中国方面管理，学校董事会完全由湖南育群学会负责产生。湘雅医院由湖南育群学会和雅礼会双方共同管理，并由双方派代表联合组成医院董事会。[34]孙中山为湘雅医学专门学校第五届毕业同学挥毫题写勉词"学成致用"，刊发在民国十四年（1925 年）6 月李振翩（1898-1984 年）主编的《湘雅》杂志第二期上。此期为湘雅医学专门学校为纪念校庆 10 周年号发行的特刊。[35]

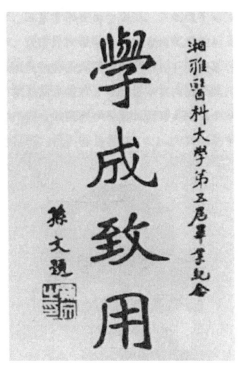

孙中心为湘雅医科大学题辞[33]

民国十五年（1926 年）"大革命"时期，北伐军进入湖南，湖南农民运动与学生运动高涨，在声势浩大的排外主义浪潮中，雅礼会的外籍教师离湘，之后中方教师相继离开，湘雅系列教育活动全部停办，只有湘雅医院的诊疗工作继续维持。民国十六年（1927 年）2 月 2 日，长沙的湘雅校、院董事，省政府官员及各界公团士绅聚会曹典球住宅，召开联席会议，议组湘雅维持会，商定湘雅医院于 2 月 7 日始恢复日常诊务。湘雅维持委员会举易培基（1880-1937 年）和王子玕（1880-1963 年）医师任常务董事，并组织医院执行委员会。5 月 23 日，湘雅医院恢复开诊。10 月 2 日，湘雅组织医院维持委员会，举王子玕医师代任湘雅医院院长；同时变更湘雅护校学制，专招女生。

---

33 黄琦珊主编：《老湘雅故事》，同上，第 216 页。孙中山题辞中的"湘雅医科大学"当时刚刚定名，并不存在第五届毕业同学，实为湘雅医学专门学校第五届毕业同学。

34 赵厚勰：《雅礼与中国——雅礼会在华教育事业研究（1906-1951）》，同上，第 309 页。

35 黄琦珊主编：《老湘雅故事》，同上，第 213 页。

民国十七年（1928 年）3 月 1 日，湘雅助产学校开办。该校只开设 1 届，招收女生 50 名，2 年后毕业生有 30 名。学校以湘雅医科大学校舍为办学场所，王子玕院长兼任助产学校校长。[36]

在"大革命"风潮平息之后，民国十七年（1928 年），雅礼会代表何钦思（又称"何钦士"，Francis S. Hutchins，1902-1988 年）等重返长沙。湘雅医院职员和校院董事会董事商议湘雅医科大学恢复招生问题，并为此开展各项准备工作，得到时任南京国民政府行政院院长谭延闿的支持。谭延闿电令湖南省政府恢复拨发湘雅医学校的辅助经费，并电邀王子玕返回长沙筹备复校。民国十八年（1929 年）春，时任民国政府内政部卫生署署长的前湘雅医科大学校长颜福庆，前来视察工作，并和曹典球、王子玕院长等商议恢复湘雅医科大学事宜。颜福庆专门主持湖南育群学会特别会议，重组由 25 人组成的湘雅校董会，并推举长沙楚怡学校校长陈润霖（1879-1946 年）为湘雅医科大学董事会董事长，长沙明德中学校长胡元倓（1872-1940 年）为湖南育群学会会长，并任命王子玕为新恢复的湘雅医科大学校长兼湘雅医院院长、湘雅护士学校校长[37]，定于当年秋季恢复招生行课，规定湘雅医科大学学制 7 年。[38]

湘雅医科大学按照会议决定，于民国十八年（1929 年）秋复学，两次招收医学预科生 47 名[39]，分为甲、乙两个医预科班。9 月 14 日，47 名新生正式恢复上课。湘雅医院院董会，则由湖南育群学会和雅礼会各派 6 人重组，推举教育学家、长沙艺芳女校教务长曾约农（1893-1986 年）出任院董会董事长，任命王子玕继任湘雅医院院长，兼任湘雅护校校长。湘雅医院主要由湘雅医科大学管理、使用和配备工作人员，雅礼会派美籍医师、护士参加，并由该会代表何钦思参加医院财务管理。湘雅医院成为湘雅医科大学附属教学医院。院、校之间人力资源共享。医学教师兼任湘雅医院临床医师，湘雅医院医师多兼授大学生专业课。医院全部设备供给医科大学在读学生临床教学和实习

---

36 黄珊琦：《湘雅老故事》，同上，第 233 页；赵厚勰：《雅礼与中国——雅礼会在华教育事业研究（1906-1951）》，同上，第 309 页。

37 赵厚勰：《雅礼与中国——雅礼会在华教育事业研究（1906-1951）》，同上，第 310 页。

38 赵厚勰：《雅礼与中国——雅礼会在华教育事业研究（1906-1951）》，同上，第 310 页。

39 张孝骞：《国立湘雅医学院——一份西迁贵阳后的历史性报告文档》，收录于肖平、龙大为主编：《重走湘雅路》，赵永正、何庆文、张乃祥、杨宇燕、于红珊副主编，长沙：中南大学出版社，2009 年 12 月第 1 版，第 3 页。当时的湘雅医学院院长张孝骞在民国三十年（1941 年）3 月 1 日撰写的此文中认为人数是 44 人。

之用。民国十九年（1930 年），湘雅医科大学学制改为 6 年，分为医前期即医学基础课 3 年，医后期即在湘雅医院上临床课和实习 3 年。[40]

民国二十年（1931 年），民国政府教育部核准湘雅医科大学以及校董事会立案；同年 12 月，学校更名为"私立湘雅医学院"，民国政府教育部核准湘雅医学院以及校董事会立案。民国二十三年（1934 年），湖南育群学会与雅礼会的十年续约再次期满，但是双方未再续约。湘雅医院属雅礼会财产，保持中美合作体制。[41]湖南省政府每年津贴医学校经费 7.3 万元，津贴补助湘雅医院 1.2 万元，实际只按 7 折拨给。湘雅医学院每年可从国民政府教育部得到 3-4 万元设备费和教习费。此外，管理中英庚教委员会分别于民国二十三年（1934 年）和民国二十五年（1936 年）为湘雅医学院捐款共 10 万元；清华大学于民国二十四年（1935 年）捐款 1 万元。[42]为了培养教学辅助人员和医疗辅助人员，民国二十三年（1934 年）暑期，湘雅医学院举办技术讲习所，第一班招收学生 16 名。学生除学习理论课外，主要分到湘雅医院药房、化验室，接受操作技能训练，学习 3 年期满。民国二十六年（1937 年）毕业生有 14 人，大多留校和医院工作。[43]

民国二十四年（1935 年），私立湘雅护士学校获得湖南省教育厅立案，更名为私立湘雅医学院附设高级护士职业学校，限秋季招生，学制为 3 年半。同年，私立湘雅医学院附设高级护士职业学校在全国招生，录取 29 人。至民国二十六年（1937 年），高级护士职业学校有学生 87 人、专职教师 12 人。[44]

第二节　及时奋发精神：抗战时期的私立湘雅医学院

"九・一八"事变后，中国人民对日本帝国主义侵华恶行同仇敌忾。民国二十年（1931 年）11 月，湖南省政府派军事教官对学生进行军事训练，并向医学毕业生授予军衔。民国二十一年（1932 年），湘雅医院派医生协助湖南省高中以上学生进行军事训练，并举办"战地救护讲习班"。至民国二十七年（1938 年），湘雅医院先后 4 次派出医生，从事军训总队医务卫生工作。民

---

40 赵厚勰：《雅礼与中国——雅礼会在华教育事业研究（1906-1951）》，同上，第 310 页。
41 张孝骞：《国立湘雅医学院——一份西迁贵阳后的历史性报告文档》，同上，第 3 页。
42 刘笑春、段沛奇主编：《湘雅医院（1906-1996）》，同上，第 31 页。
43 刘笑春、段沛奇主编：《湘雅医院（1906-1996）》，同上，第 31 页。
44 赵厚勰：《雅礼与中国——雅礼会在华教育事业研究（1906-1951）》，同上，第 311 页。

国二十六年（1937年）卢沟桥事变爆发，9月湘雅医学院、医院和护校组成战时服务团，为抗击日本侵略军作准备。[45]

至民国二十六年（1937年）全面抗战爆发，湘雅医学院共有6个班，师生人数情况如下：在校学生164人，专任教授15人，职员5人，兼任教授3人，讲师14人，助教12人，技师10人。湘雅护校拥有在校学生87人，专任教员12人。湘雅医院拥有病床200余张，其中特别病床占1/5；手术室、实验室、X光室、机器房、自来水管、热气管、发电机等设备一应俱全。整个湘雅，包括学校、医院并附设护校，建筑费值价90余万元，另外有仪器、书籍、设备和杂物，购置之地皮，综合共计达150万元以上，为当时中国东南部规模完备的医科大学。[46]

全面抗日战争爆发后不久，民国二十六年（1937年）7月，王子玕辞职，就任江西国立中正医学院院长。张孝骞代理湘雅医学院院长兼湘雅护校校长。民国二十六年（1937年）11月24日，长沙城首次遭日军敌机轰炸。民国二十七年（1938年）6月，长沙屡次被日军敌机轰炸，张孝骞组织迁校委员会，迁低年级学生至贵州，留高年级学生在长沙继续开展战时救护工作；9月，湘雅医学院分两路前去贵阳：一路从广西金城江至贵阳，一路经湘西、黔东迁赴贵阳；10月完成迁校工作，并在贵阳开课，学生注册人数为120名。[47]学校先在东山寺庙安置学生寄宿，借用阳明路贵阳医学院房屋开展课堂教学，与从南京迁来贵阳油榨街的中央医院、贵州省立医院以及贵阳当地医院合作进行临床教学。次年4月，学校在贵阳次南门外的石洞坡，租赁长郡义园地皮，草建3栋两层楼房、8栋简易宿舍以及数栋杂屋，木撑瓦盖，蔑制墙壁，墙壁涂灰，极为简陋，用作教学、行政办公与学生住宿；1栋茅草盖的平房，用作学生食堂与礼堂。另外，教师自费建筑简易住屋若干，安置家属。张孝骞称石洞坡临时校舍为"湘雅村"。[48]此名沿用至今。民国二十八年（1939年8月），张孝骞由代理院长转正。[49]

45　《湘雅抗战西迁复原大事记》，收录于肖平、龙大为主编：《重走湘雅路》，同上，第10页；刘笑春、段沛奇主编：《湘雅医院（1906-1996）》，同上，第31页。

46　刘笑春、段沛奇主编：《湘雅医院（1906-1996）》，同上，第32页。

47　张孝骞：《国立湘雅医学院——一份西迁贵阳后的历史性报告文档》，同上，第4页。

48　刘笑春：《湘雅路——敢为人先不懈登攀路》，收录于肖平、龙大为主编：《重走湘雅路》，同上，第77-78页。

49　赵厚勰：《雅礼与中国——雅礼会在华教育事业研究（1906-1951）》，同上，第311-312页。

私立湘雅医学院耒阳分院（1939-1942年）
湖南省立中正医院（1942-1944年）

在贵阳期间，湘雅医学院建立贵阳疗养部、耒阳分院等，积极对贵阳地区地方病进行调查研究，在生物学、解剖学、生理学、病理学、细菌学等方面取得成果。民国二十八年（1939年）7月，湘雅医学院在耒阳寿佛殿增设湘雅医学院耒阳分院。湘雅医学院第七届校友、民国十六年（1927年）毕业的李明俊（1900-?年）[50]担任分院主任即院长。该院系独办，李明俊主管内科，湘雅医学院校友周云翼（1905-1970年）[51]医师主管外科，湘雅护校学生在此实习和就业。至民国三十一年（1942年）12月，该院独办近4年后，与湖南省卫生处合办，改称为湖南省立中正医院[52]。湖南省立中正医院由耒阳县城的湖南省立传染病医院、湖南省立产院、湘雅医学院耒阳分院三家组成。院址设于耒阳县城南郊的寿佛殿。

私立湘雅医院沅陵分院（1939-1945年）

湘雅医学院迁至贵阳之后，湘雅医院与护校留在长沙麻园岭校园。民国二十七年（1938年）11月23日凌晨，长沙城在"文夕大火"中几为灰烬，

50　林英海、葛纪谦主编：《河南当代人物辞典》，《河南当代人物辞典》编辑委员编，内部资料，2006年7月，第465页。

51　李子明：《山高水长——深切怀念衡阳医学院副院长周云翼老先生》，刊于"南华大学档案馆/校史馆"官方网站：https://dag.usc.edu.cn/info/1039/1224.htm，更新时间：2018年09月28日10：49，引用日期：2021年元月14日。

52　民国三十一年（1942年），湖南省立中正医院在耒阳建立；次年1月动工建筑，随即改名为"湖南省第一中正医院"；民国三十三年（1944年）4月院舍落成，因日寇陷境，于6月疏散，医院停办。民国三十四年（1945年）1月，原医院改名为湖南省立衡阳医院复办，8月复员南岳；次年5月迁移衡阳市瓦子坪（即今衡阳医学院附属第一医院处）。民国三十六年（1947年），湖南省卫生处为健全省级医疗卫生机构，建立专科医院，在南岳原址创办湖南省立结核病疗养院；同年改名为湖南省立结核病防治院。1949年湖南解放，湖南省立结核病防治院改为湖南省立南岳疗养院；1952年又改为湖南省南岳结核病防治院；1954年，与位于水帘洞的省人事厅属的湖南省南岳干部疗养院合并，改称湖南省南岳干部疗养院。合并后，南岳康家垅设总院；水帘洞设分院。1956年，湖南省南岳干部疗养院改名湖南省衡阳地区干部疗养院；1969年，与衡阳工人疗养院合并，改名为衡阳地区工矿职业病防治院；1979年，疗养院旧建制恢复，定名为衡阳地区南岳干部疗养院。1983年，衡阳地区与衡阳市合并为地级市，疗养院院名随之改为衡阳市干部疗养院。1990年，衡阳市干部疗养院同时为衡阳市老年病防治院。参见湖北省地方志编纂委员会编：《南岳志》，长沙：湖南出版社，1996年5月第1版，第144页。

仅湘雅建筑幸存。留在长沙的湘雅护校被迫解散。医护人员分散三处：部分至安化东坪，部分前往耒阳，大部分于民国二十八年（1939 年）6 月迁往沅陵，创建湘雅医院沅陵分院，续办湘雅高级护士职业学校，直至抗日战争胜利后回迁长沙。民国二十二年（1923 年）毕业于湘雅医科大学的刘泽民（1896-1984 年）担任分院院长，王泰元担任护校校长。[53]分院与护校位于沅水之滨、凤凰山麓的东树湾。湘雅高级护士职业学校迁往沅陵后，与颜福庆于民国元年（1912 年）创办、逃难至此的私立长沙仁术高级护士职业学校合作办学，正式复课于湘雅医院沅陵分院，连续招生 7 届，总计开设有 11 个护士班、5 个助产班，护士、助产士总毕业人数达 100 多人[54]。学校采取小班招生、高淘汰率制度，培养高层次护理人才，以英语授课为主，学制 3 年半。抗战胜利后，仁术高级护士职业学校与湘雅高级护士职业学校迁回长沙，分开办学。[55]

民国三十三年（1944 年）湘雅医院沅陵分院与湘雅护校全景示意图[56]

53 刘笑春：《湘雅路——敢为人先不懈登攀路》，收录于肖平、龙大为主编：《重走湘雅路》，同上，第 83 页；刘笑春、段沛奇主编：《湘雅医院（1906-1996）》，同上，第 34 页。

54 彭勇炎、杨传治：《抗战时期的湘雅医院沅陵分院和湘雅护士学校（1939-1945）》，收录于肖平、龙大为主编：《重走湘雅路》，同上，第 173 页。

55 湖南省教育史志编纂委员会编：《湖南近现代名校史料》，3，同上，第 3005 页。

56 彭勇炎、杨传治：《抗战时期的湘雅医院沅陵分院和湘雅护士学校（1939-1945）》，收录于肖平、龙大为主编：《重走湘雅路》，同上，第 176 页。

民国三十三年（1944 年）日军进逼长沙，湘雅医院医护职工和家属被迫逃亡湘潭和安化。在全面抗战期间，日军四次进出长沙，民国三十四年（1945 年）最后一次撤退时，将大部分麻园岭的湘雅建筑化为断壁残垣。

第三节 看儒风丕振：1940 年之后的国立湘雅医学院

国立湘雅医学院（1940-1953 年）

湘雅医学院迁至贵阳后，面临严重的财政危机。为纾解困难，湘雅医学院开展"国立运动"，申请改为公立，由国民政府教育部拨款，以此解决关闭之危。民国二十九年（1940 年）6 月 1 日，国民政府行政院召开 469 次会议，讨论并批准湘雅医学院国立案；并于同年 8 月 1 日，正式将学校更名为"国立湘雅医学院"。[57]自此，湘雅医学院每年得到教育部拨给的教育经费 20 万元，部分缓解当时所面临的极其严重的经济困难。与此同时，湘雅医院以及护校继续保持私立。张孝骞担任国立湘雅医学院院长，确定"公勇勤慎，诚爱谦廉"八字为校训，推出国立湘雅医学院院歌。

民国三十四年（1945 年）7 月 15 日出版的《学生杂志》第 22 卷第 8 期刊登《国立湘雅医学院沿革与近况》，对抗战结束前湘雅医学院的历史和现状做了简略的概述：

> 长沙湘雅医学专门学校创于民国三年，由湖南育群学会与美国雅礼会订约合组，即以雅礼会所设医院作为附属医院，推颜福庆长校。四年呈准教育部立案，学生毕业后由美国康州省政府特许授与医学博士学位。十六年因政变停办，旋恢复医院。十八年育群学会重组董事会改名湘雅医科大学，推王子玕为校长。是年正式复课。二十年奉部令核准立案，同年遵令改为私立湘雅医学院。二十六年张孝骞代为院长。二十七年迁贵阳。二十九年八月改为国立。三十三年因敌人入侵黔省，又复迁重庆附近之高滩岩[58]复课，现有教职员 76 人，学生 256 人。

> 一、校舍与设备

---

57 赵厚勰：《雅礼与中国——雅礼会在华教育事业研究（1906-1951）》，同上，第 312 页；《湘雅路——敢为人先不懈登攀路》，收录于肖平、龙大为主编：《重走湘雅路》，同上，第 79 页。

58 位于重庆市城西沙坪坝区西南覃家岗镇的一个小山坡上。

长沙贵阳两处院址均在市郊，长沙校舍自民国九年起逐步修建，颇足应用。贵阳校舍亦有礼堂、教室、实习室等。至高滩岩新址校舍正在修建中。现有设备重要者凡 300 余箱，各科已迁最低限度之设备标准，堪供研究之用。

二、院系

不分系。

三、重要教职员

院长张孝骞，秘书盛泽斌，教务主任吴口[59]中，训导主任王肇勋，总务主任凌敏猷，注册组主任陈逸口[60]，院医室主任李明俊。

费用

公医生不缴学膳宿费，每年且有制服津，每月有零用公费。[61]

私立湘雅高级护士职业学校（1941-1951 年）

湘雅医学院由私立改为国立之后，与雅礼会合作的湘雅医院以及湘雅高级护士学校依旧保持私立，并另外成立"湘雅医事中心"管理这两所私立医院与学校。因湘雅医学院改为国立，民国三十年（1941 年），湖南私立湘雅医学院附设高级护士职业学校改名为"私立湘雅高级护士职业学校"，王泰元继续担任校长；与此同时，张孝骞继续担任私立湘雅医院院长。

民国三十三年（1944 年）冬，国立湘雅医学院因战事迁校重庆陆军总医院，后迁沙坪坝的杨公桥，租借国民政府国防部兵工署的 3 栋大仓库[62]，安置学生住宿与教学；后得到重庆陆军总医院和其它医院的帮助，继续开展临床教学。[63]

抗战胜利后，民国三十四至三十五年（1945-1946 年），湘雅人员先后从重庆、沅陵等地回到长沙。雅礼会在美国发动募集基金活动，所筹经费用于学校重建。学校修复医学大楼，改建为 4 层楼房，为感念第一任校长颜福庆的巨大贡献，取名"福庆楼"。医院前期教学设备、学生宿舍、单身教职员宿

---

59 原文如此。

60 原文如此。

61 张建中、罗玲、吴波主编：《中国战时首都档案文献：战时教育》，重庆：西南师范大学出版社，2017 年 6 月，第 465 页。

62 大约在现在的石井坡街 216 号。

63 《湘雅路——敢为人先不懈登攀路》，收录于肖平、龙大为主编：《重走湘雅路》，同上，第 80 页。

舍以及医学院办公室均安置在此大楼之中。另外，学校修建家属住宅，恢复护校的教学工作。[64]萧元定、凌敏猷（1902-1991 年）先后担任私立湘雅医院院长（1946-1947 年，1948-1951 年）。

湘雅医学院证章：1946 年（左），1945 年（右）[65]

　　1949 年长沙和平解放后，雅礼会在华所有教育和医疗事业、湘雅医事中心由中国人民解放军长沙市军事管制委员会接管。1951 年，雅礼会最后一位驻华代表俞道存（Dwight D. Rugh，1899-1981 年）[66]回美，至此雅礼会在湘 40 余年的办学行医历史正式结束。1951-1979 年，雅礼会资助在美国的中国留学生，出资在香港创建新亚书院（New Asia College），为新建香港中文大学提供捐助。[67]

---

64 凌敏猷：《从湘雅到湖南医学院——若干历史事实的回忆》，收录于湖南医学院院史征集小组：《湖南医学院院史资料第一集：湘雅春秋》，内部资料，1984 年 11月，第 56 页。

65 徐一良：《学府遗珍》，北京：生活·读书·新知三联书店，2018 年 11 月第 1 版，第 222 页。

66 俞道存，1921 年（民国十年）从加州大学伯克利分校毕业后，去夏威夷大学读书并在学生中建立基督教青年会；1927-1930 年（民国十六-十九年）入耶鲁大学神学院学习并毕业；民国十九年（1930 年），受雅礼会邀请与妻赴长沙。俞道存担任雅礼中学和湘雅医学院的神学教育主任兼辅导员。民国二十四年（1935 年），俞道存带家人返回耶鲁，获神学院博士学位后再赴湖南。后日军逼近长沙，雅礼学校与医学院撤离，民国三十三年（1944 年）俞道存一家返美。抗战结束后，俞道存重新返回中国（1945-1949 年），参与恢复雅礼医学院与医院的工作。1949-1951 年，俞道存留在长沙，曾被作为间谍受审，后被遣送出境，经香港转道回美。参见王成志：《北美藏中国抗日战争历史档案文献提要》，上海：复旦大学出版社，2017 年 4 月第 1 版，第 215 页。

67 参见"雅礼协会"官方网站：https://www.yalechina.org/who-we-are，引用日期：2021 年元月 13 日。

湘雅医学院附属湘雅医院（1951-1953 年）

湘雅护士学校（1951-1953 年）

1951 年，私立湘雅医院由人民政府接管，改为湘雅医学院附属湘雅医院；与此同时，私立湘雅高级护士职业学校改为湘雅护士学校。

湖南医学院（1953-1987 年）

湖南医学院附属湘雅医院（1953-1958 年）

湖南医学院附属第一医院（1958-1987 年）

湖南医学院附设护士学校（1953-1963 年）

湖南医学院附设卫生学校（1979-1987 年）

1953 年，经中央人民政府中南卫生部批复，湘雅医学院更名为湖南医学院（Hunan Medical College）。与之相应，原附属医院和附设护校相继更名为湖南医学院附属湘雅医院、湖南医学院附设护士学校。1958 年，湖南医学院附属湘雅医院更名为湖南医学院附属第一医院。1963 年，湖南医学院附设护士学校停办，另外建立湖南省护士学校。自 1979 年，湖南医学院与美国"中华医学基金会"取得联系，在"不干涉内政、不传教、不妨碍与其它团体发展关系"的条件下，经国务院批准与雅礼会恢复合作关系。[68]同年，湖南医学院重建护士学校，定名为湖南医学院附设卫生学校，主要为湖南医学院培养专业护士、教辅人员和其他卫生技术人员，学习年限 3 年。

湖南省护士学校（1963-1965 年）

湖南省卫生学校（1965-1984 年）

湖南省卫生职工医学院（1984-1987 年）

湖南省卫生职工医学院暨衡阳医学院长沙分院（1987-1998 年）

湖南医学专科学校（1989-1993 年）

湖南医学高等专科学校（1993-2002 年）

湖南师范大学医学院（2002 年-）

上文提及，1963 年，湖南医学院附设护士学校停止办学，另外建立湖南省护士学校。1965 年，湖南省护士学校更名为湖南省卫生学校。1984 年 2 月，经湖南省人民政府批准并报国家教委备案，湖南省卫生学校改名为"湖南省卫生职工医学院"。1987 年，湖南省卫生职工医学院合署衡阳医学院长沙分

---

68 湖南省地方志编纂委员会编：《湖南省志第 4 卷：政务志·外事》，长沙：湖南出版社，1996 年 4 月，第 308 页。

院。1989 年 3 月经国家教委调查论证，湖南省卫生职工医学院合署"湖南医学专科学校"，为大专层次，学制 3 年。学校以全日制普通高等教育为主体，以函授、夜大及自学考试专科教育为辅助，面向全省招生。1993 年，湖南医学专科学校改名为湖南医学高等专科学校。1998 年，原湖南省卫生职工医学院暨衡阳医学院长沙分院撤销。2002 年 3 月经国家教育部批准，湖南医学高等专科学校撤销，湖南医学高等专科学校、湖南医学高等专科学校附属湘东医院并入"湖南师范大学医学院"。[69]

湖南医科大学（1987-2000 年）

湖南医科大学附属第一医院（1987-1992 年）

湖南医科大学附属湘雅医院（1992-2000 年）

湖南医科大学附设卫生学校（1987-1999 年）

湖南医科大学护理学院（1999-2000 年）

　　1987 年，湖南医学院升格为湖南医科大学。与之相应，原附属医院和附设护校相继更名为"湖南医科大学附属第一医院"、"湖南医科大学附设卫生学校"。1992 年，湖南医科大学附属第一医院恢复"湘雅"之名，成为湖南医科大学附属湘雅医院。1995 年，湖南医科大学组建护理学系。1999 年，护理学系与附设卫校合并，成立湖南医科大学护理学院。

中南大学（2000 年-）

中南大学湘雅医学院（2000 年-）

中南大学湘雅医院（2000 年-）

中南大学护理学院（2000-2014 年）

中南大学湘雅护理学院（2014 年-）

　　2000 年 4 月，原中南工业大学、长沙铁道学院与湖南医科大学合并为中南大学，同时组建中南大学湘雅医学院。与之相应，原湖南医科大学附属第一医院、护理学院更名为中南大学湘雅医院、中南大学护理学院。2014 年，中南大学护理学院又易名为中南大学湘雅护理学院。[70]"湘雅"之名在 21 世纪之初又得以全面恢复。

69　参见"湖南师范大学医学院"官方网站：https://med.hunnu.edu.cn/info/1004/3639.htm，引用日期：2021 年元月 15 日。

70　参见"中南大学湘雅护理学院"官方网站：https://xynursing.csu.edu.cn/zwlm/xygai_kuang/lsyg.htm，引用日期：2021 年元月 15 日。

从上述校史来看，"湘雅医学院"一名，至今出现三次：私立湘雅医学院（1931-1940 年）；国立湘雅医学院（1940-1953 年）；2000 年 4 月 29 日中南大学组建后在原湖南医科大学基础上复名的中南大学湘雅医学院。

第四节　唯至诚无息：湘雅医学院暨湘雅医院遗存录

从上述考证来看，湘雅三大医学与医疗机构在长沙的旧址主要分布在西牌楼街、潮宗古街和麻园岭。

一、长沙西牌楼街旧址

长沙西牌楼街现今位于湖南省会最重要的商业中心圈内。原雅礼医院与雅礼大学堂旧址均不复存在，但有纪念牌标注此处为湖南省最早的西医医院与高等教育兴医办学之地。

二、潮宗古街[71]旧址

潮宗古街因临城门潮宗门而名，又名草场门正街，位于现今的长沙市开福区，东起北正街（今黄兴北路），西至湘江大道，是迄今长沙市仅存的三条麻石大街之一，长 511 米，宽 9 米。朝宗，朝拜祖宗之意。旧时街口聚居许多挑河水卖的脚夫，终日街头淌满河水，"朝"遂演化成"潮"。旧时潮宗街是出潮宗门达湘江河运码头的必经之道，为米业、堆栈业集中之地。明清潮宗街是长沙县署和临湘驿站所在地。民国三年（1914 年）湘雅医学专门学校在此创办。民国九年（1920 年）湘雅医学专门学校迁出并入驻麻园岭之后，部分校舍成为文化书社驻地。文化书社是五四运动后以传播新文化为宗旨的组织。民国九年（1920 年）8 月中旬，毛泽东等人租佃湘雅医学专门学校 3 间房屋（潮宗街 56 号）开办文化书社。后由于业务扩大，文化书社曾先后搬到贡院东街（今中山东路）和水风井。文化书社曾为中共湖南党组织联络或活动场所（1921-1923 年）。陈潭秋（1896-1943 年）、恽代英（1895-1931 年）、刘少奇（1898-1969 年）等曾在书社居住。民国十六年（1927 年）5 月，文化书社在"马日"事变中被捣毁。潮宗街 56 号文化书社旧址，现被列为湖南省重点文物保护单位。[72]

---

71 参见长沙市开福区通泰街道办事处编：《潮宗街历史风貌区》，陈先枢撰文，长沙市委机关文印中心承印，内部资料，时间不详，第 3-4 页。

72 中共上海市委党史研究室编：《中国共产党创立之路》，上海：上海人民出版社，2016 年 7 月第 1 版，第 180 页。

三、麻园岭旧址：湘雅医院及医学院早期建筑

2002 年，湘雅医院及医学院早期建筑，被列为长沙市近现代保护建筑；2005 年，被列为长沙市文物保护单位；2011 年，被列为湖南省人民政府第九批省级文物保护单位；2019 年，被列为第八批全国重点文物保护单位。湘雅医院早期建筑群，入选近现代重要史迹及代表性建筑类，主要包括建于民国时期（1917-1949 年）位于今湘雅路南边的湘雅医院门诊大楼、湘雅医院办公大楼，位于湘雅路北边的湘雅医学院小礼堂、湘雅医学院外籍教师楼、湘雅医学院办公楼等 5 处建筑。

门诊大楼，吴戈摄于 2021 年 2 月 21 日

门诊大楼

门诊大楼，又称"病栋大楼"，俗称"红楼"，由主导规划美国清华大学、沪江大学、燕京大学等大学校园设计的建筑师墨菲（Henry Killam Murphy, 1877-1954 年）设计，现今保存完好。时任湖南省督军兼省长谭延闿亲笔题写"湘雅医院"院名。门诊大楼分别建于民国四年（1915 年）、民国二十四年（1935 年）、民国三十五年（1946 年）和 1955 年，是湘雅医院的象征和长沙市标志性建筑。民国六年（1917 年），总计三层的病栋大楼及附属建筑在今址落成。民国二十四年（1935 年），湘雅医院按原建筑模式增建 1 栋门诊大楼，采用砖木结构，使用红砖清水墙。民国三十五年（1946 年），湘雅医院将原三层的病栋大楼加高，改为 4 层，高 21 米，另在病栋楼西面加建 1 栋四层病室，与原建筑相连，组成马蹄形布局。1955 年，在"民族形式加社会主义内容"的口号下，湘雅医院又加建病栋大楼，与原有红楼格调保持一致。整座

建筑为砖木结构，总建筑面积 7 万平方米，四周红砖清水外墙，顶面以钢筋混凝土紧固，人字歇山屋顶，5 处挑檐靴头爪角上饰回纹收尾，盖栗色筒瓦，谷黄色正脊。室内为水磨石地面，楼梯嵌铜防滑条，大理石台度，墙面粉白色石膏。[73]建筑在采用西方先进的建筑构图之同时，通过局部点缀中国传统式的小构件、纹样、线脚等，形成中西协调的建筑风格。

湘雅医学院外籍教师楼，吴戈摄于 2021 年 2 月 21 日

湘雅医学院外籍教师楼

湘雅医学院外籍教师楼，即雅礼大学教职员住宅。湘雅医学院永久性校址位于开福区湘雅路北侧麻园岭。校园内今存的外籍教师楼、小礼堂和校长办公楼均为 20 世纪 10-30 年代建筑。此地初为雅礼大学堂所在地。校舍始建于光绪三十二年（1906 年）。民国三至五年（1914-1916 年）雅礼大学校建成该栋供教职人员居住的 2 层红砖清水墙别墅，由墨菲设计，建筑面积约 500平方米。

---

73 参见《湘雅医院及医学院早期建筑》，刊于"博雅旅游分享网"网站：http：//www.bytravel.cn/landscape/82/xiangyayiyuanzaoqijianzhuqun.html，引用日期：2021年元月 15 日。下文遗存信息取自访古湖湘：《从湘雅医学专门学校到湘雅医学院》，刊于"百度"网站：https://baijiahao.baidu.com/s?id=1676638296442774519&wfr=spider&for=pc，发布日期：20-09-01，21:28，引用日期：2021 年 11 月 5 日。

校长办公楼，吴戈摄于 2021 年 2 月 21 日

校长办公楼

校长办公楼，建于 20 世纪 30 年代，为中西合璧式红砖清水墙建筑，抗战期间，曾遭日机炸毁，1950 年修复。校长办公楼总计 2 层，对称式布局，两侧楼房突出，中部面阔五间为内进外廊结构，今为中南大学职工医院湘雅分院驻地。

小礼堂，吴戈摄于 2021 年 2 月 21 日

小礼堂

小礼堂与校长办公楼同时修建于 20 世纪 30 年代，为中西合璧式红砖清水墙建筑，曾遭日机炸毁，1950 年修复。小礼堂建筑平面为长方形，南北立

面外观为 2 层，内部观众席 1 层，东部靠近舞台处设地下 1 层，采用单檐歇山顶、翘角飞檐，正面设 6 个斗拱，盖黄色琉璃筒瓦。

四、贵阳湘雅村

民国二十七年（1938 年），湘雅师生迁到贵阳，暂住在东山的大庙。湘雅医学院在离贵阳城次南门外两公里的石洞坡长沙义园租用一块土地修建校舍。在石洞坡山腰上，湘雅医学院先后建有 3 栋 2 层教学楼，以及 2 排平房，用作厨房、宿舍。民国二十八年（1939 年）4 月，新校园建成后，湘雅医学院在大门前挂上一块木牌，上书"湘雅村"三个大字。如今的"湘雅村"旧址不复存在，有"湘雅村"公交站名保留在贵阳交通服务系统上。虽然湘雅医学院贵阳旧址已经不留痕迹，但"湘雅社区"、"湘雅派出所"等名称使湘雅印记保留至今。

附录一：湘雅医学教育负责人名录

湘雅医学专门学校（1914-1925 年）

颜福庆：1914-1925 年

湘雅医科大学（1925-1926 年，1929-1931 年）

颜福庆：1925-1926 年

王子玕：1929-1931 年

私立湘雅医学院（1931-1940 年）

王子玕：1931-1937 年

张孝骞：1937-1939 年代理，1939-1940 年

国立湘雅医学院 1940-1951 年

张孝骞：1940-1951 年

附录二：湘雅医院院长名录

雅礼医院（1906-1915 年）

胡美：1906-1915 年

私立湘雅医院（1915-1951 年）

胡美：1915-1926 年

王子玕：1927-1929 年代理，1929-1937 年

张孝骞：1937-1939 年代理，1939-1946 年

肖元定：1946-1947 年

凌敏猷：1948-1951 年

附录三：湘雅护校校长名录

雅礼护病学校（1911-1915 年）

盖仪贞：1911-1915 年

湘雅护士学校（1915-1926 年）

盖仪贞：1915-1926 年

曹曲球：1926 年

湘雅助产学校（1928-1930 年）

王子玕：1928 年

湘雅护士学校（1929-1935 年）

王子玕：1929-1935 年

私立湘雅医学院附设高级护士职业学校（1935-1941 年）

王子玕：1935-1937 年

张孝骞：1937-1939 年代理

王泰元：1939-1941 年

私立湘雅高级护士职业学校（1941-1951 年）

王泰元：1941-1951 年

第十二章　成仁取义：私立铭贤学院

私立铭贤学院

Oberlin Sansi Memorial College

山西太谷县铭贤南路 1 号

1943-1951 年

第一节　成仁取义：欧柏林学院及其山西计划

　　山西省唯一一所教会大学"铭贤学院"的创建有两处较为与众不同的特点。首先，教会大学通常设立在沿海地区的通商口岸或内地的省会城市。铭贤学院，正如前文详细考证的湖滨大学、信义大学、中华三育研究社，并不设立在通商口岸或省会驻地，而是位于距离省会太原市有 60 公里之遥的晋中市太谷（Taiku）县。太谷县虽然并不为人所熟知，但环境优雅，北部有乌马河（Black Horse River）流过，南有凤山（Pheonix Mountain）矗立，有山有水好风光，为读书的理想选处。第二，它并不是由在华传教士直接创办，而是出自于美国一家教会大学，由它委托中国基督徒创办。

　　铭贤学院是一所教会大学，因此其源也必与教会密不可分。铭贤学院的诞生离不开两个重要的基督教要素。其一是远在千万里之外的美国俄亥俄州教会学校欧柏林学院（又译"欧柏林大学"，Oberlin College, Ohio）。其二是孔子（前 551-前 479 年）之 75 代裔孙[1]、后成为民国时期四大家族之一的基督徒孔祥熙（H. H. Kung，1880-1967 年）。

　　欧柏林学院由美国新教公理会开办，实际上是一所私立文理学院，始建于 1833 年（道光十三年），位于美国俄亥俄州克利夫兰西南 35 公里处一座宁

---

[1] 哈战涌编著：《民国政府五院院长》，北京：台海出版社，2013 年 5 月第 1 版，第 143 页。

静的小镇，以浓厚的理想主义和多元化的人文思想而闻名于世，是自由主义和民主主义先驱倡导者。1881 年（光绪七年），学院制定"欧柏林山西计划"，即在山西传教并建立现代化教育机构。[2]欧柏林学院神学研究生院（Oberlin Graduate School of Theology）的一些学子组建成"欧柏林差团"（Oberlin Band），获美国公理会海外传教会大力支持，并受其管理。该海外传教机构英文全名为：American Board of Commissioners for Foreign Missions（ABCFM）of the Congregational Church，总部设于波士顿，简称美都会。[3]光绪八年（1882 年），他们以欧柏林中国差团（又称"中华团"[4]，Oberlin China Band）之名远涉重洋来到山西省太谷县以及里美庄、任村、敦坊等地传教、办学、戒烟、施医。他们于光绪十四年（1888 年）在太谷县城内南街建立公理会总教堂"福音院"，附设义塾"华美公学"。孔祥熙为此校第一批学生之一。另外，他们在山西教区建立几所教会小学。但光绪二十六年（1900 年）中国北方地区爆发大规模的义和团运动（Boxer Rebellion）。在此期间，太谷地区有 6 名欧柏

2　[美]谢念林、[美]王晓燕、[美]叶鼎编译：《丁家立档案》，桂林：广西师范大学出版社，2015 年 2 月第 1 版，第 192-193 页。丁家立（Tenney Charles Daniel，1857-1930 年），美国马萨诸塞州波士顿人，美国公理会传教士、外交官、教育家。丁家立于 1878 年（光绪四年）毕业于达特茅斯大学，后入欧柏林学院神学研究生院，获颁神学硕士学位。毕业后，他和夫人来华，在太谷县传教。丁家立于光绪十二年（1886 年）辞去教会职务，赴天津就任李鸿章（1823-1901 年）的家庭英文教师，同时在天津设立中西书院并自任院长（任至 1895 年）。光绪十八年（1892年），他应英籍德国人德璀琳（Gustav von Detring，1842-1913 年）邀请，出任天津的博文书院教师。其间，他曾兼任美国驻天津领事馆副领事。光绪二十一年（1895 年）受盛宣怀（1844-1916 年）之聘，丁家立任天津北洋西学学堂首任总教习。光绪二十六年（1900 年），八国联军侵入天津，他一度兼任天津都统衙门汉文秘书，办理一切外交事务，后来又兼任保定学堂总教习。八国联军占领天津期间，北洋西学学堂被德军占领，校舍受损。丁家立旋赴柏林与德国政府交涉，获五万两海关银的赔偿金，即以此款建筑北洋西学学堂位于西沽武库的新校舍。光绪二十九年（1903 年），该学堂易名为北洋大学堂（今天津大学），丁家立仍任总教习。光绪三十二年（1906 年），丁家立辞去北洋大学堂总教习职，光绪三十四年（1908 年）离开天津，同年被达特茅斯大学授予名誉法学博士学位。此后，丁家立任美国驻华公使馆汉务参赞，民国十年（1921 年）退休回美，民国十二年（1923 年）夏复来华游历。1930 年（民国十九年），丁家立在美去世。

3　《历史概览》（Historical Overview），参见"欧柏林山西"（Oberlin Shansi）官网：https://www.shansi.org/historical-overview，引用日期：2021 年 2 月 15 日。

4　王正道、赵荣达：《太谷基督教公理会的六十六年》，收录于山西省政协文史资料研究委员会编：《山西文史资料》，第 21 辑，太原：山西人民出版社，1982 年 2 月第 1 版，第 134-150 页，特别参见第 135 页。

林学院传教士以及 8 名中国信徒被杀，学堂被毁。[5]欧柏林学院不得不暂停在山西的教育传教活动。为此美国欧柏林学院在校园塔潘广场（Tappan Square）建一座牌坊（Memorial Arch），纪念这次运动中的殉难校友。[6]光绪二十七年（1901 年），经过太谷教案之后，美国公理会以太谷县东关杨家庄的孟家花园为中外殉教士的坟地，在福音院前立碑勒石，并重建太谷县的公理会。[7]光绪三十年（1904 年），欧柏林学院派校友、内科医生韩明卫（Clarence Edmonds Hemingway, 1871-1926 年）夫妇即著名作家海明威（Ernest Miller Hemingway, 1899-1961 年）的伯父母入住太谷孟家花园，重新推动欧柏林学院在山西发展现代化医疗与教育事业，为创建铭贤学院做好先期预备工作。次年美国公理会派遣康保罗夫（Paul Corbin, 1875-1936 年）妇与贺芳兰（Flora Krauss Heebner, 1874-1947 年）至太谷。美国公理会在孟家花园建立仁术医院和贝露学校，分别由韩明卫和贺芳兰负责，康保罗负责治理太谷县公理会教务活动。此三人被太谷县公理会公认为"复兴三杰"。[8]光绪三十二年（1906 年），欧柏林学生志愿宣教团（Oberlin Student Volunteer Band）成立，至太谷继续先贤的办学工作，在原有基础之上先后扩建位于南关的男塾明道学堂以及位于东关的孟家花园的女塾贝露女校。

铭贤学院的整个办学历史与孔祥熙紧密联系在一起。孔祥熙，字庸之，号子渊，山西太谷人，祖籍山东曲阜，生于太谷县一亦商亦儒家庭，自陈孔子的第七十五世孙，光绪十六年（1890 年）10 岁时随父入教，先后就读于太谷福音小学"华美公学"和直隶通州（今北京通州区）的潞河书院等教会学校，后得到太谷公理会资助远赴美国求学。光绪二十七年（1901 年）至光绪三十三年（1907 年），孔祥熙先后完成欧柏林学院和耶鲁大学学业，获得学士与硕士学位。[9]孔祥熙学成回国前，向母校欧柏林学院的中国差团建议，在山

5 王正道、赵荣达：《太谷基督教公理会的六十六年》，同上，第 135-136 页。
6 《历史概览》（Historical Overview），同上。
7 王正道、赵荣达：《太谷基督教公理会的六十六年》，同上，第 136 页。
8 王正道、赵荣达：《太谷基督教公理会的六十六年》，同上，第 136-137 页。
9 中国大百科全书总编辑委员会《中国历史》编辑委员会、中国大百科全书出版社编辑部编：《中国大百科全书：中国历史》，1-3，北京：中国大百科全书出版社，1992 年 4 月第 1 版，第 535 页；朱利：《孔祥熙》，收录于朱汉国主编、郭大钧分册主编：《中华民国史第 7 卷：传 2》，成都：四川出版集团，成都：四川人民出版社，2005 年 11 月第 1 版，第 34-39 页，特别参见第 34-35 页；另外参见何东等主编：《中国革命史人物词典》，北京：北京出版社，1991 年 6 月第 1 版，第 95-96 页。

西设立一所纪念庚子年殉教的欧伯林学院校友的学府，传播"欧柏林精神"。该提议得到欧柏林学院的大力支持。[10]铭贤学院由此发端。

第二节　铭我前贤：私立铭贤学院的创建与发展

铭贤学堂（1907-1912 年）

門　校

School Gate

門牆一列瀟春風

銘賢学堂校門，校門牌中文為"銘賢学堂"，英文為"Oberlin-Shansi Memorial"。[11]

---

10 賀韶九：《太谷銘賢学校簡史》，收錄於中國人民政治協商会議山西省委員会文史資料研究委員会編：《山西文史資料》，第 22 輯，太原：山西人民出版社，1982年 5 月，第 138-149 頁，特別參見第 138 頁。另外參見信德儉等編著：《学以事人真知力行——山西銘賢学校办学評述》，"前言"，北京：中國社会出版社，2010 年 3 月，第 1 頁。

11 銘賢廿周紀念册委員会：《銘賢廿周紀念》，上海中華書局，民國十八年（1929 年）五月。

孔祥熙学成回国后在母校的鼎力支持下，践履诺言，于光绪三十三年（1907 年）秋在自己的出生地创办一所私立男塾，取名"铭贤学堂"。英文校名为"欧柏林-山西纪念学校"（Oberlin-Sansi Memorial School），旨在铭记先贤，即追念欧柏林学院在山西殉道的校友，并以典出《马可福音》10：45（"正如人子来，不是要受人的服事，乃是要服事人"。和合本）的"学以事人"（Learning for Service）为校训，希冀按照耶稣基督精神为广大社会造就人才。铭贤学堂以公理会在太谷南门外明道院所办的明道学堂为校址（今太谷县人民医院后院），将之改造而成。孔祥熙担任监督即校长，制定校歌、校旗。此即最初的"欧柏林中国计划"（Oberlin-in-China）的开展情况。[12]

翌年，该校成立"铭贤社"即欧柏林山西纪念协会，或称欧柏林山西纪念社（Oberlin Shansi Memorial Association，OSMA）[13]，简称"欧柏林山西"（Oberlin Shansi）。此机构一直延续至今[14]。其常设办事机构为"托事部"（The Board of Trustees），常驻欧伯林学院，负责筹资建校，在国内的执行管理机构是"理事部"（The Board of Managers）。民国十六年（1927 年）按照国民政府规定，理事会改为董事会。孔祥熙担任首任理事部/董事会主席兼校长。自学校建立，孔祥熙一直担任校长，但因政务繁忙，校务通常委托他人代理。

铭贤学堂初创时因由小学性质的明道学堂改造而成，所以只设定为含括初小与高小的完全小学，继而在此基础上发展成中学，最后扩展为专科学校与本科学院。初小学制 4 年，高小学制 3 年。宣统元年（1909 年），铭贤学堂增设初中部，学制 4 年。课程以"国文"、"英文"、"数学"为主，学生数量不多，每年毕业人数至多 10 余人。[15]

孔祥熙在家乡创办的私立学校并非白手起家，而是如前文所述，以太谷南门外明道院蒙馆——明道学堂为基础。此校园为一座小型四合院。义和团运动后，贝露女校和仁术医院在太谷县城东的孟家花园通过办学设医来传教。宣统元年（1909 年），铭贤学堂的校址与之对调，迁至孟家花园，以之为永久校址。

---

12 [美]谢念林、[美]王晓燕、[美]叶鼎编译：《丁家立档案》，同上，第 192 页。

13 关于铭贤社的相关历史文献资料，参见"欧柏林学院档案馆"（Oberlin College Archives）官方网站上的专栏"欧柏林山西纪念协会文献录：1868 年-现今"（Oberlin Shansi Memorial Association Records，1868-present）：http：//oberlinarchives.libraryhost.com/?p=collections/controlcard&id=5，引用日期：2020 年 4 月 10 日。

14 现该机构的官方网站为：https：//www.shansi.org/。

15 贺韶九：《太谷铭贤学校简史》，同上，第 139 页。

贝露女校和仁术医院则迁至太谷南门外的明道学堂校址。此后仁术医院和贝露女校分别于民国二年（1913 年）和民国三年（1914 年）扩建。保留至今的建筑包括太谷县人民医院的韩楼（现为"和平楼"）、贺楼（现为"五一楼"）、康楼（现为"新生楼"）。太谷公理会总部设于城内南街的福音院。[16]

孟家花园距太谷城约二里，"北有象水溶溶，南有凤山屹立，天然的景致中间，供了一个读书的所在；林木丛郁，楼房高耸，四面农田茅舍，芳草奇径，还藏有不少的农林淡雅风味。"[17]孟家花园地势平坦，南北长约 200 米，东西宽约 110 米，总占地面积约 2.2 万余平方米。铭贤学堂迁入后，主校门沿用孟家花园原门，门额上挂着"铭贤学堂"金字匾。校匾"铭贤学堂"，由中国史上最后一名状元、著名书法家刘春霖（1872-1944 年）题写。中文题字下附有英文校名"Oberlin Sansi Memorial"，由韩明卫之妻韩美瑞（Mary Williams Hemingway, 1875-1974 年）题写。[18]

宣统三年（1911 年）武昌起义爆发，孔祥熙起而响应，组织义军营务处，总领商团、巡警、巡防队、学生军及民军数千人。学生军部分成员参加敢死队，赴娘子关抵抗清军。孔祥熙堂弟孔祥珍（1893-1911 年）在保定牺牲[19]。在孔祥熙校长带领下，铭贤学堂师生积极参加辛亥革命，学校停课半年。[20]

铭贤学校（1912-1940 年）

民国元年（1912 年），南京临时政府教育部下令改革旧有学制，第一条规定是为"学堂"改名，从前各学堂均改为学校。监督、堂长一律通称校长。民国教育部从南京移至北京，重新梳理整个"学校"系统，对学制作出新的规定，其中初等小学 4 年，高等小学 3 年，中学校 4 年，大学本科 3 年或 4 年，预科 3 年，大学院不立年限。根据政府规定，铭贤学堂改名为"铭贤学校"。[21]民国

---

16 贺韶九：《太谷铭贤学校简史》，同上，第 137 页。

17 铭贤廿周纪念册委员会：《铭贤廿周纪念》，同上。

18 信德俭等编著：《学以事人 真知力行——山西铭贤学校办学评述》，"前言"，同上，第 2 页。

19 孔祥珍，字聘之，山西太谷人，是孔繁杏（1859-1937 年）之子，宣统二年（1910年）赴美国哥伦比亚大学留学，次年暑假回国期间受同盟会之托，在保定青年军校密谋组织革命青年团，但因有人泄密，在起事前突遭暗枪身亡。参见谢克昌主编：《孙中山与山西》，北京：团结出版社，2011 年 5 月第 1 版，第 692 页；徐品：《民国社交圈》，哈尔滨：北方文艺出版社，2018 年 10 月第 1 版，第 282 页。

20 贺韶九：《太谷铭贤学校简史》，同上，第 139 页。

21 信德俭等编著：《学以事人 真知力行——山西铭贤学校办学评述》，"前言"，同上，第 2 页，认为在宣统三年（1911 年）改名为"私立铭贤学校"。

二年（1913 年），孔祥熙应中华基督教青年会全国协进会（National Committee of the Y.M.C.A. in China）之邀，赴日本担任留日中华基督教青年会总干事之职，校务由美国教育传教士伍乐福（Jesse B. Wolfe）代理。[22]

孔祥熙于民国四年（1915 年）秋由日本归国，主理校务，学校得到迅速发展。民国五年（1916 年），铭贤学校增设大学预科（Junior College，1916-1923 年），学制 3 年，分师范、文理、工商、教育科，提出以"德智体三育需兼并进"为办学思想。[23]学校管理设立科长制（1916-1921 年），具体负责校务，美国教育传教士田俊卿（W. C. Fairfeild）担任大学预科科长，美国教育传教士温尔安（Frank Bradford Wamer）担任小学科科长，中国人程子青担任中学科科长。民国十年（1921 年）温尔安回美，废除科长制，改为副校长制（1921-1925 年），即在校长之外另设副校长 1 人具体负责校务，田俊卿担任第一任副校长。[24]

赵紫宸（第二排左三）访问太古[25]

---

22 贺韶九：《太谷铭贤学校简史》，同上，第 139 页。另外，根据信德俭等编著：《学以事人 真知力行——山西铭贤学校办学评述》，同上，第 402 页"附录 VII：在铭贤学校任教的美籍人员一览表"，伍乐福代理校长的年度为 1912-1917 年。

23 信德俭等编著：《学以事人 真知力行——山西铭贤学校办学评述》，"前言"，同上，第 2 页。

24 贺韶九：《太谷铭贤学校简史》，同上，第 140 页。

25 铭贤廿周纪念册委员会：《铭贤廿周纪念》，同上。

按照国民政府教育部规定，依据全国教育会议决议，铭贤学校于民国十二年（1923年）夏改行"壬戌学制"，小学为四二制（初小4年，高小2年），中学为三三制（初中3年，高中3年），停办大学预科。大学预科8年办学总计毕业61人[26]。大学预科增改为高中班，设文理、师范、商业等科，分科教学。民国十四年（1925年），铭贤学校向国民政府教育部申请立案。同年，田俊卿回美，副校长制废除，校务由新成立的校务行政委员会（1925-1937年）执行，程子青为第一届委员长。民国十四年（1925年），著名汉语神学家赵紫宸（1888-1979年）访问太谷县。民国十五年（1926年），田俊卿由美返校，担任校务行政委员会委员长，次年回美，改由贾麟炳（1899-1981年）[27]继任；同年秋，乔晋梁（字辅三）学成回国，接贾麟炳具体负责校务，创办《晨曦》、《海涛》、《半夜钟》等校刊。[28]

民国十六年（1927年），铭贤学校获国民政府教育部正式立案。[29]次年，学校增办农科，从事农业实验研究工作，开办实验农场、畜牧场、园艺场；民国二十年（1931年），又增设工科，研制农具为农业服务，建立小型木模厂、铁工厂、纺织厂、化工厂、印刷厂。[30]民国二十一年（1932年），农、工两科呈准立案。这是铭贤学院的前身铭贤农工专科学校的草创时期。[31]

---

26 邢锡麟、盛成喜：《从铭贤学校到山西农业大学》，收录于中国人民政治协商会议山西省委员会文史资料研究委员会编：《山西文史资料》，第53辑，"铭贤校友忆铭贤"，中国人民政治协商会议山西省委员会资料研究委员会编印，1987年第5辑，1987年9月，第1-12页，特别参见第2页。

27 吴连城：《贾麟炳事略》，收录于中国人民政治协商会议山西省委员会资料研究委员会编：《山西文史资料》，第53辑，同上，第107-110页，特别参见第109页。贾麟炳，字炎生，太谷北村人，早年丧父，家境贫寒，以勤工俭学毕业于铭贤中学；毕业后，以成绩优异由铭贤保送，考入北平燕京大学教育系，得教育学士学位，并获"金钥匙奖"；燕大毕业后，应铭贤中学之聘，回校任教，屡迁，任教务主任，后由校董事会推荐赴欧柏林学院进修，获教育硕士学位，回国后总理校务，任代校长。全面抗日战争爆发后，贾麟炳力主南迁，并亲自主持此项工作。贾麟炳在全国解放前夕，二度赴美深造；1949年，应锡兰大学之聘拟往讲学，但于1950年夏回太谷原校，后到山西大学、太原工学院担任外语教授，参加九三学社。

28 贺韶九：《太谷铭贤学校简史》，同上，第141页。

29 邢锡麟、盛成喜：《从铭贤学校到山西农业大学》，同上，第2页。

30 范敬一、成一：《抗战时期迁川的铭贤学校》，同上，第161页。

31 邢锡麟、盛成喜：《从铭贤学校到山西农业大学》，同上，第2页。

山西銘賢學校大學部招生簡章

額數：本校十九年秋學期起招收文理科第一年級新生各三十名。

投考資格：凡曾在已立案之公私立高級中學畢業或在大學預科畢業程度相當

報名手續：報名時須繳報名費二元並將最近二寸半身照片一張連同畢業證書修業證書同時繳齊手續未完不得預試。報考者皆得一生，考取與否概不退還

考試科目：分文理科考，國文英文數學，黨義。歷史地理科學常識測驗（投考文科者可選考二項）物理化學文學常識測驗（投考理科者可選考二項）

報名日期：自三月一日起，至七月一日止。

考試地址：本校

考試日期：七月六日，七，八日，

揭曉日期：考試後五日錄取各生另函通知。

費用：
報名費二元
膳費每學期三十五元
實驗費每學期三十五元
保證金五元
雜費十元

附則：如其他各項費用由校務會臨時規定。有詢問事項請逕函本校教務辦公處當即函復。

山西铭贤学校大学部招生简章[32]

在乔晋梁长校期间，铭贤学校于民国十八年（1929 年）接收设在太谷南关的贝露女校，改为女子部，呈报山西省教育厅备案。贝露女校取名来自两位女传教士——贝如意（Susan Rowena Bird，1865-1900 年）以及露美乐（Mary Louise Partridge，1865-1900 年）。她们在义和团运动期间殉教。民国二十二年（1933 年），女子部由南关迁到孟家花园，与男子部合并。铭贤学校由此成为山西省最早实行男女合校的中学。[33]

乔晋梁于民国二十三年（1934 年）春离职，校务由贾麟炳继任；次年，燕京大学梅贻宝（Yi-Pao Me，1900-1997 年）借调铭贤学校主持校务。民国二十五年

---

32 铭贤廿周纪念册委员会：《铭贤廿周纪念》，同上。
33 邢锡麟、盛成喜：《从铭贤学校到山西农业大学》，同上，第 2 页。

（1935年），校务由吴克明、贾麟炳主持。[34]民国二十六年（1937年），民国政府国防委员会为发展实业，准予铭贤学校建立农工专科学校；8月，贾麟炳任代理校长，但因全面抗战爆发，学校计划西迁，农工专科学校招生开课计划延迟。[35]

铭贤学堂入住孟家花园时，其主要建筑由以崇圣楼为中心的东中西三院构成：东院为两进院落，中院为崇圣楼，西院为三进院落。在孟家花园原有基础之上，孔祥熙在东侧新建11间平房，题名"大庇欢颜"院；再往东新建3处品字形平房、2座点式小楼，时称五院。此外，孔祥熙在孟家花园西侧建有坐北南向、坐西东向的数间平房，时称大西院。随着教学规模扩大，孔祥熙在宣统元年（1909年）至民国二十四年（1935年）陆续完成校园基础建设工作。孔祥熙特别邀请南京国民政府所聘美国建筑师墨菲，为铭贤学校设计《本校建筑设计全图》。设计图以崇圣楼向南为中轴线，整个布局呈扇形，对每栋建筑进行合理安排。最后完成的铭贤校园建筑包括一批教室与实验室，主要有：杭氏楼（1921年）、田氏楼（1923年）、韩氏楼（1924年）、亭兰图书馆（1935年）、嘉桂科学楼（1935年）等；一批宿舍楼，分布在南院，主要有：1号楼（1923年）、2号楼（1932年）、3号楼（1929年）、4号楼（1930年）、5号楼（1923年）、6号楼（1932年）、7号楼（1927年）、8号楼（1932年）、11号楼（1923年）、14号楼（1932年）；另外包括：南院0号楼，古西式单号楼9、13、15、17、19、21号楼，南院古西式双号楼10、12、16、18号楼，以及平房20号院。据不完全统计，至民国二十五年（1936年），铭贤学校占地面积达46.7公顷，总建筑面积达1万多平方米，为筹办铭贤农工专科学校以及在此基础之上升格为铭贤学院奠定良好的物质基础，[36]但是随后不久战火纷飞，这座幽雅、齐备的校舍没有发挥自身应有的功能。

这所教会大学在历史上以铭贤学院之名闻达于世，但是，正如其它教会学校一样，因为学制与时局之变，校名与校址多有改动，常常让后人眼花缭

---

34 贺韶九：《太谷铭贤学校简史》，同上，第141页。另外参见邢锡麟、盛成喜：《从铭贤学校到山西农业大学》，同上，第2页，认为乔晋梁于民国二十二年（1933年）离职，校务由贾麟炳、吴克明共同负责；次年秋，燕京大学梅贻宝借调铭贤学校主持校务。民国二十五年（1936年），校务由吴克明、贾麟炳主持，梅贻宝改任燕京大学文学院院长。

35 邢锡麟、盛成喜：《从铭贤学校到山西农业大学》，同上，第3页。

36 信德俭等编著：《学以事人 真知力行——山西铭贤学校办学评述》，"前言"，同上，第2页；方亮：《山西铭贤学校的校址变迁及校园环境的多重价值初探》，刊于《山西农业大学学报（社会科学版）》第9卷（第4期）2010年，第490页。

乱。尤为特别的是，抗战烽烟迫使这所教会学校不断迁移校址。这就给我们留下了一张曲折蜿蜒的临时校址变迁图。

民国二十六年（1937年）卢沟桥事变爆发之后，迫于战火绵延，铭贤学校不得不随着战事而迁移。10月，学校先向南迁至晋南运城，除借用运城师范学校的部分校舍外，主要租借文庙旧址。11月，晋南局势紧张后，铭贤师生由茅津渡过黄河到达河南陕州（今三门峡市），借住陕州师范中学、女子小学，以及新生活俱乐部等地继续上课3个月。民国二十七年（1938年）元月，学校迁往西安，租用西安市东关长乐东坊的陕西小学教师训练所即原尊德女校旧址，继续上课10个月。是年3月，铭贤学校女子部迁往汉中；11月，师生抵陕南沔县武候镇，以城内文庙为办学中心，后分别以武庙、三圣祠及西北联合大学农学院旧址等地为办学地点。[37]

铭贤农工专科学校（1940-1943年）

民国二十八年（1939年）4月，铭贤师生历经山西、河南、陕西、四川四省，行程二千公里，中途停留运城、陕州、西安、汉中、沔县五地，最终来到大后方，在四川金堂县（今属于成都市）姚家渡曾家寨办学。[38]在曾家寨，铭贤学校在中、小学复课之同时，积极筹办农工专科学校，在离乱时代得到进一步发展。[39]

作为开设本科教育的教会大学铭贤学院，实际上由私立"铭贤农工专科学校"升格而来。铭贤农工专科学校，建于颠沛流离的民国二十九年（1940年）秋，经国民政府教育部批准立案，并招生开课，学制3年，校舍位于金堂县城北门外古城桥，今成都市青白江区城厢镇，距离曾家寨约10华里。[40]这所专科学校是在原有中小学办学基础之上另设大学课程，实际上为大学专科水平。按照国民政府教育部规定，铭贤农工专科学校开设农学部与工学部，下设科，其中农学部设立垦植、畜牧兽医、农业工程3科，工学部设立机械工程、化学工程、纺织工程3科。铭贤农工专科学校前后招生3年，在校生有111人，总计

37 贺韶九：《太谷铭贤学校简史》，同上，第146-147页。

38 范敬一、成一：《抗战时期迁川的铭贤学校》，收录于中国人民政治协商会议四川省成都市委员会文史资料研究委员会编：《成都文史资料选辑》，第16辑，"纪念七·七抗战五十周年史料专辑之一"，内部资料，1987年5月，第158-175页，特别参见第158页。

39 邢锡麟、盛成喜：《从铭贤学校到山西农业大学》，同上，第3页。

40 范敬一、成一：《抗战时期迁川的铭贤学校》，同上，第158页；范敬一、成一：《抗战时期迁川的铭贤学校》，同上，第168页。

毕业80人；教师有42人，其中包括：教授15人，副教授4人，讲师9人，助教14人。[41]

私立铭贤学院（1943-1951年）

正是在大后方临时校址上，民国三十二年（1943年），铭贤农工专科学校升格为私立铭贤学院（Oberlin Sansi Memorial College），提供本科教学，学制4年，实行学分制，下设的学科扩充为三：农科、工科与商科；杨蔚任代理校长。原专科学生于民国三十四年（1945年）全部毕业，不再另行招生。[42]农科原设立的垦植系、畜牧兽医系、农业工程系，畜牧兽医系不变，畜牧兽医系、农业工程系合并为农艺系，原属于垦植系的农业经济组扩充为农业经济系。工科原设立的机械工程系、化学工程系和纺织工程系保持不变。另外，商科设立工商管理系学系和银行学系。[43]至此，私立铭贤学院已经发展为一所集小学、中学、大学以及工农实验基地为一体的文教团体。

民国三十四年（1945年）日本投降后，内战爆发，原规划的返校计划难以实现。铭贤学院决定逐渐向北迁移，先迁至陕西，在三原东关及泾阳永乐店两处租房屋各数十间，将中学部分批迁往三原东关。另外，铭贤学院还租西安市内楼房1栋，共16间，作为铭贤学院工商管理学系和银行学系临时校舍，曾家寨校址停办两系。民国三十六年（1947年），面对陕、川两地办学境况，校方决定迁至成都集中办学，在成都租用原中央造币厂成都分厂房屋二分之一，作为该院学生与教职员及其眷属宿舍，另外在东门外天仙桥租定楼房1处，作为校本部，安置院办公室、教室、试验室及单身教职员宿舍。民国三十七年（1948年），铭贤学院迁至成都，为了管理方便，将三原的中学部，以及西安的工商管理学系、银行学系迁回成都。因校舍不敷使用，农业经济系、化学工程系、银行学系停办。1949年，贾麟炳任代理校长。1950年元月，学院由中国人民解放军成都市军事管制委员会接管，其时学院设有3科5系：农科：农艺学系、畜牧学系；工科：机械工程学系、纺织工程学系；工商管理学系，在校学生有358人，教职员总计286人。[44]

---

41 邢锡麟、盛成喜：《从铭贤学校到山西农业大学》，同上，第3-4页。
42 邢锡麟、盛成喜：《从铭贤学校到山西农业大学》，同上，第4页。
43 范敬一、成一：《抗战时期迁川的铭贤学校》，同上，第169页。
44 邢锡麟、盛成喜：《从铭贤学校到山西农业大学》，同上，第4页。

第三节　学求致用：1951 年之后的铭贤学院

公立铭贤学院（1951 年）

山西农学院（1951-1966 年，1971-1979 年）

山西农业大学（1979 年-）

在中华人民共和国成立之后不久，1950 年 10 月，铭贤学院师生在离开母校原址十三年后最终分批迁回太谷县；吴克明担任院长。1951 年元月，政务院教育部在北京召开处理接受外国津贴的高等学校会议，会后私立铭贤学院被收归国有，由山西省人民政府接管，改为公立。同年，全国开展大规模院系调整活动。铭贤学院的机工、工管两系合并于山西大学机电系，工管系后又合并于中国人民大学；纺工合并于西北工学院纺织系；铭贤中学高中并入太原第五中学；太原中等农业技术学校合并入铭贤学院，为附属中等农业技术学校，原铭贤学院的初中并入该校。1951 年国庆节，铭贤学院易名为山西农学院，成为当时山西省仅有两所高等学府中的一所。另一所是山西大学，也由传教士参与创办。1952 年，在全国高等教育实行院系调整期间，山西农学院的畜牧兽医系的兽医部分，合并于内蒙古畜牧兽医学院。至此，山西农学院只设农学与畜牧 2 个专业。[45]"文化大革命"期间，山西农学院于 1966 年停止招生，后于 1971 年恢复。1979 年，山西农学院更名为山西农业大学，校名沿用至今。[46]"铭贤农工专科学校"与"铭贤学院"开办私立高等教育前后有十年之久。从如此简略的勾划中，铭贤学院校史明显可以分为三个阶段：前铭贤学院时期；铭贤学院时期；后铭贤学院时期。由于第三个时期与本书主题无关，在此一笔带过，不作详解。

自 1951 年私立铭贤学院被山西省人民政府无偿接收，改为山西农学院之后，"铭贤"校名不复存在。自建校起，美国的欧柏林学院一直为铭贤提供捐助。1950 年代中美断交后，双方交流渠道中断，欧柏林学院将所有捐助款项存储不动。1970 年代初，中美关系缓和后，欧柏林学院恢复在华的教育支持计划，将存款以及利息逐步转给山西农学院以及现今的山西农业大学，讫今未断。至今俄亥俄州的欧柏林学院与太谷的山西农业大学之间一直保持着密切的经济、教育、科研合作关系。[47]

---

45 邢锡麟、盛成喜：《从铭贤学校到山西农业大学》，同上，第 6-7 页。

46 邢锡麟、盛成喜：《从铭贤学校到山西农业大学》，同上，第 8-9 页。

47 高志义、荣昌旭：《昔日"铭贤"今日"农大"》，《人民日报》专访，原刊于 1987

第四节　永矢弗谖：私立铭贤学院遗存录

从上述私立铭贤学院办学历史来看，私立铭贤学院因自身办学需要以及时局变迁而在多处设坛开课，其中至今可以确证的主要包括如下 5 处旧址。

一、明道学堂旧址

铭贤学院的最早前身铭贤学堂以太谷南门外即南关公理会所办的明道学堂为校址。明道学堂旧址现位于现今太谷县人民医院后院。贝露女校是铭贤学校女子部的前身。铭贤学堂从太谷南关原明道学堂校址迁出后搬入贝露女校孟家花园校址，而贝露女校迁入原明道学堂校址。民国十八年（1929 年），铭贤学校接收设在太谷南关原明道学堂旧址的贝露女校，改为女子部。民国二十二年（1933 年），女子部由南关迁到孟家花园与男子部合并。[48]

二、山西铭贤学校旧址

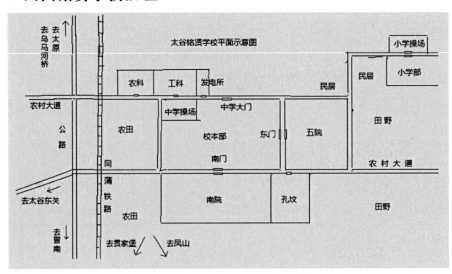

太谷县铭贤学校旧址示意图[49]

年 6 月 27 日《人民日报》海外版，收录于中国人民政治协商会议山西省委员会文史资料研究委员会编：《山西文史资料》，第 53 辑，"铭贤校友忆铭贤"，1987 年第 5 辑，1987 年 5 月，第 127-131 页，特别参见第 131 页。

48 方亮：《山西铭贤学校的校址变迁及校园环境的多重价值初探》，同上，第 489 页。

49 旅客萍踪：《铭贤学校在太古》，刊于"铭贤学校"网站：http://mingxian.life/旅客萍踪铭贤学校在太古/，引用日期：2021 年 8 月 18 日。

山西铭贤学校旧址现位于晋中市太谷县铭贤南路 1 号，属于太谷县南城区管委会杨家庄村西山西农业大学校园的一部分。旧址为孟家花园，最初由太谷公理会作为安葬被义和团运动杀死的中外教徒之墓地。宣统元年（1909 年），铭贤学堂扩大办学规模，从太谷明道学堂迁来此处定居下来，并不断发展扩建。孟家花园原以崇圣楼、尚德堂、大石桥、四明厅、水池和假山为中主轴向两边展开，中轴两侧景观大致对称。铭贤学校迁入孟家花园后，墨菲为铭贤学校设计的校园，以崇圣楼和教师花园为主轴，女子中学在主轴东侧，男子中学在西侧，二者大致呈同心圆对称布置，半圆最外沿为男女同校的大学区。这是铭贤升格成大学后的远景设想。后墨菲修改设计方案，将半圆形布局调整为扇面形，新方案将孟家花园称为"旧花园"，其东西两侧称为"新花园"，最终以完满的正圆形存世，以北门为校园中心，孟家花园是整个平面放射的中心和校园入口，南部校区为三个圈层，第一层为北院原建筑，第二层为南院教师住宅，第三层为预留地，以备将来扩建大学教学楼和宿舍，整个南部半圆形成以崇圣楼向南为中轴线的扇形。[50]

目前，铭贤学院旧址的主要建筑基本保存完好。"山西铭贤学校旧址"被列入全国重点文物保护单位，为近现代重要史迹及代表性建筑。孟家花园初建时，南北长约 200 米，东西宽约 100 米，总建筑面积约 2.2 万平方米。花园为长方形地段。现存建筑占地面积南北长约 80 米，东西宽约 100 米，总面积约 8，000 平方米，分东、中、西三院，总计有房屋 40 栋，崇圣楼中院 6 栋、崇圣楼西院 5 栋、崇圣楼东院 3 栋、曲尺形水榭院 5 栋、杭氏楼、韩氏楼、田氏楼、亭兰图书馆、嘉桂科学楼各 1 座、别墅 16 栋。保护范围包括：东至科苑路东沿，南至别墅群南院 18 号楼南侧现状道路南沿，西至图书馆东侧场地边界线，北至崇圣楼建筑群北侧道路北沿。建设控制地带包括：东至理化楼东侧现状道路西沿，南至 1 号公寓楼南侧现状道路北沿，西至图书馆西侧现状学校道路西沿，北至农大教职工宿舍区东区 4 栋、13 栋、22 栋和西区 10 栋、13 栋、27 栋等建筑群北侧现状道路南沿。东院为两进院落；中院（祀神区）系四合院；西院（寝室及书斋区）是三进院落。曲尺形水榭院原位于花厅南，因山西农业大学建造图书馆，将其移至花厅西侧。四明厅原在尚德堂南，

---

50 李彪、李卫朝：《铭贤学校景观文化研究》，刊于《沈阳农业大学学报（社会科学报）》第 19 卷第 3 期，2017 年 5 月，第 347 页。

也因山西农业大学建图书馆，按原样移至水榭院西侧。[51]

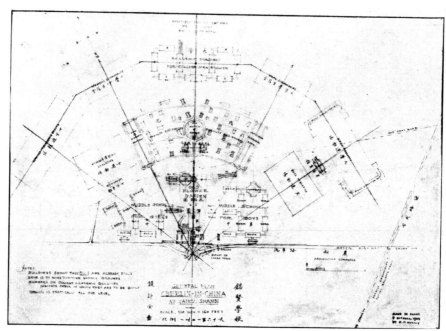

山西铭贤学校太谷旧址全图[52]

崇圣楼

崇圣楼（Memorial Tower），是孟家花园的主体建筑、花园中轴线起点。崇圣楼，原称"天后圣母楼"，亦称"天后宫"，为供奉天后圣母即我国东南沿海地区传说中的海上女神妈祖像之地。铭贤学堂迁入后，将天后圣母楼改称"崇圣楼"，改祭水神为铭圣人，成为奉祀孔子之所。此楼建于乾隆年间，如今北方地区少有保留供奉妈祖神的建筑物。崇圣楼，为卷棚顶二层楼房，坐北朝南，正面外墙雕满精致的龟文图案，木结构装饰精美，斗栱飞檐，雕梁画栋，并安装有铁铸盘龙滴水。第一层楼外建有较大的抱厦，厦顶为第二层楼门外的平台，平台东南西三面有砖雕勾栏。抱厦两侧和正面的顶梁柱之间，均饰有木质玲珑剔透的蟠龙雀替，配以龙昂角斗和大高度翘起的翼角飞椽，凸显飞檐翼出，如同禽鸟争啄。全楼高约 10 米，为全园最高处。当年登二楼门外平台，可近观园内假山田园小天地，远眺凤山风云雨塔大世界。楼

---

51 《孟家花园》，刊于"山西农业大学"官网：http://xsg.sxau.edu.cn/info/1052/1021.htm，引用日期：2020 年 4 月 10 日。

52 铭贤廿周纪念册委员会：《铭贤廿周纪念》，同上。

内二层原为供奉天后圣母像的祈禳之所，楼下抱厦原为酬神的戏台，东西两侧所建的 2 间小轩、3 间大轩为看厢。[53]

崇圣楼[54]

杭氏楼

杭氏楼由美国欧柏林学院美藉杭氏（Hawley）四兄妹为纪念其父母传布基督、从事文化教育事业而捐建，故名。杭氏楼于民国十年（1921 年）秋竣工，总建筑面积 503 平方米，原为学校开展教学和公务活动场所。杭氏楼上层为大礼堂，下层为教室，故亦称"大礼堂"；1951 年 9 月，改称"小礼堂"，一层用作教室。现一层为校工会办公室。该建筑坐南朝北，平面为矩形，入口处采用券式装饰，有圆柱 4 根，东西立面二层中间部位采用青砖与仿水泥拉毛装饰，拐角处柱子的连接设计为锯齿形。建筑以砖承重墙，使用清水砖墙、木屋架。外墙砌筑方式为一顺一丁砌法，屋顶为歇山顶挑檐。山面开有圆窗，屋顶正脊采用镂空砖瓦装饰。楼门向北，六级石阶台上建有抱厦。第一层为 1 堂 5 室，第二层为 1 大厅堂。屋内楼梯、第二层地板全为实木结构。纪念捐赠人铜牌上写有：为纪念敬爱的 Henry Dwight Hawley 和他的夫人

---

53 《崇圣楼》，刊于"山西农业大学"官方网站：http://xsg.sxau.edu.cn/info/1052/1022.htm，引用日期：2020 年 4 月 10 日。铭贤廿周纪念册委员会：《铭贤廿周纪念》，同上。

54 铭贤廿周纪念册委员会：《铭贤廿周纪念》，同上。

Elizabeth Keeler Hawley，他们二人以永恒的兴趣和忠诚的信仰，传播基督教，并从事文化教育事业。他们的子女特建筑此楼，以资纪念。署名：Charles Dwight Hawley，John Amon Hawley，Henry Keeler Hawley，Flora Hawley，D.D.C.。[55]

杭氏楼[56]

田氏楼

田氏楼由田俊卿捐款兴建，故名。田氏楼于民国十二年（1923年）落成，

---

55 李彪、李卫朝：《铭贤学校景观文化研究》，同上，第349页；《杭氏楼》，刊于"山西农业大学"官方网站：http: //xsg.sxau.edu.cn/info/1052/1025.htm，引用日期：2020年4月10日。

56 铭贤廿周纪念册委员会：《铭贤廿周纪念》，同上。

原为自然科学实验室，因此又被称为"科学楼"。田氏楼先为田氏居所，后为医疗室和科学实验楼；1951 年 9 月，改称"北楼"，为学院党委和人事机关办公处，现用于后勤、财务处、国资处等单位办公。田氏楼原位于孟家花园观赏楼（现科技处所在地）与亭兰图书馆之间，与杭氏楼正对。1986 年，因建图书馆（现今的崇学楼）田氏楼移建于现址，位于韩氏楼东侧。田氏楼总建筑面积 617 平方米，坐北朝南，建筑地上二层，以砖承重墙，使用清水砖墙、青瓦屋顶、砖木结构，屋顶为木屋架。原基座砖墙外侧采用红色涂料，平面为不规则矩形，对称布局，北立面凹凸有变化，室内形成 135 度角，打破过长的建筑形体带来的单调感。不规则的平面使立面砖墙砌筑方式不一，北立面二层设计有半圆窗，其余各面均为方窗，墙面无任何装饰。屋顶样式为中国传统歇山顶变形，山面开有圆窗，使建筑与周围建筑保持和谐。地下一层为供暖处，地上二层为独栋楼，屋内楼梯、地板全为实木铺成。地上一层有 6 室，二层为 1 廊 5 室。一楼设主次三门，主门向南，与杭氏楼门相对；次门一向东南，一向北。[57]

图书楼

图书楼于民国十二年（1923 年）建成，总建筑面积 288 平方米，楼上摆方桌子，配靠背椅，四围摆满书架，里面装满各种学术类中英文书籍，楼下是阅报室，里面摆两张长桌子和若干凳子，上列汉英报刊 10 余种、各种杂志，供学生阅读新闻。[58]

校长院

校长院建于民国十二年（1923 年），后有寝室，前有办公室。校长寝室设客厅、卧室、卫生间，采用地暖取暖方式。[59]

韩氏楼

韩氏楼，由韩明卫为纪念其母而捐建，故名。韩母素抱博爱主义，屡次欲来中国未竟，临终时将储蓄金 2 万美元捐给铭贤学校，为建筑宿舍之用。

---

57 李彪、李卫朝：《铭贤学校景观文化研究》，同上，第 349 页；《田氏楼》，刊于"山西农业大学"官网：http://xsg.sxau.edu.cn/info/1052/1023.htm，引用日期：2020 年 4 月 10 日。

58 方亮：《山西铭贤学校的校址变迁及校园环境的多重价值初探》，同上，第 491 页。

59 方亮：《山西铭贤学校的校址变迁及校园环境的多重价值初探》，同上，第 491 页。

铭贤学校按照韩母遗愿建韩氏楼。该楼于民国十三年（1924 年）竣工，总建筑面积 1,026 平方米，中部突出 1 米，北面突出 1 米。韩氏楼立面分 3 层，地上 2 层，地下 1 层。上层是大学预科生即后来的高中生宿舍，下层是初中生宿舍，底层是洗澡堂、洗衣室、汽炉蒸锅室，兼作服务用房，学生理发室设于地下室。建筑外观采用古典主义，构图为横五段、竖三段。整个建筑坐南朝北，平面为不规则矩形，采用单向走廊、东西对称布局。田氏楼入口处采用拱心石券，简洁大方，室内有木楼梯、木扶手和木地板。第二层窗户装饰一条立式砌筑砖线，利用红砖不同砌法形成不同样式的立面装饰。屋顶采用坡屋顶，中心突出排列一对烟囱。大屋顶铺设青瓦，有十二角飞檐。东、中、西三处楼门均向北开启。中门与东西门之间的墙上各镶嵌一黑色石块，上刻有"韩氏纪念"和"HEMINGWAY MEMORIAL 1924"字样。居室全部向阳，北侧为入室通道。[60]

亭兰图书馆

亭兰图书馆，为孔祥熙及其夫人宋霭龄（1889-1973 年）为纪念双方父母筹建，各取孔祥熙父亲孔和亭的"亭"字和母亲庞玉兰的"兰"字命名。主体结构由美国建筑设计师墨菲规划。亭兰图书馆于民国二十五年（1936 年）竣工，总建筑面积 1,382 平方米，为三层建筑，地上两层。第一层为纪念室、办公室、编目室、阅报室及书库。第二层为阅览室及书库，书库上下可容书 10 万余册。阅览室可容二百余人同时阅览。亭兰图书馆外观中式，内部构造西式。地板全采用水磨石，有花纹。楼梯踏步及栏杆全采用水磨石体铸成，用手工磨制。这种材料不会燃烧，可防火。书库内书架全部为铁架，层次可活动调整，铁质，不会燃烧。阅览室屋内装设无影灯，光线明亮而柔和，不刺眼。桌椅为核桃木制，光滑细致。椅子腿下有橡皮垫。亭兰图书馆坐东朝西，采用西方流行的钢筋混凝土结构，以砖砌壁柱承重；在建筑体量上，用突出大屋顶手法表现中国民族风格。亭兰图书馆采用平面十字形布局，主入口为柱式方形门廊，以红柱、挑檐、玻璃瓦砌筑，屋檐有雕刻，彩画细致，门楼内砧墙门顶用汉白玉匾砌入墙内。门楣有"亭兰图书馆"五个石刻阴文金字。

---

60 王春芳：《山西近代教会学校建筑的先驱——铭贤学校》，《华中建筑》2013 年第 1 期，第 169 页。另外参见李彪、李卫朝：《铭贤学校景观文化研究》，同上，第 349 页；《韩氏楼》，刊于"山西农业大学"官方网站：http: //xsg.sxau.edu.cn/info/1052/1025.htm，引用日期：2020 年 4 月 10 日。

双柱上端与飞檐下部雕刻瓶、鼎和香炉等，寓意平等与香火旺盛；又有海马、水壶和红色门柱以示水火相济。大门为木质门，第一层中部为大厅，两部楼梯在大厅两侧对称布置，采用水磨石地板，踏步和扶手均为石质，两翼各有 4 间办公室。第二层中部为 2 间办公室，两翼与一层布置相同。整个建筑立面构图采用西方古典主义的纵向三段式，立面分为中段与左右两翼，布局对称，横三段和纵三段突出强调建筑中轴线。正立面两侧八开间，设凹窗，外加窗套，整体比例端庄大方，以柱子为墙面分隔物，无过多装饰，只在两层窗户间的墙面装饰有石板。矩形门窗及窗框配有装饰图案，富有韵律感。楼门抱厦均建在五级石基上。外墙砌筑方式为一顺一丁砌法。内墙为中空式，竹质填充，内墙外部涂抹水泥，外立面一层窗下墙采用水刷石。屋架为木造，屋顶为十字琉璃瓦歇山顶，众多彩色吻兽立于屋脊，有"大吻"、"重兽"、"戗兽"、"合角吻兽"；在"重兽"与"戗兽"前有多处五个一队的"仙人走兽"，在这些走兽前有一骑着似凤似鸡的领队，俗称"仙人"。山面开圆窗，以水泥做成仿木梁枋，上绘有中国式建筑彩绘，如中国书籍、古玩等。梁枋斗棋彩绘醒目，八角飞檐弯曲高翘，有如鹥鸟展翅高飞。[61]

嘉桂科学楼

嘉桂科学楼，为孔祥熙及其夫人宋霭龄为纪念双方父母筹建，取宋霭龄父亲宋嘉树（1864-1918 年）的"嘉"字和母亲倪桂珍（1869-1931 年）的"桂"字命名。主体结构出自墨菲之手。该楼于民国二十五年（1936 年）竣工，总建筑面积 1,382 平方米，总计 3 层，地上 2 层。第一层为物理实验室、生物实验室、仪器室、材料室、教室及教员室等。第二层为化学实验室、标本室、天平室、储存室、教室及教员室等。嘉桂科学楼坐西朝东，主体建筑南北长 33.5 米，东西宽 13.5 米，西面突出部分长 10.8 米，宽 6 米，东西突出部分长 10.8 米，宽 1.68 米，层高约 4 米。门楣上有"嘉桂科学楼"五个石刻阴文金字，其余建筑风格、材料与布局与亭兰图书馆相同。[62]

---

61 王春芳：《山西近代教会学校建筑的先驱——铭贤学校》，刊于《华中建筑》2013 年第 1 期，第 169 页；李彪、李卫朝：《铭贤学校景观文化研究》，同上，第 350 页。

62 王春芳：《山西近代教会学校建筑的先驱——铭贤学校》，同上，第 169 页；李彪、李卫朝：《铭贤学校景观文化研究》，同上，第 350 页。另外参见《亭兰图书馆、嘉桂科学楼》，刊于"山西农业大学"官网：http://xsg.sxau.edu.cn/info/1052/1026.htm，引用日期：2020 年 4 月 10 日。

尚德堂

尚德堂位于崇圣楼的南对面，原有匾额"尚德堂"，为祀神时的斋戒室，也作宴客、观剧处所。铭贤学堂迁入后改为成绩室，陈列学生的手工图画佳作、雕刻的竹工、对联，以及泥制陶器等，两侧厢房改为教室。楼前小院为学校开会、演戏、讲演等集体活动的主要场所。[63]

南院别墅群

南院别墅群，由 22 栋小楼组成，原为教职工家属以及英文教师住宿区，以单层为主，少量由西式 2 层楼，内部功能齐全，包括卧室、客厅、卫生间等，建有地下室，配有西式壁炉，水电齐备，安装抽水马桶；[64]在建筑样式与风格上与捐建建筑相似，均采用中体西用式的早期中西融合设计手法，屋顶采用歇山以及四坡，墙身采用喜事壁柱装饰。每栋住宅外有短围墙围合的小院，与美国郊外别墅一致。两排宿舍中间建有两座网球场。每座小院间铺设自然式小道，道旁种有行道树。西式规划及建筑形式添入中国传统建筑装饰风格，青砖和筒瓦建筑冲淡美式布局，形成相互交融的大布局。[65]

三、尊德女校旧址

尊德女校旧址有多处，最初位于西安市东关东新巷西侧。尊德女校创办于光绪二十九年（1903 年），校址位于西安市东关东新巷西侧（现西安市第三中学南家属院）；民国九年（1920 年），更名为"尊德女子中学"；民国十二年（1923 年），迁址西安市东关长乐坊北侧（西安市第三中学现址）；民国二十一年（1932 年），更名为"陕西省西安市私立尊德女子初级中学校"；民国二十六年（1937 年），在南京政府备案。民国二十七年（1938 年）因日机轰炸，尊德中学疏散至勉县旧州铺，次年又迁关中三原县油坊道（今三原县城关医院院址）；民国三十年（1941 年）迁址西安尚仁路（今西安市第四医院院址），更名为"私立尊德女子中学"；民国三十五年（1946 年），增设男部，更名为"西安市私立尊德中学"；民国三十六年（1947 年）男部迁东新巷，女部迁回长乐坊。1952 年，西安市人民政府接管，更名为"西安市第三中学"，

---

63 方亮：《山西铭贤学校的校址变迁及校园环境的多重价值初探》，同上，第 491 页。

64 王春芳：《山西近代教会学校建筑的先驱——铭贤学校》，同上，第 170 页。

65 李彪、李卫朝：《铭贤学校景观文化研究》，同上，第 349 页。

现址西安市东关长乐坊 77 号。[66]此处曾为铭贤学校临时校舍。

四、曾家寨旧址

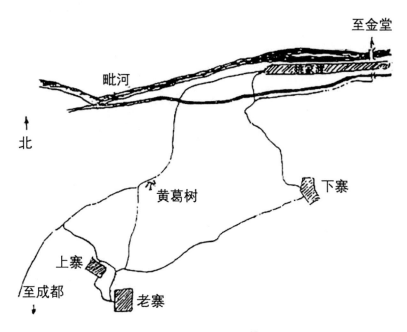

曾家寨旧址示意图[67]

　　曾家寨原属成都青白江姚渡乡曾家老寨，现为成都市青白江区姚渡镇光明村。自全面抗战开始之后，铭贤学校开始第一轮大规模迁徙，多临时租借场地办学。其中的四川金堂县曾家寨为办学时间最久的临时校址，前后共 8 年。曾家寨旧址上的建筑现已基本上不复存在，只有极少数废弃房舍以及石桥残存。该寨原分老寨、上寨、下寨三处，每处房舍约百间。三个寨子共有房舍三百余间。各相距 1 公里，北距县城（今青白江区城厢镇）5 公里，西南距成都 35 公里，有小川北大道通达。寨子内建有厅堂房舍、亭台楼阁、戏台、园林、池塘。四周有垣墙，丈余宽的护城河绕墙而过，建有东西城门。主体建筑宏伟坚固，飞檐高翘，流金溢彩，刻绘有"七十二孝"、"岳母刺字"等故事的精美图案。建于同治十年（1871 年）的上寨颇具特色，寨子建筑前窄后

66　《百年校史　历史沿革》，刊于"西安市第三中学"官网：http://www.xaszx.com/
　　content.aspx?id=907970550325，引用日期：2020 年 4 月 10。

67　旅客萍踪：《铭贤南迁》，刊于"铭贤学校"网站：http://mingxian.life/旅客萍踪铭
　　贤南迁/，引用日期：2021 年 8 月 19 日。

宽，大殿后并排掘有两口水井，整个寨子建筑形如"曾"字。铭贤迁来后，对原有建筑进行修理补葺。全部房舍的分配情况如下：老寨为教室、图书馆、体育场、办公室、女生宿舍、单身教职员宿舍，以及一部分男生宿舍；上寨为饭厅、礼堂、男生宿舍；下寨为小学部及教职员工眷属居住地。[68]

五、蜀贤中学旧址

蜀贤中学旧址即铭贤学院临时校舍曾家寨。民国三十五年（1946 年），铭贤学院迁回山西，将全部校产无条件送给金堂。金堂县在原办学基础之上，建金堂私立蜀贤中学（1946-1950 年）[69]。蜀贤中学成为铭贤学院的姊妹学校。赵镇县立初级商业职业学校于民国三十二年（1943 年）开办，1950 年改为金堂县赵镇中学校。同年，蜀贤中学迁至金堂县新县城赵镇十里坝，与赵镇中学校并校，校名改为"金堂县赵镇中学校"。1987 年，金堂县赵镇中学更名为"四川省金堂中学"。校名沿用至今。[70]2012 年，四川省金堂中学从赵镇十里坝搬迁至赵镇西家坝中兴寺路 123 号新校园。

附录一：铭贤学校校长名录

孔祥熙：1907-1950 年

附录二：铭贤学校英文校歌

Man of Brawn I cheer thee on,

Oberlin my Oberlin!

Shaw thyself a worthy son,

Oberlin my Oberlin!

When thy might is spent and gone,

When thy loyal deeds are done,

Show me then a victory man,

---

68 范敬一、成一：《抗战时期迁川的铭贤学校》，同上，第163-164 页；方亮：《山西铭贤学校的校址变迁及校园环境的多重价值初探》，同上，第490 页。

69 四川省金堂县志编纂委员会：《金堂县志》，成都，四川人民出版社，1994 年 12 月第 1 版，第 724 页。

70 四川省金堂县志编纂委员会：《金堂县志》，同上，第 725 页。

Oberlin my Oberlin!

See the colors in the sky，

Oberlin my Oberlin!

Thees are bearing them on high，

Oberlin my Oberlin!

Bravely with thy facmen vie[71]，

Dare to do may more to die，

Hark the ringing HioHi，

Oberlin my Oberlin!

附录三：颂铭贤校歌[72]

词：贾麟炳

高山仰止，

太行东延，

成仁取义，

铭我前贤，

真知由力行，

工读无间，

学求致用，

志务贞坚。

国步颠连，

民事维艰，

建业更始，

共负仔肩，

乐居天下后，

忧在人先，

学以事人，

永矢弗谖。

附录四：铭贤双八景[73]

崇圣晓晴：崇圣楼为每届铭贤毕业生举行毕业会的地方。崇圣楼是一座中西
式二层砖木建筑，二层伸出的阳台宏峻崇丽，飞楼插空。破晓时
分，旭光辉映，衬着四周的花木扶疏，宛是一幅天然的图画。

义家芳草：庚子殉难教士墓园。每当夏日来临，芳草凄凄，悄然冷寂，别有一
番情趣。

公厅夏静：崇圣楼西，为孔祥熙办公处。窗前花木茂盛，夏天搭起凉棚，清冷
幽静，胜似仙院。

---

72 信德俭等编著：《学以事人 真知力行——山西铭贤学校办学评述》，同上，第44页。
73 铭贤廿周纪念册委员会：《铭贤廿周纪念》，同上。

曲径秋明：孔祥熙办公处的游廊，环抱金屋，曲径通幽。每到冬天，坐在这里赏月最好不过。

南楼对峙：铭贤学校副校长田俊卿捐建的一座二层青砖楼房，是铭贤学校的自然科学实验楼，又有科学楼之称。这座楼与杭氏楼的遥相对峙，故得此称。

东校野操：四周垂杨的大操场。在萧瑟的冬天，学生们在这里上操。

韩楼野火：铭贤学校的美国教员韩明卫的母亲捐赠的一座三层的西洋楼房，是铭贤学校的教学楼，建筑豪华，设备先进。一到夜晚，灯火辉煌，蔚为壮观。

南院云树：校园南面的搜倩菊蔚，绿云合匝。

环山叠翠：在四明厅前面建造的一座假山，山之畔建有两座亭子。

宾馆逐霞：铭贤学校特设的迎宾馆。花木披纷，长廊寂寂。馆里藏有不少名人字画，珍奇古玩。

石桥疏雨：四明厅北面有一口人工池塘，上架有石桥，题有"色映花池"四字，指的是满池碧油的绿水。

精舍斜阳：铭贤学校的教师宿舍。每晚斜阳返照，楹光灿然。

亭下晨钟：假山上的一座钟亭，是铭贤学校师生作息授课的指挥者。

斋窗野读：铭贤学校的西北隅，是全校学生的宿舍。每到夜晚学生挑灯诵读，书声朗朗。

严祀秋鲜：钟亭附近种植的枸杞，秋天果实累累，鲜艳欲滴。

堂槐夜合：图书馆旁几株夜合槐，叶密花红，像绒线球一般，白天开花，夜间卷合。

参考书目

第一章

著述

1. [英]施美夫（George Smith）：《五口通商城市游记》（*A Narrative of an Exploratory Visit to Each of the Consular Cities of China, and to the Islands of Hong Kong and Chusan in Behalf of the Church Missionary Society in the Years 1844, 1845, 1846*），New York ： Harper & Bros., 1847 年。中译本参见[英]施美夫（George Smith）：《五口通商城市游记》（*A Narrative of an Exploratory Visit to Each of the Consular Cities of China, and to the Islands of Hong Kong and Chusan in Behalf of the Church Missionary Society in the Years 1844, 1845, 1846*），温时幸译，北京：北京图书馆出版社，2007 年 7 月第 1 版。

2. [英]慕雅德（Arthur Evans Moule）：《英国行教会浙江传教史话》（*The Story of the Cheh-kiang Mission of the Church Missionary Society*），London, Seeley, Jackson, & Halliday, 1878 年。

3. [英]慕雅德（Arthur E. Moule）：《荣耀之地：中国短论及在华传教工作》（*The Glorious Land ： Short Chapters on China, And Missionary Work There*），London： Church Missionary Society, Salisbury Square E. C., 1891 年。

4. [英]霍约瑟（Joseph Charles Hoare）：《中国经典中的神与人：儒家神学简论》（*God and Man in the Chinese Classics：A Short History of Confucian Theology*），宁波（Ningpo）：三一书院印书局（The College Press），1895年。

5. [英]慕雅德（Arthur Evans Moule）：《新旧中国：三十年的个人回忆和观察》（*New China and Old: Personal Recollections and Observations of Thirty Years*，又译《新旧交替时期的晚清》或《新中华与旧中华：三十年来的亲历回忆和观察》），Seeley & Co. Limited，1902年。

6. 沈嗣良编：《第十届世界运动会》（*Tenth World Olimpiad*），上海：勤奋书局，1932年10月。

7. 《三一校刊》第二期，民国三十六年（1947年）1月。

8. 段木干主编：《中外地名大辞典》，第6-7册，台中市：人文出版社，1981年6月第1版。

9. [英]阿·克·穆尔（Arthur Christopher Moule）：《一五五〇年前的中国基督教史》（*Christians in China Before the Year 1550*），北京：中华书局，郝镇华译，1984年11月第1版。

10. 中国人民政治协商会议宁波市委员会文史资料研究委员会编：《宁波文史资料》，第三辑，内部资料，1985年8月。

11. 夏征农主编：《辞海宗教分册》，上海：上海辞书出版社，1988年5月第2版。

12. 湖南省志编纂委员会编：《湖南省志第二十一卷：医药卫生志》，长沙：湖南人民出版社，1988年11月第1版。

13. 宁波市教育委员会编：《宁波市校史集》，内部资料，1989年9月。

14. 中国人民政治协商会议宁波市委员会文史资料委员会编：《宁波文史资料》，第八辑，内部资料，1990年2月。

15. 阮仁泽、高振农主编：《上海宗教史》，上海：上海人民出版社，1992年7月第1版。

16. 《宁波词典》编委会：《宁波词典》，上海：复旦大学出版社，1992年12月第1版。

17. 宁波三中校庆编委会:《宁波市第三中学一百廿五周年校庆纪念册》,内部资料,1993 年。

18. 董绍德主编:《鄞县教育志》,北京:海洋出版社,1993 年 12 月第 1 版。

19. 宁波市教育委员会编:《宁波市教育志》,杭州:浙江教育出版社,1996 年 9 月第 1 版。

20. 季啸风主编:《中国书院辞典》,杭州:浙江教育出版社,1996 年 8 月第 1 版。

21. 邓大鹏主编:《宁波图书馆志》,宁波图书馆志编纂委员会编,宁波:宁波出版社,1997 年 9 月第 1 版。

22. 崔乃夫主编:《中华人民共和国地名大词典》,第 1 卷,北京:商务印书馆,1998 年 1 月第 1 版。

23. 高平叔撰著:《蔡元培年谱长编》,第一卷,北京:人民教育出版社,1999 年 3 月第 1 版。

24. 宁波市政协文史资料委员会编:《宁波文史资料第二十二辑:宁波文史资料存稿选编》,内部资料,2001 年 12 月。

25. 宁波市文化广电新闻出版局宁波文化年鉴编委会编著:《宁波文化年鉴 2006》,内部资料,2006 年。

26. 中国宗教协会编:《中国宗教百科大辞典》,北京:民族音像出版社,2007 年第 1 版。

27. 宁波三中校庆编委会:《宁波市第三中学 140 周年》,内部资料,自行印刷,2008 年。

28. 宁波三中校庆编委会:《宁波市第三中学 140 周年校庆纪念册》,内部资料,自行印刷,2008 年。

29. 北京紫禁城影业公司主编:《一个人的奥林匹克》,北京:北京出版社,2008 年 5 月第 1 版。

30. [英]伟烈亚力(Alexander Wylie):《1867 年以前来华基督教传教士列传及著作目录》(*Memorials of Protestant Missionaries to the Chinese: Giving a List of their Publications and Obituary Notices of the Deceased*),倪文君译,桂林:广西师范大学出版社,2011 年 1 月第 1 版。

31. 曾业英、黄道炫、金以林等：《中华民国史》，第 7 卷，中国社会科学院近代史研究所中华民国史研究室编，北京：中华书局，2011 年 7 月第 1 版。

32. 周川主编：《中国近现代高等教育人物辞典》，福州：福建教育出版社，2012 年 1 月第 1 版。

33. 毛庆根：《中国奥运之父：王正廷传》，杭州：浙江大学出版社，2012 年 4 月第 1 版。

34. 罗元旭：《东成西就：七个华人基督教家族与中西交流百年》，香港：三联书店（香港）有限公司，2012 年 10 月第 1 版；北京：生活·读书·新知三联书店，2014 年 5 月第 1 版。

35. 宁波市档案馆编：《〈申报〉宁波史料集》，8，宁波：宁波出版社，2013 年 11 月第 1 版。

36. 郝铭鉴、孙欢主编：《中华探名典》，上海：上海锦绣文章出版社，2014 年 7 月第 1 版。

37. 丁光：《慕雅德眼中的晚清中国：1861-1910》，杭州：浙江大学出版社，2014 年 11 月第 1 版。

38. 龚缨晏执行主编：《近现代报刊上的宁波》，下，宁波市政协文史委员会编，宁波：宁波出版社，2016 年 1 月第 1 版。

39. 罗伟虹主编：《中国基督教（新教）史》，上海：上海人民出版社，2016 年 10 月第 1 版。

40. [英]哥伯播义（Robert Henry Gobbold）：《市井图景里的中国人》（*Pictures of the Chinese, Drawn by Themselves*），刘犇、邢锋萍译，上海：学林出版社，2017 年 1 月第 1 版。[英]哥伯播义（Robert Henry Gobbold）：《市井图景里的中国人》（*Pictures Of the Chinese, Drawn By Themselves*）London: John Murray, Albemarle Street, 1860 年。

41. 左芙蓉：《华北地区的圣公会》，北京：宗教文化出版社，2017 年 7 月第 1 版。

42. 王文杰：《民国初期大学制度研究（1912-1927)》，上海：复旦大学出版社，2017 年 9 月第 1 版。

43. 周东旭：《鼓楼钟声：宁波老城的生命印记》，宁波：宁波出版社，2017 年 10 月第 1 版。

文章

1. 陈煜信:《李兴贵中学创办侧记》,收录于王永杰主编:《宁波文史资料第19辑:情满桑梓》,宁波市暨各县(市区)政协文资料委员会合编,内部资料,1997年,第48-50页。

2. 姚民权:《基督教初传上海记》,收录于吴汉民主编,蒋澄澜、周骏羽、陶人观等副主编:《20世纪上海文史资料文库第9辑:宗教民族》,上海:上海书店出版社,1999年9月第1版,第140-149页。

3. 《近代英国圣公会在浙江的传教活动》,刊于《历史教学(高校版)》2009年第8期,总573期,第48-52页。

4. 张亚萍:《传教士对近代宁波的贡献》,《宁波广播电视大学学报》第2卷第1期,2004年3月,第93-96页。

5. 盛观熙:《基督教西方传教士在宁波的活动》,收录于宁波市基督教三自爱国会编辑:《宁波文史资料第二十二辑:宁波文史资料存稿选编》,内部出版,2001年12月。

6. 谷雪梅:《英国圣公会宁波仁泽医院的建立及其影响》,收录于张伟主编:《浙江海洋文化与经济》,第2辑,北京:海洋出版社,2008年10月第1版,第200-205页。

7. 丁光:《伯明翰大学收藏的慕氏家族档案》,《浙江档案》2013年第6期,第44-46页。

8. 以利沙:《中华圣公会第一位华人主教沈载琛》,刊于《天风》2015年第10期,第56页。

9. 卞梁:《西来的人马——传教士慕雅德与宁波印象》,刊于《宁波职业技术学院学报》2016年4月第20卷第2期,第82-85页。

10. 谢柯岩:《近代英国圣公会在浙东教育事工研究(1848-1927)》,宁波大学硕士学位论文,2016年5月23日提交。

11. 谷雪梅、李珂杨:《近代宁波三一书院述评》,《宁波大学学报(教育科学版)》第39卷第4期,2017年7月,第39-43页。

第二章

著述

1. [加]偕叡理（George Leslie Mackay）：《遥寄福尔摩沙：宝岛、百姓与传教》（*From Far Formosa: The Island, its People and Missions*），New York, Chicago, Toronto: Fleming H. Revell Company, 1895 年 1 月。

2. [加]马罗伯（Robert Peter Mackay）：《道学博士马偕传（1844-1901 年）》（*Life of George Leslie Mackay, D.D.1844-1901*），Toronto: Board of Foreign Missions of Presbyterian Church in Canada, Missions Publisher, 1913 年。

3. [英]万荣华（又译"班华德"，Edward Band）：《英国长老会差会在华百年传教史，1847-1947 年》（*Working His Purpose Out: The History of the English Presbyterian Mission, 1847-1947*），Presbyterian Church of England, 1947 年 1 月第 1 版。

4. 台湾基督长老教会总会历史委员会编：《台湾基督长老教会百年史》，台北：台湾基督长老教会总会发行，1965 年 6 月第 1 版

5. [加]高达特（W. G. Goddard）：《中国历史研究：福尔摩沙》（*Formosa: A Study in Chinese History*），London, Toronto: Palgrave Macmillan, 1966 年。

6. 台湾省文献委员会编：《台湾省通志 12，卷 2 民志：礼俗篇·宗教篇上》，台湾省文献委员会，1971 年 6 月第 1 版。

7. 郭和烈[1]：《偕叡理牧师传：包括三百余年前西班牙与荷兰来台布教简史》，自行出版，1971 年。

8. 酋卡尔主编：《台湾基督长老教会原住民宣教史》，总会原住民宣道委员会编辑，内部资料，台湾基督长老教会总会原住民宣道委员会出版，1998 年 6 月 10 日初版。

9. 台北县私立淡江中学主编：《淡江中学校史》，全一册，内部资料，台北县私立淡江高级中学，1997 年 5 月初版，2000 年 10 月第 2 版。

10. 林金水主编：《台湾基督教史》，北京：九州出版社，2003 年 7 月第 1 版。

---

1 郭和烈（1906-1974 年），东京神学大学毕业，美国西敏神学院深造，曾任圣经学院教务主任、台湾神学院教授兼代理院长及教务主任。

11. 林国平主编：《当代台湾宗教信仰与政治关系》，福州：福建人民出版社，2006 年 6 月第 1 版。

12. 福建省炎黄文化研究会、漳州市政协编.：《论闽南文化：第三届闽南文化学术研讨会论文集》（上），厦门：鹭江出版社，2008 年 12 月。

13. [加]偕叡理（George Leslie MacKay）：《马偕日记（1871-1901）》，王荣昌、王镜玲、何画瑰、林昌华、陈志荣、刘亚兰译，台北：玉山社，2012 年 3 月第 1 版。

14. 若林政丈、松永正义、薛化元等主编：《跨域青年学者台湾史研究续集》，台北：国立政治大学台湾史研究所，2013 年 8 月第 1 版。

15. 陶飞亚、杨卫华编：《宗教与历史第七辑：汉语文献与中国基督教研究》（下册），上海：上海大学出版社，2016 年 1 月第 1 版。

16. 《中国海洋文化》编委会编：《中国海洋文化：台湾卷》，北京：海洋出版社，2016 年 7 月第 1 版。

17. 林泉：《台湾近代历史的全新视角：深受中华传统文化影响的前辈台胞》，北京：九州出版社，2016 年 7 月第 1 版。

18. 周淑慧：《台湾永远的好朋友马偕》，新北市：联经出版事业股份有限公司，2002 年 10 月初版，2019 年 7 月第 2 版。

文章

1. 赖永祥：《马偕的"逍遥学院"》，刊于《台湾教会公报》2673 期，2003 年 5 月 25 日，第 13 页。

2. 董芳苑：《北部第一座神学教育建筑：理学堂大书院》，刊于《台湾教会公报》2986 期，2009 年 5 月 18-24 日，第 11 页。

3. 陈宏文：《马偕博士略传》（George Leslie MacKay），刊于"丰盛恩典"网站：http://www.wellsofgrace.com/resources/biography/mckay1.htm，引用日期：2021 年 2 月 23 日。

4. 卞梁、连晨曦：《解构与建构：近代西人眼中的台湾教育》，刊于《江西科技师范大学学报》2019 年第 3 期，第 88 页。

5. 邓慧恩：《芥菜子的香气：再探北部基督长老教会的"新人运动"》，刊于《台湾文献》（Taiwan Historica）第 63 卷第 4 期，第 75 页。

6. 《吴威廉》，刊于"淡江维基馆"网站：http://tamsui.dils.tku.edu.tw/wiki/index.php/，发布日期：2021年2月4日（周四）00：33，引用日期：2021年2月23日。

7. 《台神简史》，刊于"台湾神学院"官方网站：https://www.taitheo.org.tw/p/404-1000-215.php，引用日期：2021年2月23日。

网站

1. "加拿大百科全书"（The Canadian Encyclopedia）官方网站：https://www.thecanadianencyclopedia.ca/，引用日期：2021年2月22日。

2. "马偕与牛津学堂"数字典藏网站：http://www.au.edu.tw/mackay/，引用日期：2021年2月22日。

3. "加拿大人物传记词典"（Dictionary of Canadian Biography/Dictionnaire biographique du Canada ，DCB/DBC）官方网站：http://www.biographi.ca/，引用日期：2021年2月22日。

4. "赖永祥长老史料库"（Elder John Lai's Archives）网站：http://www.laijohn.com/，引用日期：2021年2月23日。

5. "马偕纪念医院"官方网站：http://www.mmh-imsc.org/zh-hans/，引用日期：2021年2月23日。

6. "淡水基督长老教会"官方网站：https://www.mackay.org.tw/，引用日期：2021年2月27日。

7. "新北市私立淡江高级中学"官方网站：https://www.tksh.ntpc.edu.tw/，引用日期：2021年2月28日。

第三章

著述

1. [美]库思非（Carl F. Kupfer）：《中国圣地》（*Sacred Places in China*），Cincinnati：Press of the Western Methodist Book Concern，1911年。

2. [美]裴敬思（Edward Carter Perkins）：《一窥中国之心》（*A Glimpse of the Heart of China*），New York, Chicago, Toronto, London and Edinburgh：Fleming H. Revell Company，1911年。

3. [美]恒吉（Frederick G．Henke）:《王阳明哲学》（*The Philosophy of Wang Yang-ming*）, London, Chicago：The Open Court Publishing Company, 1916年。

4. [加]赫爱德（Edgerton Ives Hart）:《赫斐秋：传教政治家及华中、华西美国和加拿大传教奠基人》（*Virgil C. Hart ：Missionary Statesman, Founder of the American and Canadian Missions in Central and West China*）, Toronto ：McClelland, 1917年。

5. 刘王立明:《先夫刘湛恩先生的死》, 上海：商务印书馆, 1939年。

6. [美]力维弢（Walter Nind Lacy）:《美以美会在华一百年》（*A Hundred of China Methodism*）, New York, Nashville：Abingdon-Cokesbury Press, 1948年。

7. 林立:《恩格斯》,"新中国百科小丛书", 上海：生活·读书·新知三联书店, 1949年6月初版。

8. 罗运炎、游昭文编:《静修日程》, 一册, 十月、十一月、十二月合订, 上海：静修日程社, 1949年10月。

9. 杭州大学历史系编辑:《中共党史教学参考资料：罗荣桓叶挺方志敏刘志丹同志革命活动专辑》, 内部资料, 1977年。

10. 中国社会科学院近代史研究所翻译室:《近代来华外国人名辞典》, 北京：中国社会科学出版社, 1981年12月第1版。

11. 中国人民政治协商会议江西省委员会文史资料研究委员会编:《江西文史资料选辑》, 1988年第4辑, 内部资料, 1989年3月。

12. 九江市浔阳区政协文史资料委员会编:《浔阳文史资料第1辑：名人与浔阳》, 内部资料, 1992年。

13. 王神荫等撰:《简明基督教百科全书》, 上海：中国大百科全书出版社上海分社, 1992年1月第1版。

14. 中国人民政治协商会议九江市委员会文史资料研究委员会编:《九江文史资料选辑》, 第6辑, 内部资料, 1992年。

15. 《九江二中校庆纪念特刊（原同文、儒励中学)》, 1867-1992年, 内部资料, 香港维康美术印刷公司。

16. 张伊主编：《江西学府志》，《江西学府志》编辑委员会编，北京：中共中央党校出版社，1993 年 5 月第 1 版。

17. 朱有瓛、高时良主编：《中国近代学制史料》，第 4 辑，上海：华东师范大学出版社，1993 年 6 月第 1 版。

18. 刘龙、王玉国编著：《赛珍珠：写中国题材获诺贝尔文学奖的美国女作家》（修订本），合肥：黄山书社，1993 年 11 月第 1 版。

19. 中国人民政治协商会议四川省璧山县委员会文史资料委员会编：《璧山县文史资料选辑》，第 8 辑，内部资料，1994 年。

20. 政协九江市十届文史委员会编：《九江古今纵横》，内部资料，1995 年 7 月。

21. 九江市教育志编纂委员会编：《九江市教育志》，北京：中华书局，1996 年 7 月第 1 版。

22. 九江县县志编纂委员会编：《九江县志》，北京：新华出版社，1996 年 12 月第 1 版

23. 刘新发：《九江市第二中学校志（1867-1992 年）》，南昌：江西高校出版社，1998 年 5 月第 1 版。

24. 浔阳区文化教育局、浔阳区教育学会编：《九江市浔阳区直属小学校史汇编》，内部资料，1999 年 10 月。

25. 于可主编：《世界三大宗教及其流派》，长沙：湖南人民出版社，2001 年 10 月第 2 版。

26. 徐以骅、张庆熊主编：《基督教学术》，第 1 辑，上海：上海古籍出版社，2002 年 8 月第 1 版。

27. 余俭贵、周丽主编：《百年十中——南昌市第十中学百年华诞纪念画册》，内部资料，2002 年。

28. 谢军总纂，张国培、何明栋主编：《江西省志95：江西省宗教志》，江西省地方志编纂委员会编，北京：方志出版社，2003 年 4 月第 1 版。

29. 九江市地方志编纂委员会编：《九江市志》，刘积福主修，凌凤章主编，南京：凤凰出版社，2003 年 9 月第 1 版。

30. 吴翼鉴：《吴翼鉴教育文集》，南昌：江西高校出版社，2004 年 12 月第 1 版。

31. 文庸、乐峰、王继武主编：《基督教词典》，北京：商务印书馆，2005 年 2 月第 1 版。

32. 李乡状主编：《世界文化遗产》，长春：吉林文史出版社，长春：吉林大学出版社，2005 年 10 月第 1 版。

33. 赵匡为主编：《简明宗教辞典》，上海：上海辞书出版社，2006 年 11 月第 1 版。

34. 刘新发主编：《崇儒励学 天下同文——九江同文（儒励）中学校志》，南昌：江西高校出版社，2007 年 10 月第 1 版。

35. 张素玲：《文化、性别与女学生——近代中国女子高等教育：1900 年代至 1930 年代》，北京：教育科学出版社，2007 年 12 月第 1 版。

36. 胡德喜主编：《天下同文：1867-2007 年校庆纪念》，内部资料，2007 年。

37. 九江市地方志编纂委员会办公室编：《九江老照片：1868-1949 九江影像档案》，武汉：武汉出版社，2008 年 8 月第 1 版。

38. 崔钟雷主编：《中国国家地理百科》，哈尔滨：哈尔滨出版社，2009 年 4 月第 1 版。

39. 刘天路编：《身体·灵魂·自然：中国基督教与医疗、社会事业研究》，上海：上海人民出版社，2010 年 5 月第 1 版。

40. 《开国英模》编委会编：《开国英模》，第 2 辑，青少年版，天津：天津教育出版社，2011 年 1 月第 1 版。

41. 吴畏编著：《赣舆浅图：概说江西八十古县》，南昌：百花洲文艺出版社，2012 年 2 月第 1 版。

42. 郭慧峰、文兆仁编著：《文明中国书典：英雄中国》，太原：山西教育出版社，2012 年 3 月第 1 版。

43. 政协浔阳区文史资料委员会编：《文史资料第五辑：浔阳拾遗》，内部资料，2013 年 1 月第 1 版。

44. 孙刚主编：《文化遗产在江西普及读本》，南昌：江西教育出版社，2014 年 5 月第 1 版。

45. [美]李可柔（Carol Lee Hamrin）、毕乐思（Stacey Bieler）编著：《光与盐：探索近代中国改革的十位基督徒名人》（*Salt and Light: Lives and Faith that Shaped Modern China*）第 1 卷，刘红、单传航、王文宗译，北京：中国档案出版社，2009 年 8 月第 1 版；北京：团结出版社，2014 年 12 月第 1 版。

46. 吴禹星、李亚林编著：《夏志清与沪江大学》，学林出版社，2015 年 11 月第 1 版。

47. 伊沛霞、姚平主编，姚平本卷主编：《当代西方汉学研究集萃：妇女史卷》，上海：上海古籍出版社，2016 年 4 月第 1 版。

48. [美]布鲁斯·L.雪莱（Bruce Leon Shelley）：《基督教会史》（*Church History in Plain Language*）（第三版），刘平译，上海：上海人民出版社，2016 年 8 月第 1 版。

49. 罗伟虹主编：《中国基督教（新教）史》，上海：上海人民出版社，2016 年 10 月第 1 版。

50. 胡榴明：《昙华林》，武汉：武汉大学出版社，2016 年 11 月第 1 版。

51. 胡德喜主编：《樟苑情思：九江市同文中学建校 150 周年校庆纪念文集》，内部资料，2017 年。

52. 徐杉：《外来文明的印记 中国·嘉定往事》，成都：四川大学出版社，2017 年 3 月第 1 版。

53. 胡华主编：《中共党史人物传》，第 39 卷，中共党史人物研究会编，北京：中国人民大学出版，2017 年 7 月第 1 版。

54. 黄光域编：《基督教传行中国纪年（1807-1949）》，桂林：广西师范大学出版社，2010 年 1 月第 1 版，2017 年 8 月第 2 版。

55. 范初芳主编：《浔阳记忆》，内部资料，2017 年 1 月第一次印刷。

56. 江西省地方志编纂委员会办公室编著：《江西书院》，武汉：武汉大学出版社，2017 年 11 月第 1 版。

57. [美]Connie A. Shemo：《康成与石美玉在中国的行医生涯：论性别、种族与民族的跨文化边界》（*The Chinese Medical Ministries of King Cheng and She Meiyu: on a Cross-cultural Frontier of Gender, Race and Nation*），程文、涂明华译，北京：科学出版社，2017 年 3 月第 1 版。

58. [美]金多士（Gilbert McIntos）：《在华传教士出版简史》（*The Mission Press in China*），北京：中央编译出版社，2017 年 12 月第 1 版。

59. 周川主编：《中国近现代高等教育人物辞典》（*Biographical Dictionary of Higher Education in Modern China*），增订本，福州：海峡出版发行集团，福建教育出版社，2018 年 10 月第 2 版。

60. 许颖、马志亮：《武昌老建筑》，武汉：武汉出版社，2019 年 3 月第 1 版。

文章

1. 镇江市二中校史编写组：《私立崇实女子中学始末》，收录于中国人民政治协商会议江苏省镇江市委员会文史资料研究委员会编：《镇江文史资料》，第 14 辑，内部资料，1988 年，第 135-152 页。

2. 马光霞：《监理会在华事业研究（1848–1939）》，山东大学博士学位论文，2012 年。

3. 参见枣木夹子：《美以美会在九江》，刊于"博客园"网站：https://www.cnblogs.com/wildabc/p/4002679.html，发布日期：2014-09-30 21：01，引用日期：2021 年元月 21 日。

4. 周慧超：《庾亮南路从"堵点"到文化街区华丽转身》，刊于《九江日报》04 版，2018 年 9 月 16 日。

第四章

地方志

1. 本书编委会编：《中国地方志集成：浙江府县志辑 16》，《民国鄞县通志》，1，张傅保修，上海：上海书店出版社，1993 年 6 月第 1 版。

2. 本书编委会编：《中国地方志集成：浙江府县志辑 17》，《民国鄞县通志》，2，张傅保修，上海：上海书店出版社，1993 年 6 月第 1 版。

3. 俞福海主编：《宁波市志》，上、中、下，宁波市地方志编纂委员会编，北京：中华书局，1995 年 10 月第 1 版。

4. 宁波市江北区地方志编纂委员会编；《宁波市江北区志》，上、下，杭州：浙江人民出版社，2015 年 12 月第 1 版。

5. 《宁波市镇海区交通志》编纂委员会编：《宁波市镇海区交通志（1986-2010)》，北京：方志出版社，2017 年 8 月第 1 版。

期刊

1. 《教务杂志》（*The Chinese Recorder and Missionary Journal*），1906 年 10 月，第 XXXVII 卷第 10 期。

2. 《神学志特号中华基督教历史乙编》第十一卷第一号，民国十四年（1925 年）春季。

著述

1. 《俄史辑译》，第一卷，阚斐迪译，益智书会校订，光绪十四年（戊子 1888 年），益智书会刊行。

2. 赵梅伯（Chao Mei-pa）：《蒙福清晨：圣诞套曲》（*The Blessed Morn：A Christmas Cantata*），音乐：舒伯特（Franz Schubert），编排、填词：赵梅伯，出版社不详，1942 年（？）。

3. 王治心：《中国基督教史纲》，上海：青年协会书局，1970 年。

4. 浙江省社会科学研究所编：《浙江简志之二·浙江人物简志》（下），杭州：浙江人民出版社，1984 年 4 月第 1 版。

5. 《纵横——中国商品指南》编辑部编辑：《纵横——中国商品指南：浙江分册》，北京：人民邮电出版社，1989 年 6 月第 1 版。

6. 宁波市教育委员会编：《宁波市校史集》，内部资料，1989 年 9 月。

7. 宁波市暨各县市区政协文史资料委员会合编：《宁波文史资料》，第 11 辑，《宁波光复前后》，1991 年。

8. 赵雍生：《现代中国音乐先驱赵梅伯》，台北：黎明文化事业股份有限公司，1992 年 8 月第 1 版。

9. 《宁波词典》编委会编：《宁波词典》，上海：复旦大学出版社，1992 年 12 月第 1 版。

10. 季啸风主编：《中国书院辞典》，杭州：浙江教育出版社，1996 年 8 月第 1 版。

11. 浙江省政协文史资料委员会编：《浙江文史集粹第 5 辑：教育科技卷》，内部资料，1996 年。

12. 中央音乐学院萧友梅音乐教育促进会编：《声乐艺术大师赵梅伯》，北京：中央音乐学院，1999 年 6 月第 1 版。

13. 何学良、李疏松、[美]何思谦：《海国学志·留美华人科学家》，上海：上海人民出版社，2007 年 10 月第 1 版。

14. 傅璇琮主编：《宁波通史 5·民国卷》，宁波：宁波出版社，2009 年 8 月第 1 版。

15. 辞海编辑委员会编纂：《辞海》，上海：上海辞书出版社，第六版彩图本，2009 年 9 月第 1 版。

16. 黄光域：《基督教传行中国纪年（1807-1949）》，桂林：广西师范大学出版社，2010 年 1 月第 1 版。

17. 杨兆宏主编：《宁波市体育志》，宁波：宁波出版社，2010 年 9 月第 1 版。

18. 日本关西大学文化交涉学教育研究中心出版博物馆编：《印刷出版与知识环流：十六世纪以后的东亚》，上海：上海人民出版社，2011 年 10 月第 1 版。

19. 宁波市鄞州区政协文史资料委员会编：《三江文存 鄞州文史 精选 学汇 中外 文化卷》，宁波：宁波出版社，2012 年 4 月第 1 版。

20. [英]伟烈亚力（Alexander Wylie）：《基督教新教传教士在华名录（附传教士传略及著述名录）》（*Memorials of Protestant Missionaries to the Chinese：Given a List to Their Publications，and Obituary Notices of the the Deceased with Copious Indexes*），赵康英译，顾钧审校，天津：天津人民出版社，2013 年 7 月第 1 版

21. 傅亦民：《宁波宗教建筑研究》，宁波：宁波出版社，2013 年 7 月第 1 版。

22. 宁波市档案馆编：《〈申报〉宁波史料集》（二），宁波：宁波出版社，2013 年 11 月第 1 版。

23. 宁波市档案馆编：《〈申报〉宁波史料集》（五），宁波：宁波出版社，2013 年 11 月第 1 版。

24. 宁波市档案馆编：《〈申报〉宁波史料集》（七），宁波：宁波出版社，2013 年 11 月第 1 版。

25. 熊月之等编著：《大辞海·中国近现代史卷》，夏征农、陈至立主编，上海：上海辞书出版社，2013 年 12 月第 1 版。

26. 孙轶旻：《近代上海英文出版与中国古典文学的跨文化传播 1867-1941》，上海：上海古籍出版社，2014 年 11 月第 1 版。

27. 曹守和：《浙江体育史》，杭州：杭州出版社，2014 年 11 月第 1 版。

28. 吴禹星、李亚林编著：《夏志清与沪江大学》，上海：学林出版社，2015 年 11 月第 1 版。

29. 宁波市政协文史委员会编：《近现代报刊上的宁波》，上、下，龚缨晏执行主编，宁波：宁波出版社，2016 年 1 月第 1 版。

30. 孙善根：《浙江近代海洋文明史·民国卷》，第 2 册，北京：商务印书馆，2017 年 5 月第 1 版。

31. 宁波市鄞州区政协文史资料委员会编：《振衣千仞：四明文录·〈鄞州文史〉精选（文化卷)》，宁波：宁波出版社，2017 年 8 月第 1 版。

32. 仇柏年：《外滩烟云：西风东渐下的宁波缩影》，宁波：宁波出版社，2017 年 10 月第 1 版。

33. 李今主编：《汉译文学序跋集》，第 2 卷（1911-1921)，罗文军编注，上海：上海人民出版社，2017 年 12 月第 1 版。

34. 郭黛姮：《南宋建筑史》，上海：上海古籍出版社，2018 年 9 月第 1 版。

35. 周川：《中国近现代高等教育人物辞典》，福州：福建教育出版社，2018 年 9 月第 1 版。

36. 蔡锦图：《圣经在中国：附中文圣经历史目录》，香港：道风书社，2018 年初版。

文章

1. [英]牧作霖（George William Sheppard)：《光复中的宁波》，《宁波文史资料》，第 11 辑，内部资料，1991 年。

2. 陈里仁：《宁波斐迪学校回忆》，收录于《宁波文史资料存稿选编》，宁波市政协文史资料委、宁波市政协文史资料委编，内部资料，2001 年。

3. 《百年前的老宁波·宁波华英斐迪学堂》，刊于《宁波晚报》2012 年 11 月 25 日星期日，A07 版。

4. 黄薇、刘璐：《对圣经研究在中国的一些思考——兼看民国圣经研究概况》，收录于陶飞亚、杨卫华编：《宗教与历史 7：汉语文献与中国基督教研究》，下，上海：上海大学出版社，2016 年 1 月第 1 版。

5. 李新德：《〈夏铎〉月刊研究》，陶飞亚、杨卫华编：《宗教与历史 7：汉语文献与中国基督教研究》，下，上海：上海大学出版社，2016 年 1 月第 1 版。

6. 沈迦：《苏慧廉的引路人——英国传教士阚斐迪与温州早期基督教史》，刊于李雪涛主编：《寻找》，第 1 辑，郑州：大象出版社，2017 年 12 月第 1 版。

7. 周川：《中国近现代高等教育人物辞典》，福州：福建教育出版社，2018 年 9 月第 1 版。

8. 张秉伦、汪子春：《进化论与神创论在中国的斗争》，收录于《张秉伦科技史论集》，合肥：中国科学技术大学出版社，2018 年 12 月第 1 版。

第五章

著述

1. [美]海维礼（William Edwin Hoy）：《美国复初会在华传教史》（*History of the China Mission of the Reformed Church of the United States*），宾夕法尼亚州费城（Philadelphia, Pa.）：美国复初会海外传道会（Board of Foreign Missions of Reformed Church in the United States），1914 年。

2. [美]巴索洛穆夫（Allen R. Bartholomew）：《湖滨殉教士：赖美德的生命历程》（*The Martyr of Huping: the Life Story of William Anson Reimert*），Philadelphia, Pa.: Board of Foreign Missions, Reformed Church in the United Stated，1925 年。

3. [美]宝尔格（Edwin Allen Beck）：《维新湖滨》（*Holding Out At Huping*），The Cooperative Council of Missionary Education for the Board of International Missions，1944 年。

4. 王治心：《中国基督教史纲》，青年协会书局，1940 年。王治心：《中国基督教史纲》，徐以骅导读，上海：上海古籍出版社，2004 年 4 月第 1 版。

5. 中国人民政治协商会议岳阳市委员会文史资料研究委员会编：《岳阳文史》，第 4 辑，中国人民政治协商会议岳阳市委员会文史资料研究委员会，1985 年 12 月。

6. 复旦大学历史地理研究所《中国历史地名辞典》编委会编：《中国历史地名辞典》，南昌：江西教育出版社，1986 年 8 月第 1 版。

7. 欧阳君陶：《1875 年以来的部分旅岳外侨简介》，收录于岳阳市南区政协文史委编：《岳阳南区文史资料》，内部资料，1992 年。

8. 邓建龙主编：《岳阳市南区志》，北京：中国文史出版社，1993 年 12 月第 1 版。

9. 岳阳市档案馆编：《岳阳市档案馆指南》，北京：中国档案出版社，1994 年 7 月第 1 版。

10. 湖南省地方志编纂委员会编：《湖南省志第二十二卷：体育志》，长沙：湖南出版社，1994 年 10 月第 1 版。

11. 邓建龙主编：《岳阳楼区文史》，第一辑，中国人民政治协商会议岳阳市岳阳楼区委员会文史学习联谊委员会编，内部资料，1998 年。

12. 邬力祥、阳太主编：《湘雅金字塔：纪念湖南医科大学恢复研究生教育二十周年》，长沙：湖南科学技术出版社，1998 年 9 月第 1 版。

13. [美]柯约翰（John L.Coe）：《华中大学》（*Huachung University*），马敏、叶桦译，李亚丹校，珠海：珠海出版社，1999 年 8 月第 1 版。

14. 湖南省地方志编纂委员会编：《湖南省志：宗教志》，长沙：湖南人民出版社，1999 年 9 月第 1 版。

15. 人民教育编辑部编：《中国中等师范名校集》，北京：人民美术出版社，2000 年 4 月第 1 版。

16. 徐镇元主编：《岳阳历史上的今天》，岳阳市档案局，内部资料，2003 年 10 月。

17. 岳阳市地方志办公室编著：《岳阳市志 10》，北京：中央文献出版社，2003 年 10 月第 1 版。

18. 岳阳市地方志办公室编著：《岳阳市志 12：人物卷》，北京：中央文献出版社，2004 年 12 月第 1 版。

19. 高克勤主编：《中共岳阳市地方史第一卷：1919-1949 年》，中共岳阳市地方史编纂委员会编著，北京：中共党史出版社，2005 年 11 月第 1 版。

20. 《岳阳县年鉴》编辑委员会编:《岳阳县年鉴（2006）》,内部资料,2006年12月。

21. 同德斋主人编:《湖湘文库（甲编）: 广湖南考古略1》,长沙: 湖南教育出版社 , 2010年12月第1版。

22. 喻亚军主编:《宁乡文史精选》,北京: 方志出版社,2011年8月第1版。

23. 湖南省教育史志编纂委员会编:《湖南近现代名校史料》,1,长沙: 湖南教育出版社,2012年3月第1版。

24. 湖南省教育史志编纂委员会编:《湖南近现代名校史料》,2,长沙: 湖南教育出版社,2012年3月第1版。

25. 湖南省教育史志编纂委员会编:《湖南近现代名校史料》,3,长沙: 湖南教育出版社,2012年3月第1版。

26. 谭仲池主编.:《长沙通史·近代卷》,长沙: 湖南教育出版社,2013年6月第1版。

27. 向景葵、刘燕林、周钟声:《湖滨大学》,北京: 团结出版社,2018年8月第1版。

文章

1. 万昌智:《抗日战争前岳阳的足球活动》,《云梦学刊》1986年第1期。

2. 邓文彬:《湖滨中学的变迁》,收录于中国人民政治协商会议湖南省岳阳市南区委员会文史资料委员会编:《岳阳市南区文史》,第1辑,内部资料,1992年。

3. 胡岳君:《岳州湖滨大学创办始末》,刊于《档案时空》2006年第11期;岳阳市档案局:《岳州湖滨大学创办始末》,刊于"岳阳市档案馆"官方网站: http://www.yueyang.gov.cn/daj/6658/6667/content_697746.html,编稿时间: 2017-03-28 09: 45,引用日期: 2021年元月7日。

4. 方金琪:《传教士与岳阳之一: 海维礼、海光中夫妇》,2018年1月17日,刊于加拿大中文医疗保险资讯网: http://www.healthChinese.ca,网址: http://paper.healthchinese.ca/hoy/,引用日期: 2021年元月8日。

5. 方金琪:《传教士与岳阳之二: 清末岳州湖滨书院的课程及校规》,2018年1月17日,刊于加拿大中文医疗保险资讯网 : http://www.healthChinese.ca,网址: http://paper.healthchinese.ca/hoy/,引用日期: 2021年元月8日。

6. 方金琪：《传教士与岳阳之三：清末岳州湖滨书院的教师》，2018 年 1 月 17 日，刊于加拿大中文医疗保险资讯网：http: //www.healthChinese.ca，网址：http: //paper.healthchinese.ca/hoy/，引用日期：2021 年元月 8 日。

学位论文

1. 黄晓平：《湖南近代教会建筑研究》，湖南大学硕士学位论文，2012 年。

第六章
著述

1. [美]包德士（John Albert Broadus, 1827-1895 年）：《马太福音注释》（*Commentary on the Gospel of Matthew*），Philadelphia: American Baptist Publication Society, 约 1886 年。

2. [美]包德士（John Albert Broadus）：《论预备与宣讲布道辞》（*A Treatise on the Preparation and Delivery of Sermon*），New York: A. C. Armstrong and Son, 1898 年。

3. [美]阿齐巴尔德·托马斯·罗伯逊（Archibald Thomas Robertson）：《包德士生平与书信集》（*Life and Letters of John Albert Broadus*），Philadelphia: American Baptist Publication Society, 1901 年。

4. [美]美南浸信会（Southern Baptist Convention）：《美南浸信会传教史》（*Southern Baptist Foreign Missions*）: Nashville, Tenn. : Sunday School Board, Southern Baptist Convention, 1910 年。

5. [美]杰费里（William Hamilton Jefferys）、马雅各（James L. Maxwell）：《中国疾病：其中收录台湾与朝鲜》（*The Diseases of China*: *Including Formosa and Korea*），Philadelphia: P. Blakiston's Son & Co., 1911 年。

6. [美]鲁柏森（Archibald Thomas Robertson, 1863-1934）：《新约学课》（*Syllabus for New Testament Study*），浦其维译，上海：美华浸会书局，1933 年。

7. [美]美南浸信会（Southern Baptist Convention）：《美南浸信会百年在华史（1836-1936 年）》（*A Century for Christ in China 1838-1938*），Richmond, Va. : Foreign Mission Board, Southern Baptist Convention, 1936 年。

8. [美]包德士（John Albert Broadus）：《马太福音注释》（*Commentary on Matthew*），浦其维、张子云译，上海：中华浸会书局（China Baptist Publication Society），中华民国廿四年（1935 年）11 月。

9. 烟台市地名委员会词典编辑室：《中华人民共和国地名词典山东分卷：烟台地名选编》，1986 年 2 月第 1 版。

10. 山东省龙口市政协办公室：《龙口市政协会刊》，1987 年第 2 期，总第 18 期，内部资料。

11. 中共龙口市委党史委编：《龙口市党史资料》（第一辑），1987 年 3 月，内部资料。

12. 车吉心等主编：《齐鲁文化大辞典》，济南：山东教育出版社，1989 年 7 月第 1 版。

13. 政协山东省龙口市委员会文史资料委员会编：《龙口文史资料》，第 2 辑，内部资料，1991 年 8 月。

14. 龙口市第一中学史志编辑委员会编：《百年历程——龙口市第一中学史志》，内部资料，1992 年 4 月。

15. 烟台市人民政府民族宗教事务处：《烟台市民族宗教志》，内部资料，1993 年 6 月

16. 烟台市地方史志编纂委员会办公室编：《烟台市志》，上、下，北京：科学普及出版社，1994 年 8 月第 1 版。

17. 李继涛主编：《龙口市志》，山东省龙口市史志编纂委员会编，济南：齐鲁书社，1995 年 10 月第 1 版。

18. [美]浦爱德（Ida Pruitt）：《在中国的童年》，张放译，沈阳：辽宁人民出版社，1996 年 10 月第 1 版。英文版参见 Ida Pruitt: *A China Childhood*, Beijing: Foreign Languages Press, 2003.

19. 《民国丛书第五编 15：哲学宗教类：东方教会史·浸会在华佈道百年历史略史·上海第一浸会堂百年史略》，上海：上海书店，1996 年 12 月第 1 版。

20. 莱西市史志编纂委员会编：《莱西简志》，北京：五洲传播出版社，2002 年 9 月第 1 版。

21. 唐禄庭、唐志梅主编：《东莱史话》，济南：齐鲁书社，2006 年 12 月第 1 版。

22. 中国人民政治协商会议烟台市芝罘区委员会文史资料委员会编：《芝罘文史资料第十三辑：芝罘印象（旅游专辑）》，内部资料，2008 年 12 月。

23. [美]安娜·西沃德·普鲁伊特（Anna Seward Pruitt）：《往日琐事：一位美国女传教士的中国记忆》（*The Day of Small Things*），济南：山东画报出版社，2010 年 4 月。安娜·西沃德·普鲁伊特，即浦安纳。

24. 陈海涛、刘惠琴编译：《烟台一瞥：西方视野下的开埠烟台》，济南：齐鲁书社，2015 年 11 月第 1 版。

25. 庄维民编：《山东海上丝绸之路历史研究》，济南：齐鲁书社，2017 年 11 月第 1 版。

26. [美]雷多马（T. B. Ray）：《美南浸信会在华概览》（*Southern Baptists in China*），Richmond, Virginia: Foreign Mission Board of Southern Baptist Convention，出版年代不详。

文章

1. 李善一：《黄县崇实中学民先支》，收录于共青团山东省委研究室编：《山东青运史资料》，第 2 辑，内部资料，1983 年，第 55-59 页。

2. 刘信纯、张铁砚：《华北浸会神学院见闻》，收录于中国人民政治协商会议烟台市委员会文史资料研究委员会编：《烟台文史资料》，第 4 辑，1985 年 3 月，第 122-137 页。

3. 刘式达整理：《一颗闪光的"硬砂"——杜纯德烈士传略》，收录于中共黄县县委宣传部、中共黄县县委党史委、黄县民政局编：《黄县革命英烈传》，第 1 辑，内部资料，1986 年 5 月，第 1-6 页。

4. 范恕之：《我所知道的怀麟医院》，收录于山东省龙口市政协办公室编辑：《龙口市政协会刊》，1987 年第 2 期，总第 18 期，内部资料，1987 年 8 月，第 21-22 页。

5. 周舒光：《莱西县基督教史略》，莱西县政协文史资料研究委员会编：《莱西文史资料》，第 4 辑，内部资料，1988 年 11 月，第 22-39 页。

6. 刘信纯：《我所知道的基督教浸信会的情况》，收录于政协山东省烟台市芝罘区委员会文史资料研究委员会编：《芝罘文史资料》，第 4 辑，内部资料，1989 年 4 月，第 228-233 页。

7. 刘建昆：《十九世纪烟台的四个福尔摩斯》，刊于《烟台晚报》，2012 年 12 月 23 日星期五，B16 版。

第七章

著述

1. [美]富马利（Mary H. Fulton）：《传道医好有病》（*"Inasmuch"*：*Extracts from Letters, Journals, Papers, etc.*），West Medford, Mass.：The Central Committee on the United Study of Foreign Missions，1915 年。

2. [美]豪慈（L. Lmmett Holt）：《豪慈儿科学初集》（*The Diseases of Infancy and Childhood*, Volume I），富马利译述，周仲彝编订，上海：中国博医会，1915 年。

3. [美]豪慈（L. Lmmett Holt）：《豪慈儿科学二集》（*The Diseases of Infancy and Childhood*, Volume II），富马利译述，周仲彝编订，上海：中国博医会，1917 年。

4. 夏葛女医学校：《夏葛医学院、端拿护使学堂以及柔济妇孺医院公告》（The Bulletin of The Hackett Medical College for Women, The Turner Training School for Nurses, and David Gregg Hospital for Women and Children），32 开，34 页，1919-1920 年。

5. [美]卞劳（Charles B. Penrose）：《卞劳妇科学》（*A Text-book of Diseases of Women*），富马利（Mary H. Fulton）口述，中国医博会（Publication Committee, Chinese Medical Missionary Association），1928 年第四次出版。

6. [美]哈建（WIlliam Barton Hopkins）：《绷带缠法》（*The Roller Bandage*），译自英文第五修订版，富马利译述，周仲彝编订，中华医学会，中文第五修订版，1933 年 10 月。

7. 夏林根、于喜元主编：《中美关系辞典》，大连：大连出版社，1992 年 11 月第 1 版。

8. 朱有瓛、高时良主编：《中国近代学制史料》，第 4 辑，上海：华东师范大学出版社，1993 年 6 月第 1 版。

9. 广州百科全书编纂委员会编：《广州百科全书》，北京：中国大百科全书出版社，1994 年 9 月第 1 版。

10. 黎小江、莫世祥主编：《澳门大辞典》，广州：广州出版社，1999 年 9 月第 1 版。

11. 薛理勇主编：《上海掌故辞典》，上海：上海辞书出版社，1999 年 12 月第 1 版。

12. 张耀荣主编：《广东高等教育发展史》，广州：广东高等教育出版社，2002 年 8 月第 1 版。

13. 雷雨田主编：《近代来粤传教士评传》，上海：百家出版社，2004 年 5 月第 1 版。

14. 杨资元总纂：《广州市志（1991-2000）》，第 8 册，广州：广州出版社，2009 年 9 月第 1 版。

15. 番禺区地方志编纂委员会编：《广州市番禺市志（1992-2000)》，北京：方志出版社，2010 年 6 月第 1 版。

16. 广州市地方志编纂委员会编：《广州市志（1991-2000）》，第 9 册，广州：广州出版社，2010 年 12 月第 1 版。

17. Guangqiu Xu：《美国医生在广东：中国现代化（1835-1935)》（*American Doctors in Canton: Modernization in China, 1835-1935*），New Brunswick & London: Transaction Publishers，2011 年 7 月第 1 版。

18. 邹鲁：《中国国民党史稿》，下，上海：东方出版中心，2011 年 11 月第 1 版。

19. 彭长歆：《现代性·地方性——岭南城市与建筑的近代转型》，上海：同济大学出版社，2012 年 3 月第 1 版。

20. 夏征农、陈至立主编，熊月之等编著：《大辞海：中国近现代史卷》，上海：上海辞书出版社，2013 年 12 月第 1 版。

21. 川北区志编纂委员会编：《川北区志（1950.1-1952.9)》，北京：方志出版社，2015 年 3 月第 1 版。

22. 李景文、马小泉主编：《民国教育史料丛刊 990 高等教育·高等教育史》，郑州：大象出版社，2015 年 4 月第 1 版。

23. 刘小斌、郑洪主编：《岭南医学史》，广州：广东科技出版社，2015 年 9 月第 1 版。

24. 王斌编著：《中山大学医科史鉴录》，广州：中山大学出版社，2016 年 11 月第 1 版。

25. 陈小卡、王斌编著：《中国近代西医缘起与中山大学医科起源》，广州：中山大学出版社，2016 年 11 月第 1 版。

26. 广州市国土资源和规划委员会、广州市岭南建筑研究中心编：《岭南近现代优秀建筑（1911-1949）》，广州：华南理工大学出版社，2017 年 2 月第 1 版。

27. 本书编委会：《2017 广东省高等职业教育质量年度报告》，广州：广东高等教育出版社，2017 年 3 月第 1 版。

28. 广州年鉴编纂委员会编辑：《广州年鉴（2017 年）》，广州：广州年鉴社出版社，2017 年 12 月第 1 版。

29. 陈小卡编著：《西方医学经粤传华史》，广州：中山大学出版社，2018 年 12 月第 1 版。

30. 陈安薇编著：《又见柔济》，广州：南方出版传媒，广东经济出版社，2020 年 4 月第 1 版。

文章

1. 梁毅文口述，张克坚整理：《西关夏葛女子医学校的片断回忆》，收录于广州市政协文史资料研究委员会、广州市荔湾区政协文史资料研究委员会编：《广州文史资料第 35 辑：选辑》，广东人民出版社，1986 年 8 月第 1 版。

2. 沈彦燊：《柔济医院忆昔》，收录于中国人民政治协商会议广州市委员会文史资料研究委员会编：《广州文史资料》，第 45 辑，广州：广东人民出版社，1993 年 3 月第 1 版。

3. 方靖：《中国近代第一所女子医学院——夏葛医学院》，《广州大学学报（社会科学版）》2002 年 1（3），第 45-48 页。

4. 袁媛：《中国早期部分生理学名词的翻译及演变的初步探讨》，刊于《自然科学史研究》第 52 卷第 2 期（2006 年），第 170-181 页。

5. 李永宸、唐亚南：《夏葛医学院及其学生的地理分布》，刊于《南京中医药大学学报（社会科学版)》）2015 年 3 月第 16 卷第 1 期，第 22-31 页。

6. The Albert Andrew Fulton （China Missions） Manuscript Collection，即富利敦（在华传教）手稿收藏，刊于"普林斯顿神学院图书馆"官方网站：https://princetonseminaryarchives.libraryhost.com/repositories/2/resources/446，引用日期：2021 年 2 月 9 日。

7. 《富马利：美国医生和传教士》（Mary Hannah Fulton: American Physician and Missionary），刊于"peoplepill"网站：https: //peoplepill.com/people/mary-hannah-fulton/，引用日期：2021 年 2 月 10 日。

8. 广医三院：《柔济 119|回到上世纪，带您穿越时空看看老柔济》，刊于"搜狐"网站：https: //www.sohu.com/a/281625941_456107，发布日期：2018-12-12 17: 12，引用日期：2021 年 2 月 10 日。

9. 《夏马大（1884-1964）》（Martha Hackett[1884-1964]），刊于"蒙特霍利约克学院"（又译"曼荷莲文理学院"，Mount Holyoke College）官方网站：https: //dla.mtholyoke.edu/exhibits/show/anthromhc/martha-hackett，引用日期：2021 年 2 月 10 日。

10. 《伦加列简历》（Harriett Allyn Biography），刊于"蒙特霍利约克学院"（又译"曼荷莲文理学院"，Mount Holyoke College）官方网站：https: //dla.mtholyoke.edu/exhibits/show/anthromhc/harrietallyn，引用日期：2021 年 2 月 11 日。

11. 《周理信》（Lee Sun Chau），刊于"peoplepill"网站：https: //peoplepill.com/people/lee-sun-chau/，引用日期：2021 年 2 月 11 日。

12. 《广州卫生职业技术学院历史沿革》，刊于"新浪博客"网站：http: //blog.sina.com.cn/s/blog_4af211ac0102w12d.html，发布日期：2016-05-13 08: 00: 28，引用日期：2021 年 2 月 11 日。

13. 广医三院：《柔济 119|回眸旧时光，老照片里的柔济老建筑》，刊于"搜狐"网站：https: //www.sohu.com/a/281625768_456107，发布日期：2018-12-12 17: 12，引用日期：2021 年 2 月 11 日。

14. 袁玮:《四川北路一小富吉堂今挂牌虹口区文物保护点》,刊于"东方网" 网站:http://sh.eastday.com/m/20170725/u1a13145088.html,发布日期: 2017-7-25 13:03:54,引用日期:2021 年 2 月 11 日。

第八章

著述

1. [瑙威]穆格新编译:《教会史略》(*Church History*),汉口:中华信义会书 报部,1924 年再版;汉口:中华信义会书报部,1933 年第四版;九龙: 信义宗联合出版社,1952 年 6 月第 5 版。瑙威,即"挪威"。

2. 谢受灵、辛鼎编辑:《湘中二十五年(1902-1927):中华信义会湘中总会 二十五周年纪念特刊》,湖北溇口:中华信义会湘中总会,1928 年印行。

3. [瑙威]穆格新:《罗马书浅释》,汉口:中华信义会书报部、信义书局 (Lutheran Board of Publication),民国三十六年(1947 年)7 月,三版。

4. [瑙威]穆格新:《新约导论》(*New Testament Introduction*),汉口:信义书 局(Lutheran Board of Publication),陈建勋、周游译,1947 年 10 月再 版。

5. 中国人民政治协商会议益阳县委员会文史资料研究委员会编:《益阳文 史资料》,第 4 辑,内部资料,1987 年 10 月。

6. 益阳市志编纂委员会:《益阳市志》,北京:中国文史出版社,1990 年 9 月第 1 版。

7. 湖南信义中学现益阳市第一中学校庆筹备委员会:《湖南信义中学现益 阳市第一中学八十五周年校庆纪念辑(1906-1991)》,1991 年 10 月 6 日, 内部资料。

8. 裴淮昌主编:《中华人民共和国地名词典:湖南省》,《湖南省》编纂委员 会编,北京:商务印书馆,1992 年 3 月第 1 版。

9. 湖南省地方志编纂委员会编:《湖南省志第二十二卷:体育志》,长沙: 湖南出版社,1994 年 10 月第 1 版。

10. 武汉地方志编纂委员会主编:《武汉市志:社会志》,武汉:武汉大学出 版社,1997 年 8 月。

11. 王健英：《中国红军人物志》，广州：广东人民出版社，2000 年 1 月第 1 版。

12. 崔乃夫主编：《中华人民共和国地名大词典》，第 2 卷，北京：商务印书馆，2000 年 11 月第 1 版。

13. 戴国智主编：《湖南省益阳市第一中学（原湖南信义中学）百年校庆纪念》，2006 年印制。内部资料。

14. 益阳市一中《百年校志》编委会编：《益阳市第一中学（原湖南信义中学）百年校庆志》，2006 年，内部资料。

15. 李云泉主编：《中华名门才俊：周氏名门》，车吉心总主编，济南：泰山出版社，2007 年 1 月第 1 版。

16. 袁凤丽等：《国际义人何凤山》，长沙：岳麓书社，2007 年 9 月第 1 版。

17. 黄光域：《基督教传行中国纪年（1807-1949）》，桂林：广西师范大学出版社，2010 年 1 月第 1 版。

18. 寻霖、龚笃清编著：《湘人著述表》，2，长沙：岳麓书社，2010 年 1 月第 1 版。

19. 丁光训、金鲁贤主编：《基督教大辞典》，上海：上海辞书出版社，2010 年 10 月第 1 版。

20. 欧阳晓东主编：《湖南老街》，长沙：湖南文艺出版社，2012 年 3 月第 1 版。

21. 湖南省教育史志编纂委员会编：《湖南近现代名校史料》，1，长沙：湖南教育出版社，2012 年 3 月第 1 版。

22. 湖南省教育史志编纂委员会编：《湖南近现代名校史料》，2，长沙：湖南教育出版社，2012 年 3 月第 1 版。

23. 湖南省教育史志编纂委员会编：《湖南近现代名校史料》，3，长沙：湖南教育出版社，2012 年 3 月第 1 版。

24. 中共驻马店市委党史研究室编：《驻马店党史人物》，北京：中共党史出版社，2013 年 6 月第 1 版

25. 罗伟虹主编：《中国基督教（新教）史》，上海：上海人民出版社，2014 年 5 月第 1 版。

26. 张湘涛主编：《老照片中的长沙》，长沙：岳麓书社，2014 年 12 月第 1 版。

27. [挪威]达芬·霍博腾（Dagfinn Foybraten）：《北极光照耀桃花仑：一个挪威家族的中国情》（*Northern Lights at Peach Flower Hill: A Norwegian Family in Love with China*），刘春荣、蔡闻桐译，上海：复旦大学出版社，2017年5月第1版。

28. 陈先枢：《近代湖湘文化转型中的民俗文化》，长沙：岳麓书社，2017年10月第1版。

29. 沈福伟：《中国与欧洲文明》，太原：山西教育出版社，2018年7月第1版。

文章

1. 聂中凡：《益阳市一中（原信义中学）校史》，收录于中国人民政治协商会议益阳市委员会文史资料工作研究委员会编：《文史资料选编》，第三集，内部资料，1982年12月，第1-6页。

2. 陈惠青、叶兰桂：《陈开源传略》，收录于中国人民政治协商会议益阳县委员会文史资料研究委员会编：《益阳文史资料》（封面为《益阳县文史资料》），第四辑，内部资料，1987年10月，第55-58页。

3. 邓群辉：《挪威信义会传人益阳的情况》，收录于中国人民政治协商会议益阳市委员会文史资料研究委员会编：《益阳市文史资料》，第十辑，内部资料，1988年12月，第102-105页。

4. 姚时珍：《寻找桃花仑》，收录于中国人民政治协商会议益阳市赫山区委员会文史教卫体委员会编：《赫山文史》，第4辑，内部资料，2004年12月。

网站

1. "益阳市第一中学"官方网站：http://www.hnyysyz.com/edu/ArticleList.aspx?CategoryID=7CD61E9E-5D3B-45B6-B7FC-681D6A7DB4EF，引用日期：2021年元月4日。

第九章

著述

1. [美]施列民（A. C. Selmon）编纂：《延年益寿》（*Health and Longevity*），上海：时兆报馆（Signs of the Times Publication House），1921年4月第4版。

2. [美]李博（D. E. Rebok）、戴安乐（A. L. Tai）著译:《知识与进步》（*Knowledge and Progress*），上海：时兆报馆（Signs of the Times Publication House），1931 年 5 月初版。

3. [美]米勒耳（H. W. Miller）:《健康生活》（*The Way to Health*），安德烈、戴安乐编译，上海：时兆报馆（Signs of the Times Publishing House），1932 年 8 月初版，1933 年 4 月二版。

4. [美]米勒耳（H. W. Miller）:《健康生活》（*The Way to Health*），安德烈、戴安乐编译，上海：时兆报馆（Signs of the Times Publishing House），1932 年 8 月初版，1941 年 6 月七版。

5. 安主慈:《复临运动的故事》，第 2 版，时兆报馆编译部编译，上海：时兆报馆，1947 年。

6. 基督复临安息日会圣经要道编辑部:《圣道阐微》，上海：基督复临安息日会文字布道部，1951 年秋初版。

7. 瞿秋白:《瞿秋白文集第二卷：政治伦理编》，瞿秋白江苏省研究会印，内部资料，年代不详。

8. 陈独秀:《陈独秀文章选编》，中，北京：生活·读书·新知三联书店，1984 年 6 月第 1 版。

9. 黄子尚主编:《忆桥头纪念集》，内部资料，1987 年。

10. 单树模主编:《中华人民共和国地名词典：江苏省》，江苏省编纂委员会编，北京：商务印书馆，1987 年 2 月第 1 版。

11. 李楚材编:《帝国主义侵华教育史资料：教会教育》，北京，教育科学出版社，1987 年 7 月第 1 版。

12. 顾长声:《传教士与近代中国》（增补本），上海：上海人民出版社，1981 年 4 月第 1 版，1991 年 12 月第 2 版。

13. 江苏省政协文史资料委员会:《嫘祖传人——镇江蚕桑丝绸史料专辑》，《江苏文史资料》第 65 辑，江苏省文史资料编辑部，1993 年 12 月。

14. 施叔华主编:《杨浦区志》，上海市区志系列丛刊，上海市杨浦区志编纂委员会编，上海：上海社会科学院出版社，1995 年 12 月第 1 版。

15. 董兆祥、彭小华主编：《中国改革开放 20 年纪事》，上海：上海人民出版社，1998 年 12 月第 1 版。

16. 《上海市宗教志》编纂委员会编：《上海市宗教志》，上海：上海社会科学院出版社，2001 年 1 月第 1 版。

17. 江苏省宗教志编纂委员会：《江苏省志·宗教志》，南京：江苏古籍出版社，2001 年 12 月第 1 版。

18. 上海市政协文史资料委员会编：《上海文史资料存稿汇编：社会法制》，第 11 辑，上海：上海古籍出版社，2001 年 12 月第 1 版。

19. 基督复临安息日会华安联合会、中华圣工史编辑委员会编著：《中华圣工史》（*Chinese SDA History*），上册、下册，香港：基督复临安息日会华安联合会、中华圣工史编辑委员会，2002 年 11 月初版。

20. 林金水主编：《台湾基督教史》，北京：九州出版社，2003 年 7 月第 1 版。

21. 基督复临安息日会漯河教会编辑：《基督复临安息日会河南圣工史(1903-2008)》，漯河教会事工组编，内部资料，2008 年 7 月。

22. 句容市教育志编纂工作办公室编：《句容市教育志》，北京：方志出版社，2010 年 9 月第 1 版。

23. [美]迈克尔·格拉茨（Michael Glazier）、[美]莫妮卡·海威格（Monika Hellwig)编：《现代天主教百科全书》（*The Modern Catholic Encyclopedia*），赵建敏主编、译，北京：宗教文化出版社，2012 年 10 月第 1 版。

24. 时兆编辑部：《复临运动的故事》（*The Story of Advent Movement*），台北：时兆出版社，2012 年 12 月初版。

25. 穆仁先主编，杨珺、张辉副主编，岳献甫、范耀刚执行主编：《三川记忆：周口市中心城区文化专项规划调研资料汇编》，周口市政协文化专项规划调研小组编，内部资料，2014 年 6 月。

26. 欧阳桦、李竹汀：《学舍百年：重庆中小学校近代建筑》，重庆：重庆大学出版社，2014 年 12 月第 1 版。

27. 牛汝辰编：《中国地名掌故词典》，北京：中国社会出版社，2016 年 2 月第 1 版。

28. 薛理勇：《西风落叶：海上教会机构寻踪》，上海：同济大学出版社，2017年3月第1版。

29. 黄光域编：《基督教传行中国纪年（1807-1949）》，桂林：广西师范大学出版社，2010年1月第1版，2017年8月第2版。

30. 曹小曙、陈忠暖、甄峰等主编，杨永春、杨景胜、马林兵等副主编：《中国地学通鉴：城市卷》，西安：陕西师范大学出版总社有限公司，2018年1月第1版。

31. 陆庆祥、章辉：《民国休闲实践文萃》，昆明：云南大学出版社，2018年6月第1版。

32. 基督复临安息日会京山市惠水路福音堂编：《基督复临安息日会湖北圣工史（1911-2019）》，基督复临安息日会京山市惠水路福音堂，内部资料，2019年。

文章

1. 张垂裕：《中华三育研究社的性质及简史》，收录于句容县政协文史资料研究委员会：《句容文史资料》，第二辑，内部资料，1984年10月，句容县下蜀中学印刷厂印刷，第78-89页。

2. 葛琏修：《我对中华三育研究社的回忆梗概》，收录于句容县政协文史资料研究委员会：《句容文史资料》，第二辑，内部资料，1984年10月，句容县下蜀中学印刷厂印刷，第90-92页。

3. 张垂裕：《中华三育研究社——一所特殊的教会学校》，收录于李植中、冯鸣仪主编：《镇江文史资料：文化教育专辑》，第十七辑，内部资料，1997年7月，本刊登记证（JS）字第3291号，第18-27页。

4. 中华圣工史编辑委员会：《中华圣工史》，刘恩林执笔，源自基督复临安息日会河南分会网站。刊于"基督复临安息日会"官网：http://www.zgaxr.com/book/002/031/0.htm，引用日期：2021年元月23日。

学位论文

1. 卢汉德（Handel Hing-tat Luke）：《安息日会在华高等教育史（1880-1980）》（*A History of Seventh-day Adventist Higher Education in the China Mission, 1888-1980*），教育博士论文（Ed. D. dissertation），Berrien Springs, MI: Andrews University，1983年。

2. 陈彬作:《宗教权威的建构与表达: 对 N 省 H 市山口教堂的研究》, 上海 大学博士学位论文, 2007 年。

3. 赵晨:《战争・苦难・救赎——基督复临安息日会与中国的时兆文化 (1912-1951)》, 上海大学硕士学位论文, 2014 年。

期刊

1. 史约翰、徐华主编:《时兆月报》, 1939 年 9 月, 第 34 卷第 9 期。

2. 史约翰、徐华主编:《时兆月报》, 1940 年 4 月, 第 35 卷第 4 期。

第十章

著述

1. [美]法思远 (Robert Coventry Forsyth) 编辑:《中国圣省山东》(*Shantung, The Sacred Province of China in Some of Its Aspect*), 上海 (Shanghai): 广学会 (Christian Literature Society), 1912 年。

2. [美]魁格海 (James R. E. Craighead):《郭显德在华传教五十六年》(*Hunter Corbett: Fifty-six Years Missionary in China*), New York: Revell Press, 1921 年。

3. 白眉初、韩镜明、徐鸿达:《中华民国省区全志》第 3 册,《鲁豫晋三省志》,《山东省》, 第 1 册, 北京: 北京师范大学, 1925 年版。

4. 益文高级商业职业学校:《自然科学讲义》, 初中预科用, 下册, 民国二十七年 (1938 年)。

5. 连警斋 (Martin T. Lien) 编撰:《烟台长老会已故郭显德牧师行传全集: 附山东长老会概况》(*Hunter Corbett and the Presbyterian Church in Shangtung*), 上海: 广学会 (Chinese Literature Society), 1940 年初版。

6. Casselman Arthur Vale: *It Happened in Hunan* (《湖南传教纪事》), Board of International Missions, Evangelical and Reformed Church, First Edition, 1953 年。

7. 岑练英:《中英烟台条约研究——兼及英国对华政策之演变概况》, 香港: 珠海书院中国文学历史研究所, 1978 年初版。

8. 烟台市政协文史资料研究委员会编:《烟台市文史资料》, 第 1 辑, 烟台市政协文史资料研究委员会, 内部资料, 1982 年。

9. 曲拯民：《烟台益文商专》，山东文献第九卷第一期，自印材料，1983 年 4 月。

10. 烟台市政协文史资料研究委员会编：《烟台市文史资料》，第 2 辑，烟台市政协文史资料研究委员会，内部资料，1983 年 9 月。

11. 中国人民政治协商会议烟台市委员会文史资料研究委员会编：《烟台文史资料》，第 7 辑，内部资料，1986 年 10 月。

12. 政协山东省烟台市芝罘区委员会文史资料研究委员会编辑：《芝罘文史资料》，第四辑，政协山东省烟台市芝罘区委员会文史资料研究委员会，内部资料，1989 年。

13. 烟台市人民政府民族宗教事务处：《烟台市民族宗教志》，内部资料，1993 年 6 月第 1 版。

14. 山东省政协文史资料委员会编：《山东文史集粹：民族宗教卷》，济南：山东人民出版社，1993 年 6 月第 1 版。

15. 山东省政协文史资料委员会编：《山东文史集萃：教育卷》，济南：山东人民出版社，1993 年 7 月第 1 版。

16. 山东省烟台市芝罘区地方史志编纂委员会编：《芝罘区志》，北京：科学普及出版社，1994 年 4 月第 1 版。

17. Norman Howard Cliff: *A History of the Protestant Movement in Shandong Province, China 1859-1951*（《山东新教运动史（1859-1951 年）》），University of Buckingham，1994 年。

18. 烟台毓璜顶医院志编委会：《烟台毓璜顶医院志（1914-1994)》，内部资料，1994 年 10 月第 1 版。

19. 王华新主编：《校园春秋（1866-1996)》，山东省烟台第二中学，内部资料，1996 年 9 月。

20. 山东省烟台第二中学：《桃李丛林：山东省烟台第二中学同学名录》，内部资料，1996 年 9 月。

21. 中国人民政治协商会议烟台市芝罘区委员会文史资料委员会编：《芝罘文史资料第 9 辑：教育专辑》，内部资料，书号：L.Y.Z（97）-30，1997 年 6 月第 1 版。

22. 赵延庆主编：《山东省志·建置志》，山东省地方志编纂委员会编，济南：山东人民出版社，2003年12月第1版。

23. 郭大松译编：《中西文化交流的先驱与桥梁——近代山东早期来华基督新教传教士及其差会工作》，北京：人民日报出版社，2007年7月第1版。

24. 烟台市园林管理处：《旅游指南：山东省烟台市（烟台毓璜顶)》，北京：中国文史出版社，2008年4月。

25. 王志民主编：《山东省历史文化遗址调查与保护研究报告》，济南：齐鲁书社，2008年12月。

26. 烟台市毓璜顶文化研究会编印：《毓璜顶庙会文辑》，内部资料，2014年7月第1次印刷。

27. 牛汝辰编：《中国地名掌故词典》，北京：中国社会出版社，2016年2月第1版。

28. 周霞、祁山主编：《古城春秋》，"芝罘历史文化丛书·历史卷"，济南：齐鲁书社，2016年8月第1版。

29. 李世惠主编：《星汉灿烂》，"芝罘历史文化丛书·人物卷"，济南：齐鲁书社，2016年8月第1版。

30. 王建波编著：《辉耀古今》，"芝罘历史文化丛书·文化遗产卷"，济南：齐鲁书社，2016年8月第1版。

31. 赵长英编著：《益文弦歌——山东省烟台第二中学校史（1866-2016)》，自行印刷，内部资料，2016年9月第1版。

32. 赵长英主编：《益文荣光——山东省烟台第二中学一百五十周年校庆纪念》，1986-2016年，画册，2016年9月第1版。

33. 陈海涛、刘惠琴编；《烟台往事——来自异域的记忆》，陈海涛、刘惠琴译，济南：齐鲁书社，2017年9月第1版。

34. 周伟洲、王欣主编：《丝绸之路辞典》，西安：陕西人民出版社，2018年12月第1版。

期刊

1. 《益文月刊》，第一卷第三册，民国二十二年（1933年）。

2. 《益文月刊》，第一卷第四册，民国二十二年（1933年）。

3. 《益文月刊》，2014 年 4 月，第 5 期，内部资料，山东省烟台第二中学校刊。

4. 《毓璜顶文化》，第一-十四辑（2010-2019 年）：

烟台市毓璜顶文化研究会编印：《毓璜顶文化》，第一辑，内部资料，准印证：YTZ2009-003/T，2010 年 1 月第 1 次印刷。收录王家振搜集整理：《浅谈早期毓璜顶护士学校》；王建波：《毓璜顶长老会建筑群追忆》；佚名：《"玉皇顶"为何改为"毓璜顶"》；梗夫搜集整理：《毓璜顶老学校知多少》。

烟台市毓璜顶文化研究会编印：《毓璜顶文化》，第二辑，内部资料，2010 年 4 月第 1 次印刷。收录王建波：《最后的长老会文化遗产》；王家振、张昭璞搜集整理：《追溯毓璜顶小学发展史》。

烟台市毓璜顶文化研究会编印：《毓璜顶文化》，第三辑，内部资料，2010 年 11 月第 1 次印刷。

烟台市毓璜顶文化研究会编印：《毓璜顶文化》，第四辑，内部资料，2011 年 7 月第 1 次印刷。收录刘铭伟：《烟台历史文化名人——郭显德》；张昭璞：《烟台（芝罘区）隶属关系沿革》；刘树厚：《两个烟台，两个奇山所》。

烟台市毓璜顶文化研究会编印：《毓璜顶文化》，第五辑，内部资料，2012 年 1 月第 1 次印刷。

烟台市毓璜顶文化研究会编印：《毓璜顶文化》，第六辑，内部资料，2012 年 9 月第 1 次印刷。

烟台市毓璜顶文化研究会编印：《毓璜顶文化》，第七辑，内部资料，2013 年 1 月第 1 次印刷。收录夏娃：《烟台毓璜顶美国北长老会教堂考略》。

烟台市毓璜顶文化研究会编印：《毓璜顶文化》，第八辑，内部资料，2013 年 8 月第 1 次印刷。收录荆辉祥：《传教士郭显德烟台轶事》。

烟台市毓璜顶文化研究会编印：《毓璜顶文化》，第九辑，内部资料，2014 年 7 月第 1 次印刷。收录林进好：《地名与烟台》。

烟台市毓璜顶文化研究会编印：《毓璜顶文化》，第十辑，内部资料，2015 年 5 月第 1 次印刷。收录《益文商专旧址：一代风华从此出》。

烟台市毓璜顶文化研究会编印：《毓璜顶文化》，第十一辑，内部资料，2016 年 2 月第 1 次印刷。

烟台市毓璜顶文化研究会编印：《毓璜顶文化》，第十二辑，内部资料，2016 年 9 月第 1 次印刷。

烟台市毓璜顶文化研究会编印：《毓璜顶文化》，第十三辑，内部资料，2017 年 5 月第 1 次印刷。

烟台市毓璜顶文化研究会编印：《毓璜顶文化》，第十四期，内部资料，2019 年 4 月第 1 次印刷。

网站

1. "烟台毓璜顶医院"官网：https: //www.ytyhdyy.com/intro/2.html，引用日期：2020 年 11 月 7 日。

2. "Washington & Jefferson College"官方网站：https: //www.washjeff.edu/about-wj/our-story/，引用日期：2020 年 10 月 4 日使用。

第十一章

著述

1. 湖南省政府秘书处统计室：《民国二十五年湖南年鉴》，湖南省政府秘书处印行，长沙：洞庭印务馆代印，民国二十五（1936 年）12 月。

2. [美]胡美（Edward Hicks Hume）：《中医之道》(*The Chinese Way in Medicine*，又译《中国医道》)，Baltimore: The Johns Hopkins Press，1940 年。

3. [美]胡美（Edward Hicks Hume）：《道一风同：一位美国医生在华 30 年》(*Doctors East, Doctors West: An American Physician's Life in China*), New York: W.W.Norton & Company, Inc.，1946 年。

4. [美]李德（Mary E. Reid）编辑：《细菌学初编》(*Bacteriology in a Nutshell*)，盖仪贞（Nina D. Gage）、吴建庵（Wu Chien An）译，审定者：中国护士学会（Nurses' Association of China），上海：广协书局（Kwang Hsueh Publication House），1947 年修正第七版。

5. 郑文思编著、凌敏猷校正：《青霉素临床之应用》，上海、广州、重庆、成都、贵阳、昆明、长沙：文通书局，1949 年 12 月上海第 2 版。

6. 李振翩编：《细菌学及免疫学实习指导》，上海：商务印书馆，1941 年 3 月初版，1950 年 2 月第 2 版。

7. 李振翩编：《细菌学及免疫学实习指导》，上海：商务印书馆，1941 年 3 月初版，1950 年 10 月第 3 版。

8. 湖南医学院院史征集小组：《湖南医学院院史资料第一集：湘雅春秋》，内部资料，1984 年 11 月。

9. 中国人民政治协商会议湖南省委员会文史资料研究委员会编：《湖南文史资料选辑》，第二十三辑，长沙：湖南人民出版社，1986 年 10 月第 1 版。

10. 长沙市北区政协文史资料委员会编：《长沙市北区文史资料》，第 2 辑，内部资料，1986 年 12 月。

11. 长沙市北区政协文史资料委员会编：《长沙市北区文史资料》，第 3 辑，内部资料，1987 年。

12. 李楚材编辑：《帝国主义侵华教育史资料：教会教育》，北京：教育科学出版社，1987 年 7 月第 1 版。

13. 李盛平主编：《中国近现代人名大辞典》，北京：中国国际广播出版社，1989 年 4 月第 1 版。．

14. 刘笑春、李俊杰主编：《湘雅春秋八十年》，长沙：中南工业大学出版社，1994 年 6 月第 1 版。

15. 刘笑春、李俊杰、翁雪洞主编：《湘雅人物》，长沙：湖南教育出版社，1994 年 7 月第 1 版。

16. 《湖南（湘雅）医科大学毕业同学录 1914-1994》，内部资料，1994 年 8 月。

17. 湖南省地方志编纂委员会编：《湖南省志第 4 卷：政务志·外事》，长沙：湖南出版社，1996 年 4 月。

18. 湖北省地方志编纂委员会编：《南岳志》，长沙：湖南出版社，1996 年 5 月第 1 版。

19. 刘笑春、段沛奇主编：《湘雅医院（1906-1996）》，长沙：湖南出版社，1996 年 7 月第 1 版。

20. 黄新宪：《基督教教育与中国社会变迁》，福州：福建教育出版社，1996 年 7 月第 1 版。

21. 马积高主编：《湖湘文史丛谈》，长沙：湖南大学出版社，2001 年 2 月第 1 版。

22. 郑兆欣、周剑球主编：《长沙文史：宗教史料专辑》，长沙市政协文史和学习委员会、长沙市宗教事务局主编，内部资料，2001 年 8 月。

23. 雅礼中学、雅礼校友会编：《雅礼史话》，长沙：湖南人民出版社，2001 年 9 月第 1 版。

24. 康志杰：《教士东来——长江流域的基督教》，武汉：武汉出版社，北京：中国言实出版社，2006 年 4 月第 1 版。

25. 潘懋元、刘海峰编：《中国近代教育史资料汇编：高等教育》，上海：上海教育出版社，2007 年 4 月第 1 版。

26. 王天纲主编：《中国校歌歌词集》，郑州：文心出版社，2007 年 8 月第 1 版。

27. 湖南省地方志编纂委员会编：《湖南通鉴》，上，长沙：湖南人民出版社，2007 年 8 月第 1 版。

28. 钱益民、颜志渊：《颜福庆传》，上海：复旦大学出版社，2007 年 9 月第 1 版。

29. 湖南省地方志编纂委员会编：《湖南通鉴》，长沙：湖南人民出版社，2008 年 1 月第 1 版。

30. 赵厚勰：《雅礼与中国——雅礼会在华教育事业研究（1906-1951）》，济南：山东教育出版社，2008 年 9 月第 1 版。

31. 肖平、龙大为主编：《重走湘雅路》，赵永正、何庆文、张乃祥、杨宇燕、于红珊副主编，长沙：中南大学出版社，2009 年 12 月第 1 版。

32. [美]胡美（Edward Hicks Hume）：《道一风同：一位美国医生在华 30 年》（*Doctors East，Doctors West：An American Physician's Life in China*），杜丽红译，北京：中华书局，2011 年 10 月第 1 版。

33. 湖南省教育史志编纂委员会编：《湖南近现代名校史料》，1，长沙：湖南教育出版社，2012 年 3 月第 1 版。

34. 湖南省教育史志编纂委员会编：《湖南近现代名校史料》，2，长沙：湖南教育出版社，2012 年 3 月第 1 版。

35. 湖南省教育史志编纂委员会编：《湖南近现代名校史料》，3，长沙：湖南教育出版社，2012 年 3 月第 1 版。

36. 彭平一：《思想启蒙与文化转型——近代思想文化论稿》，长沙：岳麓书社，2012 年 6 月第 1 版

37. 黄琦珊主编：《老湘雅故事》，长沙：中南大学出版社，2012 年 9 月第 1 版。

38. 刘文飞：《耶鲁笔记》，桂林：漓江出版社，2014 年 1 月第 1 版。

39. 中南大学湘雅医学院撰：《中南大学湘雅基础医学学科发展史（1914-2014）》，长沙：中南大学出版社，2014 年 10 月第 1 版。

40. 重庆市档案馆重庆师范大学编：《中国战时首都档案文献：战时社会》，重庆：重庆出版社，2014 年 12 月第 1 版。

41. 张湘涛主编：《老照片中的长沙》，长沙：岳麓书社，2014 年 12 月第 1 版。

42. 慕德华、慕星编著：《庐山拾遗》，九江：江西高校出版社，2015 年 6 月第 1 版。

43. 黄绮珊编著：《凌敏猷传》，"湘雅文化系列丛书"，长沙：湖南地图出版社，2016 年 5 月第 1 版。

44. 刘维朝主编：《跨世纪的雅礼》，长沙：湖南教育出版社，2016 年 9 月第 1 版。

45. 王成志：《北美藏中国抗日战争历史档案文献提要》，上海：复旦大学出版社，2017 年 4 月第 1 版。

46. 郑洪泉、常云平总主编：《中国战时首都档案文献：战时文化》，袁佳红、王志曾、妍本册主编，重庆：西南师范大学出版社，2017 年 6 月第 1 版。

47. 张建中、罗玲、吴波主编：《中国战时首都档案文献：战时教育》，重庆：西南师范大学出版社，2017 年 6 月第 1 版。

48. 陈先枢遍撰：《长沙百年名校》，中共长沙市委宣传部主编，长沙：湖南人民出版社，2017 年 8 月第 1 版。

49. 徐一良：《学府遗珍》，北京：生活·读书·新知三联书店，2018 年 11 月第 1 版。

文章

1. 张孝骞:《湘雅医学院的缘起与变迁》,收录于中国人民政治协商会议湖南省委员会文史资料研究委员会编:《湖南文史资料选辑》,第二十三辑,长沙:湖南人民出版社,1986 年 10 月第一版,第 1-11 页。

2. 凌敏猷:《从湘雅到湖南医学院》,收录于中国人民政治协商会议湖南省委员会文史资料研究委员会编:《湖南文史资料选辑》,第二十三辑,长沙:湖南人民出版社,1986 年 10 月第一版,第 12-24 页。

3. 张孝骞:《国立湘雅医学院西迁贵阳的情况》,收录于中国人民政治协商会议湖南省委员会文史资料研究委员会编:《湖南文史资料选辑》,第二十三辑,长沙:湖南人民出版社,1986 年 10 月第一版,第 25-32 页。

4. 彭勇炎、杨传治:《抗战中的湘雅医院沅陵分院和湘雅护校》,收录于中国人民政治协商会议湖南省委员会文史资料研究委员会编:《湖南文史资料选辑》,第二十三辑,长沙:湖南人民出版社,1986 年 10 月第一版,第 33-36 页。

5. 张孝骞、应元岳:《怀念湘雅创始人之一颜福庆》,收录于中国人民政治协商会议湖南省委员会文史资料研究委员会编:《湖南文史资料选辑》,第二十三辑,长沙:湖南人民出版社,1986 年 10 月第一版,第 51-52 页。

6. 孙卓:《耶鲁在湖南》,刊于刘瑞琳编:《温故》,三,桂林:广西师范大学出版社,2005 年 1 月第 1 版,第 44-57 页。

7. 《胡美》(Edward Hicks Hume),刊于"华典"(Biographical Dictionary of Chinese Christianity)网站,引用日期:2021 年元月 14 日。

8. 《胡美档案》(Edward Hicks Hume Papers,1914-1957),刊于"The Burke Library Archives(Columbia University Libraries)"网站,引用日期:2021 年元月 14 日。

9. 《胡美》(EDWARD HICKS HUME,1876-1957),刊于"Yale University Library"网站,引用日期:2021 年元月 14 日。

第十二章

著述

1. Charles Robert Gaston: *Washington's Farewell Address and Webster's First Bunker Hill Oration*, Boston, New York，Chicago, London, Atlanta，Dallas, Columbus, San Francisco, Ginn and Company, 1906 年。由美国欧柏林学院捐赠，私立铭贤学院图书馆收藏。

2. 铭贤廿周纪念册委员会:《铭贤廿周纪念》，上海中华书局，民国十八年（1929 年）五月。

3. 铭贤学校编:《铭贤学校校务概况》，内部资料，1933 年。

4. 傅庚生:《中国文学欣赏举隅》，上海：开明书店，1947 年。

5. 田景福:《田景福小说选》，西安：陕西人民出版社，1986 年 5 月第 1 版。

6. 贾麟厚:《矮生苹果树及其研究（1959-1972)》，北京：科学出版社，1978 年 8 月第 1 版。

7. 寿充一编:《孔祥熙其人其事》，北京：中国文史出版社，1987 年 8 月。

8. 中国人民政治协商会议山西省委员会资料研究委员会编:《山西文史资料》，第 53 辑，《铭贤校友忆铭贤》，1987 年第 5 辑。

9. 徐德勋主编:《金堂文史》，中国人民政治协商会议四川省金堂县委员会文史资料研究委员会编，成都：巴蜀书社，1990 年 2 月第 1 版。

10. 四川省金堂县志编纂委员会:《金堂县志》，成都，四川人民出版社，1994 年 12 月第 1 版。

11. 校史编审委员会编:《山西农业大学校史》，北京：中国农业出版社，1997 年 7 月第 1 版。

12. 杨进发、张理明、张忠政主编:《山西通志》，第 37 卷《教育志》，梁志祥、侯文正总纂，山西省史志研究院编，北京：中华书局，1999 年 7 月第 1 版。

13. 张国宁主编:《太原市志》，第一册，太原：山西古籍出版社，1999 年 8 月第 1 版。

14. 张玮瑛等主编:《燕京大学史稿 1919-1952》，燕京大学校友校史编写委员会编，北京：人民中国出版社，1999 年 12 月。

15. 《文史资料选辑》编辑部编:《文史资料选辑》,合订本第15卷第43-44 辑,北京:中国文史出版社,2000年1月底1版。

16. 安捷主编:《太原市志》,第七册,太原:山西古籍出版社,2005年4月 第1版。

17. 《纪念铭贤学校百年诞辰专刊:献给铭贤母校百年华诞1907-2007》,内 部资料,2007年。

18. 山西农业大学体育教学部编:《山西农业大学百年体育史》,北京:中国 农业出版社,2007年8月第1版。

19. 信德俭等编著:《学以事人 真知力行——山西铭贤学校办学评述》,北 京:中国社会出版社,2010年3月第1版。

20. 美国欧柏林大学档案馆整理:《美国欧柏林大学档案馆来华传教士档案 使用指南》,桂林:广西师范大学出版社,2015年2月第1版。

21. 《山西农业大学百年集览》编撰组编:《山西农业大学百年集览 1907-2007》,上、下册,北京:中国文史出版社,2015年12月。

22. 李卫朝等:《春诵夏弦 上下求索:思想史视阈下的山西铭贤学校研究》,太原:山西人民出版社,2017年9月第1版。

23. 成都市青白江区姚渡镇光明之家服务中心整理印刷:《铭贤故事荟》,内 部资料,年代不详。

文章

1. 孔祥熙:《铭贤学校三十年新刊发刊词》,刊于《铭贤周刊》第九卷第一 期,中华民国三十年(1941年)。

2. 贺韶九:《太谷铭贤学校简史》,收录于中国人民政治协商会议山西省委 员会文史资料研究委员会编:《山西文史资料》,第22辑,太原:山西人 民出版社,1982年5月,第138-149页。

3. 范敬一、成一:《抗战时期迁川的铭贤学校》,收录于中国人民政治协商 会议四川省成都市委员会文史资料研究委员会编:《成都文史资料选辑》 第16辑,"纪念七·七抗战五十周年史料专辑之一",内部资料,1987 年5月,第158-175页。

4. 邢锡麟、盛成喜：《从铭贤学校到山西农业大学》，收录于中国人民政治协商会议山西省委员会文史资料研究委员会编：《山西文史资料》，第53辑，"铭贤校友忆铭贤"，1987年第5辑，1987年5月，第57-59页。

5. 武士彬：《铭贤基金始末》，收录于中国人民政治协商会议山西省委员会文史资料研究委员会编：《山西文史资料》，第53辑，"铭贤校友忆铭贤"，1987年第5辑，1987年5月，第29-32页。

6. 范大熙：《铭贤回忆录》，收录于中国人民政治协商会议山西省委员会文史资料研究委员会编：《山西文史资料》，第53辑，"铭贤校友忆铭贤"，1987年第5辑，1987年5月，第1-12页。

7. 范敬一、成一：《在四川金堂的铭贤学校》，收录于中国人民政治协商会议山西省委员会文史资料研究委员会编：《山西文史资料》，第53辑，"铭贤校友忆铭贤"，1987年第5辑，1987年5月，第69-87页。

8. 吴连城：《贾麟炳事略》，收录于中国人民政治协商会议山西省委员会文史资料研究委员会编：《山西文史资料》，第53辑，"铭贤校友忆铭贤"，1987年第5辑，1987年5月，第107-110页。

9. 刘怀仁：《晋中最早的现代学府——铭贤学院》，收录于刘怀仁主编：《晋中史话》，晋中史志办编，太原：山西人民出版社，1988年8月第1版，第129-131页。

10. 孔祥熙：《铭贤学校成立十周年纪念日之讲词（1916年夏）》，收录于山西省地方志办公室编；《山西民初散记》，太原：山西人民出版社，2014年2月第1版，第124-125页。

11. 高志义、荣昌旭：《昔日"铭贤"今日"农大"》，《人民日报》专访，原刊于1987年6月27日《人民日报》海外版，收录于中国人民政治协商会议山西省委员会文史资料研究委员会编：《山西文史资料》，第53辑，"铭贤校友忆铭贤"，1987年第5辑，1987年5月，第127-131页。

12. 李锦奇、程联祥：《铭贤学校与孔祥熙》，刊于《山西农业大学学报（社会科学版）》第2卷（第3期），2003年，第213-216页。

13. 温永峰：《山西铭贤学校创办之因初探》，刊于《山西高等学校社会科学学报》第22卷第4期，2010年4月，第53-55页。

14. 方亮:《山西铭贤学校的校址变迁及校园环境的多重价值初探》,刊于《山西农业大学学报(社会科学版)》第 9 卷(第 4 期)2010 年,第 489-492 页。

15. 王春芳:《山西近代教会学校建筑的先驱——铭贤学校》,刊于《华中建筑》2013 年第 1 期,第 167-170 页。

16. 刘亦师:《山西太谷县原铭贤学校近代建筑考辨》,刊于《南方建筑》2014 年第 4 期,第 116-123 页。

17. 庞桂甲、李卫朝:《铭贤校训"学以事人"思想研究——以孔祥熙教育思想为中心的考察》,刊于《山西农业大学学报(社会科学版)》第 13 卷(第 12 期),2014 年,第 1292-1297 页。

18. 田晋颖、李卫朝:《铭贤精神的历史演进与内涵发展》,刊于《山西农业大学学报(社会科学版)》第 13 卷(第 12 期),2014 年,第 1298-1302 页。

19. 刘亦师:《从私园到校园——山西铭贤学校校景之形成及其特征(1909-1937 年)》,刊于《中国园林》2015 年第 7 期,第 72-77 页。

20. 李彪、李卫朝:《铭贤学校景观文化研究》,刊于《沈阳农业大学学报(社会科学报)》第 19 卷第 3 期,2017 年 5 月,第 346-351 页。

网站

1. "铭贤学校"网站: http://mingxian.life,引用日期: 2021 年 8 月 13 日。

本书献给
献身于中国近现代高等教育的传教士

已过二十世纪以来，千千万万宝贵的性命、心爱的奇珍、崇高的地位以及灿烂的前途，都曾"枉费"在主耶稣身上。对这些爱主的人，祂是全然可爱，配得他们献上一切。他们浇在主身上的不是枉费，乃是馨香的见证，见证祂的甘甜。（"中文恢复本"《马太福音》26：8 注释 1）

《基督教文化研究丛书》

主编：何光沪、高师宁

（1-8 编书目）

初　编　（2015 年 3 月出版）

ISBN：978-986-404-209-8　　　　　定价（台币）$28,000 元

册　次	作　者	书　名	学科别（／表示跨学科）
第 1 册	刘　平	灵殇：基督教与中国现代性危机	社会学／神学
第 2 册	刘　平	道在瓦器：裸露的公共广场上的呼告——书评自选集	综合
第 3 册	吕绍勋	查尔斯·泰勒与世俗化理论	历史／宗教学
第 4 册	陈　果	黑格尔"辩证法"的真正起点和秘密——青年时期黑格尔哲学思想的发展（1785 年至 1800 年）	哲学
第 5 册	冷　欣	启示与历史——潘能伯格系统神学的哲理根基	哲学／神学
第 6 册	徐　凯	信仰下的生活与认知——伊洛地区农村基督教信徒的文化社会心理研究（上）	社会学
第 7 册	徐　凯	信仰下的生活与认知——伊洛地区农村基督教信徒的文化社会心理研究（下）	
第 8 册	孙晨荟	谷中百合——傈僳族与大花苗基督教音乐文化研究（上）	基督教音乐
第 9 册	孙晨荟	谷中百合——傈僳族与大花苗基督教音乐文化研究（下）	

册次	作者	书名	学科别
第 10 册	王 媛	附魔、驱魔与皈信——乡村天主教与民间信仰关系研究	社会学
	蔡圣晗	神谕的再造，一个城市天主教群体中的个体信仰和实践	社会学
	孙晓舒 王修晓	基督徒的内群分化：分类主客体的互动	社会学
第 11 册	秦和平	20 世纪 50－90 年代川滇黔民族地区基督教调适与发展研究（上）	历史
第 12 册	秦和平	20 世纪 50－90 年代川滇黔民族地区基督教调适与发展研究（下）	
第 13 册	侯朝阳	论陀思妥耶夫斯基小说的罪与救赎思想	基督教文学
第 14 册	余 亮	《传道书》的时间观研究	圣经研究
第 15 册	汪正飞	圣约传统与美国宪政的宗教起源	历史／法学

二　编　（2016 年 3 月出版）

ISBN：978-986-404-521-1　　　　　　　定价（台币）$20,000 元

册　次	作　者	书　名	学科别（／表示跨学科）
第 1 册	方 耀	灵魂与自然——汤玛斯·阿奎那自然法思想新探	神学／法学
第 2 册	刘光顺	趋向至善——汤玛斯·阿奎那的伦理思想初探	神学／伦理学
第 3 册	潘明德	索洛维约夫宗教哲学思想研究	宗教哲学
第 4 册	孙 毅	转向：走在成圣的路上——加尔文《基督教要义》解读	神学
第 5 册	柏斯丁	追随论证：有神信念的知识辩护	宗教哲学
第 6 册	李向平	宗教交往与公共秩序——中国当代耶佛交往关系的社会学研究	社会学
第 7 册	张文举	基督教文化论略	综合
第 8 册	赵文娟	侯活士品格伦理与赵紫宸人格伦理的批判性比较	神学伦理学
第 9 册	孙晨荟	雪域圣咏——滇藏川交界地区天主教仪式与音乐研究（增订版）（上）	基督教音乐
第 10 册	孙晨荟	雪域圣咏——滇藏川交界地区天主教仪式与音乐研究（增订版）（下）	
第 11 册	张 欣	天地之间一出戏——20 世纪英国天主教小说	基督教文学

三　编 （2017 年 9 月出版）

ISBN：978-986-485-132-4　　　　　　　　定价（台币）$11,000 元

册　次	作　者	书　名	学科别（／表示跨学科）
第 1 册	赵　琦	回归本真的交往方式——托马斯·阿奎那论友谊	神学／哲学
第 2 册	周兰兰	论维护人性尊严——教宗若望保禄二世的神学人类学研究	神学人类学
第 3 册	熊径知	黑格尔神学思想研究	神学／哲学
第 4 册	邢　梅	《圣经》官话和合本句法研究	圣经研究
第 5 册	肖　超	早期基督教史学探析（西元 1~4 世纪初期）	史学史
第 6 册	段知壮	宗教自由的界定性研究	宗教学／法学

四　编 （2018 年 9 月出版）

ISBN：978-986-485-490-5　　　　　　　　定价（台币）$18,000 元

册　次	作　者	书　名	学科别（／表示跨学科）
第 1 册	陈卫真 高　山	基督、圣灵、人——加尔文神学中的思辨与修辞	神学
第 2 册	林庆华	当代西方天主教相称主义伦理学研究	神学／伦理学
第 3 册	田燕妮	同为异国传教人：近代在华新教传教士与天主教传教士关系研究（1807~1941）	历史
第 4 册	张德明	基督教与华北社会研究（1927~1937）（上）	社会学
第 5 册	张德明	基督教与华北社会研究（1927~1937）（下）	社会学
第 6 册	孙晨荟	天音北韵——华北地区天主教音乐研究（上）	基督教音乐
第 7 册	孙晨荟	天音北韵——华北地区天主教音乐研究（下）	基督教音乐
第 8 册	董丽慧	西洋图像的中式转译：十六十七世纪中国基督教图像研究	基督教艺术
第 9 册	张　欣	耶稣作为明镜——20 世纪欧美耶稣小说	基督教文学

五 编 （2019 年 9 月出版）

ISBN：978-986-485-809-5　　　　　　　　定价（台币）$20,000 元

册 次	作 者	书 名	学科别（／表示跨学科）
第 1 册	王玉鹏	纽曼的启示理解（上）	神学
第 2 册	王玉鹏	纽曼的启示理解（下）	
第 3 册	原海成	历史、理性与信仰——克尔凯郭尔的绝对悖论思想研究	哲学
第 4 册	郭世聪	儒耶价值教育比较研究——以香港为语境	宗教比较
第 5 册	刘念业	近代在华新教传教士早期的圣经汉译活动研究（1807～1862）	历史
第 6 册	鲁静如 王宜强 编著	溺女、育婴与晚清教案研究资料汇编（上）	资料汇编
第 7 册	鲁静如 王宜强 编著	溺女、育婴与晚清教案研究资料汇编（下）	
第 8 册	翟风俭	中国基督宗教音乐史（1949 年前）（上）	基督教音乐
第 9 册	翟风俭	中国基督宗教音乐史（1949 年前）（下）	

六 编 （2020 年 3 月出版）

ISBN：978-986-518-085-0　　　　　　　　定价（台币）$20,000 元

册 次	作 者	书 名	学科别（／表示跨学科）
第 1 册	陈倩	《大乘起信论》与佛耶对话	哲学
第 2 册	陈丰盛	近代温州基督教史（上）	历史
第 3 册	陈丰盛	近代温州基督教史（下）	
第 4 册	赵罗英	创造共同的善：中国城市宗教团体的社会资本研究——以 B 市 J 教会为例	人类学
第 5 册	梁振华	灵验与拯救：乡村基督徒的信仰与生活（上）	人类学
第 6 册	梁振华	灵验与拯救：乡村基督徒的信仰与生活（下）	
第 7 册	唐代虎	四川基督教社会服务研究（1877～1949）	人类学
第 8 册	薛媛元	上帝与缪斯的共舞——中国新诗中的基督性（1917～1949）	基督教文学

七　编 （2021 年 3 月出版）

ISBN：978-986-518-381-3　　　　　　　　定价（台币）$22,000 元

册　次	作　者	书　名	学科别（／表示跨学科）
第 1 册	刘锦玲	爱德华兹的基督教德性观研究	基督教伦理学
第 2 册	黄冠乔	保尔. 克洛岱尔天主教戏剧中的佛教影响研究	宗教比较
第 3 册	宾静	清代禁教时期华籍天主教徒的传教活动（1721 ~ 1846）（上）	基督教历史
第 4 册	宾静	清代禁教时期华籍天主教徒的传教活动（1721 ~ 1846）（下）	
第 5 册	赵建玲	基督教"山东复兴"运动研究（1927 ~ 1937）（上）	基督教历史
第 6 册	赵建玲	基督教"山东复兴"运动研究（1927 ~ 1937）（下）	
第 7 册	周浪	由俗入圣：教会权力实践视角下乡村基督徒的宗教虔诚及成长	基督教社会学
第 8 册	查常平	人文学的文化逻辑——形上、艺术、宗教、美学之比较（修订本）（上）	基督教艺术
第 9 册	查常平	人文学的文化逻辑——形上、艺术、宗教、美学之比较（修订本）（下）	

八　编 （2022 年 3 月出版）

ISBN：978-986-404-209-8　　　　　　　　定价（台币）$45,000 元

册　次	作　者	书　名	学科别（／表示跨学科）
第 1 册	查常平	历史与逻辑：逻辑历史学引论（修订本）（上）	历史学
第 2 册	查常平	历史与逻辑：逻辑历史学引论（修订本）（下）	
第 3 册	王澤偉	17 ~ 18 世紀初在華耶穌會士的漢字收編：以馬若瑟《六書實義》為例（上）	语言学
第 4 册	王澤偉	17 ~ 18 世紀初在華耶穌會士的漢字收編：以馬若瑟《六書實義》為例（下）	
第 5 册	刘海玲	沙勿略：天主教东传与东西方文化交流	历史

第 6 册	郑媛元	冠西东来——咸同之际丁韪良在华活动研究	历史
第 7 册	刘影	基督教慈善与资源动员——以一个城市教会为中心的考察	社会学
第 8 册	陈静	改变与认同：瑞华浸信会与山东地方社会	社会学
第 9 册	孙晨荟	众灵的雅歌——基督宗教音乐研究文集	基督教音乐
第 10 册	曲艺	默默存想，与神同游——基督教艺术研究论文集（上）	基督教艺术
第 11 册	曲艺	默默存想，与神同游——基督教艺术研究论文集（下）	
第 12 册	利瑪竇著、梅謙立漢注 孫旭義、奧覓德、格萊博基譯	《天主實義》漢意英三語對觀（上）	经典译注
第 13 册	利瑪竇著、梅謙立漢注 孫旭義、奧覓德、格萊博基譯	《天主實義》漢意英三語對觀（中）	
第 14 册	利瑪竇著、梅謙立漢注 孫旭義、奧覓德、格萊博基譯	《天主實義》漢意英三語對觀（下）	
第 15 册	刘平	明清民初基督教高等教育空间叙事研究——中国教会大学遗存考（第一卷）（上）	资料汇编
第 16 册	刘平	明清民初基督教高等教育空间叙事研究——中国教会大学遗存考（第一卷）（下）